DAXUESHENG
CHUANGXIN YU CHUANGYE
JICHU JIAOCHENG

高等学校教材

大学生创新与创业基础教程

魏丽丽　　王红梅　　主编

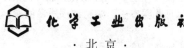

化学工业出版社

·北京·

内 容 简 介

《大学生创新与创业基础教程》具有知识新颖、内容丰富、结构合理、案例典型等特点。在编写过程中，遵循教育部创新创业教育教学大纲，内容取舍以实用、实际、实效为原则，包括创新思维、创新方法、创业团队组建、创业机会寻找与识别、商业模式选择与构建、创业资源整合与利用、创业风险分析与控制、创业计划书撰写、新企业创办程序等。

本书知识丰富，并有大量的创业实例可供学习、参考，有利于引导大学生树立正确的创业目标，合理规划自己的创业梦想。可作为高等院校普通本科大学生创新创业课程的指导教材，也可作为职业院校大学生创新创业课程的教材，还可作为有志于创业的青年和社会人士拓宽视野、增长知识的自学用书。

图书在版编目（CIP）数据

大学生创新与创业基础教程/魏丽丽，王红梅主编. —北京：
化学工业出版社，2022.3（2024.7 重印）
高等学校教材
ISBN 978-7-122-40837-2

Ⅰ.①大… Ⅱ.①魏… ②王… Ⅲ.①大学生-创业-高等学校-
教材 Ⅳ.①G717.38

中国版本图书馆 CIP 数据核字（2022）第 029017 号

责任编辑：旷英姿　蔡洪伟　　　　　　　　文字编辑：李　曦
责任校对：王　静　　　　　　　　　　　　装帧设计：王晓宇

出版发行：化学工业出版社（北京市东城区青年湖南街 13 号　邮政编码 100011）
印　　装：大厂聚鑫印刷有限责任公司
787mm×1092mm　1/16　印张 15¼　字数 377 千字　　2024 年 7 月北京第 1 版第 3 次印刷

购书咨询：010-64518888　　　　　　　　售后服务：010-64518899
网　　址：http://www.cip.com.cn
凡购买本书，如有缺损质量问题，本社销售中心负责调换。

定　　价：45.00 元　　　　　　　　　　　　　　版权所有　违者必究

前　言

中国共产党第十七次全国代表大会提出"提高自主创新能力，建设创新型国家"和"促进以创业带动就业"的发展战略。2012 年 8 月 1 日，教育部专门印发了关于《普通本科学校创业教育教学基本要求（试行）》的通知，对普通高校创业教育的教学标准、教学内容做了基本规定，提出面向全体、注重引导、分类施教、结合专业、强化实践的原则，推动高等学校创业教育科学化、制度化、规范化建设。2021 年 3 月 13 日，新华社公布了《中华人民共和国国民经济和社会发展第十四个五年规划和 2035 年远景目标纲要》（以下简称《纲要》）。《纲要》把创新放在了具体任务的第一位，并明确要求，坚持创新在我国现代化建设全局中的核心地位，把科技自立自强作为国家发展的战略支撑。党的二十大报告提出创新是第一动力，要求加快实施创新驱动发展战略、着力造就拔尖创新人才。

当前，大众创业、万众创新的理念日益深入人心，然而同率先迈入创新驱动的国家相比，我国大学生在创新创业上普遍存在着创新精神不够、创新能力偏低、创业意愿不足、实战能力较弱、生存型多社会型少、资源型多知识型少等问题。本书结合大学生群体的实际特点，帮助大学生提升对创新创业的认识，树立创新创业理念；培养大学生的创新创业精神和能力，进而形成适应本土创新驱动，并能促进人的实际发展的创新创业教育理论与实践体系，使更多大学生成为具有创新精神的知识劳动者、面向知识要素的创业者和通过创新创业活动实现自我全面发展的高素质人才。

本书具有知识新颖、语言精练、内容丰富、结构合理、案例典型、贴近实际、方法适当等特点。在编写过程中，在遵循教育部创新创业教育教学大纲要求的前提下，内容取舍以实用、实际、实效为原则，精讲细练，对大学生的创业意识与创新思维的激发、创业团队的组建、创业机会寻找与识别、商业模式选择与构建、创业资源整合与利用、创业风险分析与控制、创业计划书撰写、新企业创办程序等进行了重点阐述。

本书不仅知识全面，还有大量的创业实例可供学习、参考，有利于引导大学生树立正确的创业目标，合理规划自己的创业梦想，可作为各高等本科院校、职业院校大学生创新创业课程的指导教材，教师可根据教学对象和授课学时不同，灵活选择相关内容进行重点学习；也可作为有志于创业的青年和社会人士拓宽视野、增长知识的自学用书。

本书由沈阳工业大学辽阳分校魏丽丽、王红梅担任主编，王玉、王雪、兰莹利、茹鹏担任副主编。全书共计 11 章，各章编写人员及其分工如下：王红梅编写第 1 章；魏丽丽编写第 2 章；王玉编写第 3、第 11 章；茹鹏编写第 4~5 章；王雪编写第 6~7 章；兰莹利编写第 8~10 章。全书由魏丽丽统稿。

本书在编写过程中参考了有关的教材、论著和期刊等，在此表示感谢！

由于受资料、编者水平及其他条件的限制，书中难免存在一些不足之处，恳请同行专家及读者批评指正。

编者

2021 年 12 月

目 录

第 1 章

创新与创业概述

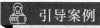 引导案例

电灯的发明

灯是人类征服黑夜的一大发明。19 世纪前，人们用油灯、蜡烛等来照明，这虽已冲破黑夜，但仍未能把人类从黑夜的限制中彻底解放出来。发电机的诞生，使人类能用各色各样的电灯让世界大放光明，把黑夜变成白昼，从而扩大了人类活动的范围，使他们赢得更多的时间，为社会创造财富。

真正发明电灯并使之大放光明的是美国发明家爱迪生。他是铁路工人的孩子，小学读完就辍学了，靠在火车上卖报度日。爱迪生是一个非常勤奋的人。他喜欢做各种实验，并制作出许多巧妙的机械。他对电器十分感兴趣，自从法拉第发明发电机后，爱迪生就决心制造电灯，为人类带来光明。

爱迪生在认真总结了前人制造电灯的失败经验后，制订了详细的试验计划，分别在两方面进行试验：第一，分类试验 1600 多种不同的耐热材料；第二，改善抽空设备，使灯泡有高真空度。

爱迪生将 1600 多种耐热发光材料逐一地试验下来，唯独白金丝性能良好，但白金价格贵得惊人，务必要找到更适宜的材料来代替。1879 年，几经试验，爱迪生最后决定用碳丝来做灯丝。他把一截棉丝撒满炭粉，弯成马蹄形，装到坩埚中加热，做成灯丝，放到灯泡中，再用抽气机抽去灯泡内空气，电灯亮了，竟能连续使用 45 个小时。就这样，世界上第一批碳丝白炽灯问世了。当年，爱迪生电灯公司所在地洛帕克街灯火通明。

为了研制电灯，爱迪生在实验室里常常一天工作十几个小时，有时连续几天试验。发明碳丝做灯丝后，他又接连试验了 6000 多种植物纤维，最后又选用竹丝，通过高温密闭炉烧焦再加工，得到炭化竹丝，装到灯泡里，再次提高了灯泡的真空度，电灯可连续点亮达到 1200 个小时。电灯的发明，曾使煤气股票 3 天内猛跌 20%。

继爱迪生之后，1909 年，美国库里奇发明了用钨丝来做灯丝，使电灯效率提高很多。从此，电灯跃上新台阶，日光灯、碘钨灯等形形色色的灯如雨后春笋般登上照明舞台。

灯使黑暗化为光明，使大千世界变得更光彩夺目、绚丽多姿。

1.1 创新概述

创新是一个民族的灵魂，是一个国家兴旺发达的不竭动力。科学的本质就是创新，历史上的科学发现和技术突破无一不是创新的结果。20 世纪相对论、量子论、基因论、信息论的形成，都是创新思维的成果。有没有创新能力，能不能进行创新，是当今世界范围内经济和科技竞争的决定性因素。创新不但决定性地影响着科学技术的发明创造，也决定性地影响着科学技术的发明成果及时转化为直接的社会生产力，最终促进社会经济的快速发展。从这个意义上说，创新也是社会进步的决定性因素。随着新经济时代的到来，特别是进入 21 世纪后，人们对创新和创造的关注程度已超过历史上的任何时期。"创新"概念的出现频率之高，实质上正是标志着创造和创新已成为当今时代的主题和最强音。

1.1.1 创造、创意的内涵

1.1.1.1 创造

（1）创造的含义 创造是人类最美好的行为，是最高超的劳动，它是个体根据一定目的和任务，运用一切已知的条件，产生出新颖、有价值的成果（精神的、社会的、物质的）的认知和行为活动。人类社会的文明史，就是一部创造发明史：在原始社会，若没有燧人氏发明钻木取火，人类恐怕还得生吃食物；若没有工具的发明，人类就不能称为高级动物。在近代，若没有大机器的发明，我们仍将处在扶犁耕田、手摇纺纱的落后状态；若没有人工接种牛痘的发明，成千上万人的生命将被天花吞噬；若没有电灯的发明，我们至今还得靠油灯照亮……

在《辞海》中，"创造"一词被解释为"首创前所未有的事物"。在《现代汉语词典》里，"创造"被解释为"想出新方法、建立新理论、做出新的成绩或东西"。这些都是关于"创造"的最基本的解释。创造特别强调独创性，然而，任何创造都不是无中生有，而是在前人创造的基础上有所突破。所以，要论"创造"二字的含义，中国语言中的"创造"更贴合实际。根据《辞海》的解释，"创造"是由两个字组合而成的，"创"的主要意思是"破坏"和"开创"，"造"的主要含义是"建构"和"成为"。所以，"创"和"造"组合在一起，就是突破旧的事物，创建新的事物。"唯创必新"乃是创造的根本特点。创造是各式各样的，时时处处都可以有创造。科学上有发现，艺术上有创作，方法上有创新，技术上有发明。如莱特兄弟发明的飞机就是首创前所未有的事物，因为飞机是从无到有的新事物。创造的对象不一定是产品，比如国内生产总值（GDP）是指一个国家（国界范围内）所有常住单位在一定时期内生产的所有最终产品和劳务的市场价值，它既是一种统计方式，也是一种创造；节假日大家通过微信发红包，它是经济领域的创造（见图 1-1）。同样，爱因斯坦创立"相对论"理论也是创造。

（2）创造的分类 美国创造心理学家泰勒曾提出划分"创造五层次"的著名观点，具体如下。

① 表露式的（expressive）创造。指即兴而发等，但却具有某种创意的行为表现。例如，戏剧小品式的即兴表演、诗人触景生情时的有感而发等，其创造水平或程度一般即属于这一层次。儿童涂鸦式的画作有时很有创意，其水平亦属此层次。

② 技术性的（technical）创造。指运用一定科技原理和思维技巧，以解决某些实际问题而进行的创造。如把素材按新的形态组合产生出新事物，例如我国四大发明中的造纸术和印刷术。

③ 发明式的（inventive）创造。指在已有的事物基础上，产生出与以往曾有过的事物全然不同的新事物的创造。例如爱迪生发明电灯，贝尔发明电话。

④ 革新式的（innovate）创造。指不仅在旧事物基础上产生出了新事物，而且是在否定

图 1-1　经济领域中的创造

旧事物或旧观念前提下造出新事物或提出新观念的"革旧出新"的创造。例如，技术史上各种新工具的出现以替代旧工具，科学史上发现新定律以替代旧定律等。

⑤ 突现式的（emergentive）创造。指那种与原有事物无直接联系，看似"从无到有"地突然产生出新观念的创造。我们可以说，各学科领域荣获诺贝尔奖的重大科学发现，均应属于这一层次的创造。

在学术界，人们对"创造"有很多种不尽相同的解释，仅日本创造工程学家思田彰教授在他的著作《创造的理论和方法》中就列举了人们提出的有关"创造"的 83 个定义。结合国内外的学者对创造的不同表述，可以对创造下一个通用的定义：所谓创造，是指人们为达到某种目的而首创或改进某种思想、方法、理论、技术和产品的活动。

（3）创造的主观动因　创造的主体称为创造者，一般是指进行创造的国家、团体或个人。创造者会源于各种不同需求而进行创造。如想要一种新服装而进行服装设计，想写一本小说而进行创造性写作，想要开发一种新产品而进行产品创造，等等。因此，人们的创造活动归根结底是为了满足需求。

图 1-2 所示，正是因为人们拥有创造性需求，才会引起创造者进行创造的动机，投入一定的资源进行创造性行为，当暂时达到了创造性目标，人们会感到满足。但是，人们对一种新事物不会总是感到满足的，随着时间的推移、条件的变化，会导致新的创造性需求，从而进入下一轮创造活动，这样不断循环，不断产生新的发明创造，推动社会的进步。

图 1-2　创造的主观动因

比如，躺在床上看书需要举着双手，一会儿手就酸了，很不舒服，那么能不能躺在床上很舒服地看书呢？这就是一个创造性的需求。有了需求，就有人去行动，发明了一种折射眼镜（见图 1-3），满足了躺在床上很舒服地看书这个需求。当然，这个发明能够彻底满足人们的需求吗？不一定，比如戴上这种眼镜人们只能平躺着，能不能发明一种侧着身体也能看书的装置呢？这又是新的创造性需求，促使人们继续发明。正是因为人们不断地产生创造性需求，促使大量的创造发明诞生，推动着社会不断向前发展进步。

图 1-3　折射眼镜

1.1.1.2　创意

（1）创意的含义　在汉语中，创意的原意是指写文章有新意。创意比较接近以下几个意思：有新意的想法、念头和打算；过去从未有过的计划；创新性的意念。创意有两点最基本的含义：一是有创造性，包含新颖性、超前性和奇异性；二是头脑中的主意、念头、想法。"创意"既是一个名词，又是一个动词。作为静态名词的"创意"是指创造性的意念、新颖的构思；作为动态词汇的"创意"是指创意思维的过程，是一种经过苦思冥想而突然降临的、从无到有的新意念的产生过程。

简而言之，创意就是具有新颖性和创造性的想法。也可以理解为：创意就是人们有与众不同的好点子。一个好的创意具有新奇、简单、实用、与众不同、能使人眼前一亮、会令人久久难忘等特点。

（2）创意的特征　创意常得益于灵感，它是灵感诱发形成的观念、想法和念头，比灵感要完整和完善。主要包括以下特征。

第一，突发性。创意是一种突变式的思维飞跃，使感性材料或灵感启示迅速升华为理性认识，也就是变成想法、意念，故而创意还有突发性。

第二，形象性。爱因斯坦曾说过："在我的思维机制中，作为书面语言的那种语句似乎不起任何作用。好像足以作为思维元素的心理存在，乃是一些符号和具有或多或少明晰程度的表象，而这些表象则是能够自由地再生和组合的。""在我的情况中，上述心理元素是视觉型的，也有的是动觉型的。"爱因斯坦所说的"思维元素的心理存在"和"心理元素"就是一种创意。也就是说，爱因斯坦在产生创意时，他主要的思维活动是形象思维，他思维的元素是称为表象的记忆材料，他用表象来把握对象，明晰的概念在这时还没有介入，创意还是"具有或多或少明晰程度的表象"。有了创意以后，才可以用概念来审查、推论，运用逻辑思维来证明或否定创意。

第三，自由性。创意思维的目标是确定的，但是，从思维的方向来说，则是多路的、散漫的、全方位的、灵活的，具有充分的自由性。在创意的选择上，也是自由开放的，甚至是由着自己的性子去思考自己最愿意做的事，有的甚至是隔行的"业余爱好者"，表现出思维开阔、自由奔放、不受拘束的特点，有时竟能获得十分宝贵的创意。

第四，不成熟性。爱因斯坦所说的创意是"具有或多或少明晰程度的表象，而这些表象则是能够自由地再生和组合的"，这正说明创意具有相对模糊性和不成熟性，也许经过明晰化、再生组合之后，才能成为创新、设计和方案。我们不赞成把创意等同于创新思维的最终产物，创意是灵感或经验与创新设计方案之间具有中介性质的思维存在。因此，创意诞生后，还必须有一个对创意的证明和证伪的过程，有一个去粗取精、去伪存真、由表及里的再思维过程。

　　　　　创意楼梯的设计

对大多数人来说，爬楼梯都是一件很不爽的事，但如果楼梯设计成下面这些样子呢？看看以下几款楼梯设计，原本千篇一律的台阶经设计师之手，摇身一变，或妖娆，或个性，成为家里的一道风景线。

加拿大艺术家 Andrew McConnell 从鲸鱼的脊椎上获得灵感，修建了这个脊椎形状的楼梯（见图 1-4）。每一块脊椎就是一个台阶，通过台阶和仅有一侧的扶手部分连接起来，盘旋而上。这种楼梯不仅组装简单，也有如鲸鱼身体一般的负荷力，造型更是帅气极了气更多！

建筑师工作室 Arquitectura en Movimento Workshop 设计的楼梯（见图 1-5），少了扶手，却多了连接上下梯面的木板，爬起来舒服，看起来也顺眼，而且室内的透光性更好，使用者可以随意地坐在楼梯上，并且以延伸面作为椅背，圆弧的角度看起来十分舒适。

图 1-4　鲸鱼骨架楼梯

图 1-5　流线型的艺术楼梯

位于荷兰阿姆斯特丹的 Marc Koehler Architects 则利用楼梯一层层的规则，分隔出大小一致的方格，把楼梯下的三角空间充分利用，做成书架，不但可以收纳更多书籍，而且刚好在餐桌前，面对一整面书墙用餐，不比盯着电视差（见图 1-6）。

将小朋友最喜欢的滑梯设计在楼梯一侧，大人小孩两相宜，当然大朋友累了的话也可以溜下去，不失童趣的有爱设计（见图 1-7）。

图 1-6　书墙楼梯　　　　　　　　　图 1-7　带滑梯的楼梯

1.1.2　创新的内涵和特征

1.1.2.1　创新的概念

从词源来看，"创新"（innovation）一词源自拉丁语"innovare"，指人类提供前所未有的事物的一种活动。它包含三层含义：一是更新，对原有的事物进行替换；二是创造新的或原来没有的事物；三是改变，对已有的事物进行改造和发展。这里的"事物"所指很广泛，既包括自然科学，也包括社会科学；上至国家政权，下至百姓生活；从天文到地理，无所不有。这里的"前所未有"却只有一种含义，那就是"首创"。任何的创新都必须是一种首创活动。通俗地讲，首创就是第一个的意思，但是这个首创因为参照对象的不同而有两种不同的含义，衍生出狭义创新和广义创新两种类型。

① 狭义创新是相对于其他人或全人类来说，你是第一，是首创。狭义创新是真正具有推动社会进步意义的。比如爱因斯坦发现相对论、爱迪生发明电灯等。

② 广义创新是指虽然相对于其他人我们不是第一个，但相对于我们自己来说，是第一，是首创。比如单位搞了一场与往年不同的新年联欢会，推行了新的工作方法，进行了某些方面的改进等。

1.1.2.2　创新的分类

（1）按内容分　按照内容不同，可将创新分为产品创新、技术创新、制度创新、职能创新、结构创新和环境创新等。每一类创新又可细分为更多的方面，如产品创新可分为开发出具有新功能的产品，产品结构方面的改进，外部形态的改进等；技术创新又可分为工艺路线的革新，材料的替代和重组，工艺装备的革新等。

① 产品创新。产品创新即是研究开发和生产出更好的满足顾客需要的产品，使其性能更好，外观更美，使用更便捷、更安全，总费用更低，更符合环境保护的要求。因为产品是满足社会需要，参与竞争，直接体现企业价值的东西，因而这是企业创新的主要任务。产品创新可在三个层面上实现。

a. 开发出具有新功能的产品。例如，三九集团开发出 999 健康煲，用于家庭煎药，有文火、武火、文武火三挡选择，有药液循环系统、回流系统、蒸汽回流系统、时限报警、水位报警等功能，保证药效稳定，操作安全方便，非常受市场欢迎。

b. 产品结构方面的改进。例如，使产品更加轻、巧、小、薄，方便携带和使用，节省材料、降低能耗。电子记事本、摄像机、手提电脑、超薄洗衣机等就是典型的例子。

c.外观方面的改进。例如，服装款式及色彩的改变都可以使顾客需求得到新的满足，从而增加销售收入；苹果电脑一度依靠推出彩壳流线型 PC 机，显著提高了市场占有率。

② 技术创新。技术创新是指采用新的生产方法或新的原料生产产品，从而达到保证质量、降低成本、保护环境或使生产过程更加安全和省力。技术创新可在四个层面上实现。

a.工艺路线的革新。这是生产方式思路的改变，比如，用精密铸造、精密锻造、粉末冶金代替金属切削生产复杂的机械零件，可大大缩短生产周期，降低成本。

b.材料的替代和重组。例如，前几年，美国农产品过剩，农场主负债累累，政府补贴农业的财政负担沉重，堪萨斯等农业州的农民与大学合作，从环保角度，以农产品为原料生产工业产品。如用玉米生产一次性水杯、餐具和包装盒，从玉米中提取燃烧用的乙醇，从大豆中提取润滑油替代石油产品等，受到市场欢迎，政府决定给予减税和强制推行等支持。

c.工艺装备的革新。比如，用电脑绣花机代替手工绣花，用数控机床代替手动操作机床等。

d.操作方法的革新。用更省力、更高效的操作方法，代替过去的一些传统的、不适应现代技术进步的操作方法。

③ 制度创新。制度创新是从社会经济角度来分析企业系统中各成员间的正式关系的调整和变革。制度是组织运行方式的原则规定。企业制度主要包括产权制度、经营制度和管理制度三个方面的内容。

产权制度、经营制度、管理制度这三者之间的关系是错综复杂的（实践中相邻的两种制度之间的划分甚至很难界定）。一般情况下，一定的产权制度决定了相应的经营制度。但是，在产权制度不变的情况下，企业具体的经营方式可以不断进行调整；同样，当经营制度不变时，具体的管理规则和方法也可以不断改进。而当管理制度的改进发展到一定程度，则会要求经营制度做相应的调整；经营制度的不断调整，则必然会引起产权制度的革命。因此，反过来，管理制度的变化会作用于经营制度；经营制度的变化会作用于产权制度。

制度创新的方向是不断调整和优化企业所有者、经营者、劳动者三者之间的关系，从而使各个方面的利益得到充分体现，使组织的各种成员的作用得到充分发挥。

④ 职能创新。职能创新就是在计划、组织、控制、协调等管理职能方面采用新的更有效的方法和手段。我国企业技术和管理相对落后，因此职能创新任务非常紧迫。职能创新可以在五个层面上实现。

a.计划的创新。许多企业在计划工作中运用运筹学取得显著成效。例如，华北某油田电厂从某年开始在购电、电网运行和用电方面采用目标规划，使油田用电费用年节约额达2000 万元以上。

b.控制方式的创新。例如，丰田公司首创准时生产制（JIT），显著降低了成本；潍坊亚星化工集团采用购销比价管理，加强购销环节监控，5 年时间增收节支 7092 万元。

c.用人方面的创新。例如，应用测评法招聘、选拔和考核干部员工，采用拓展训练等方法改善培训效果等。

d.激励方式的创新。例如，美国某些企业实行"自助餐式"的奖励制度，使同样的支出获得更好的激励效果。

e.协调方式的创新。例如，福建南平市政府试行科技特派员制度，他们通过调查来了解村镇和农业大户需要哪些技术支持，同时将全市 3500 名农业科学技术人员按专长进行分类公布，然后将两者对接起来，实行双向选择，结果农户收入和农业科技部门、农业技术人员的收入都大幅度增加。

⑤ 结构创新。结构创新是指设计和应用新的更有效率的组织结构。结构创新按照其影响系统的范围可分为技术结构的创新和经济与社会结构的创新两类。

a. 技术结构的创新。例如，福特在 20 世纪 20 年代首创流水线生产方式，让工人依次地完成简单工序，大大提高了生产率，从而开创了大规模生产标准产品的工业经济时代。

b. 经济与社会结构的创新。通过调整人们的责、权、利关系来提高组织效能。例如，美国通用汽车公司 20 世纪 20 年代采用事业部制，解决了统一领导与分散经营的矛盾，使规模经营与适应市场的要求得到了统一，极大地增强了竞争力。

⑥ 环境创新。环境是企业经营的土壤，同时也制约着企业的经营。环境创新不是指企业为适应外界变化而调整内部结构或活动，而是指通过企业积极的创新活动去改造环境，去引导环境朝着有利于企业经营的方向变化。例如，通过企业的公关活动，来影响社区政府政策的制定；通过企业的技术创新，影响社会技术进步的方向，等等。对企业来说，环境创新的主要内容是市场创新。

市场创新主要是指通过企业的活动去引导消费，创造需求。新产品的开发往往被认为是企业创造市场需求的主要途径。其实，市场创新的更多内容是通过企业的营销活动来进行的，即在产品的材料、结构、性能不变的前提下，通过市场的地理位置转移，或改进交易和支付方式，或揭示产品新的物理使用价值，来寻找新用户，也可以通过广告宣传等促销工作，来赋予产品以一定的心理使用价值，影响人们对某种消费行为的社会评价，从而诱发和强化消费者的购买动机，增加产品的销售量。

（2）按照创新的程度和创新中自我知识产权的比重分　可将创新分为自主创新与开放式创新。

① 自主创新。自主创新是指通过拥有自主知识产权的独特的核心技术及在此基础上实现新产品的价值的过程。它强调企业核心部分的创新必须是自主的，次要部分可以"外购"或"外包"等，在利益最大化和时间效率最大化之间找到平衡。通过自主创新，企业能够主导自身在行业竞争中的领先地位。自主创新的成果，一般体现在新的科学发现及拥有自主知识产权的技术、产品、品牌等。

在世界产品中，38％的电视机、42％的电脑显示器、70％的收音机、50％的照相机、16％的电冰箱都是中国生产的，但是，我们并没有得到那么高比例的利润，原因是我们缺少自主核心技术和自主设计。过去，我们不重视自主创新，在经济发展中遇到了困境，例如DVD 机曾经是一个非常普及的家用电器，在国际市场上每一台产自中国的 DVD 机最低 29美元就可以买到，可是因为在生产过程中缺乏核心技术，每生产一台 DVD 机我们要向有关部门缴纳专利费 20 美元，只能取得微薄的利润。因此，我们必须通过自主创新来提升产品竞争力，提升中国经济的竞争力。

提倡自主创新并不是把自主创新看成是绝对的、每个组成单元都是自成体系的，因为任何企业都会受到内部和外部资源配置的限制，只要能在最主要的核心部分实施自主创新的突破即可，而有些部分在成本可控的范围内应该尽量采用外部成熟资源，提高效率，缩短时间。

② 开放式创新。传统的企业技术创新认为，创新的关键是在严格控制下的企业内部实验室进行，随着信息技术的发展，遍布的可用知识使控制变得不可能，现在竞争优势往往来源于其他人的研究和发明。

所谓开放式创新即不断利用从外界得到的新资讯、新技术、新产品，甚至与竞争者分享自己的创意而获利的创新。

原来人们理解的创新只是小部分研发人员的事情，这拉大了普通人与创新之间的距离。但开放式创新却直接指出创新不能仅仅靠组织内部的思想，还需要依靠所有愿意进一步创新的机构和个人。换句话说，创新是我们每个人的责任。

1.1.2.3　创新的特点

（1）普遍性　创新存在于一切领域，没有哪个学科、哪个行业、哪个领域是一成不变的。

（2）永恒性　创新是人的本能，只要有人类，就有创新，这种活动受人类自我实现本能的支配。另外，人类的其他活动有可能终止，但创新永远不会终止。

（3）超前性　由于创新就是相对于他人的首创行为，因此社会认识必然滞后于创新，创新总是超前的。

（4）艰巨性　有两个因素导致了创新的艰巨性，一个是由于创新的超前性，因为超前，所以可能得不到他人的理解和支持，甚至遭到反对，给创新者造成很大的压力，并制造了艰难的创新环境；另一个是由于创新本身，创新是做前人或他人没有做过的事情，实现创新的过程和方法都需要探索，因此带有不确定性和技术上的难度。

（5）社会性　前面说过，完成一个创新，不但要想还要实施。实施过程中就要与社会发生联系，产生社会性。随着现代社会分工的细化，单打独斗的时代已经一去不复返。

（6）无止境、无边界、无权威　最好的创新永远是下一个！任何学科、领域、部门都是人为划分的结果，既然是人为划分，就可以人为打破；在专业知识面前，不同的行业、专业是有着很大差别的，但在创新面前，规律是一样的，而且越是跨行业、跨领域的创新，越是能诞生超乎寻常的结果。在创新面前人人平等，谁都可以成为创新的强者，没有任何人是权威。很多时候，对权威的过分迷信会形成对创新活动的巨大阻碍。

案例分享 1-2　　香皂刨丝器

　　香皂滑溜溜的，很容易脱手掉到地板上甚至马桶里，容易沾上头发，多人使用的话难免交叉传递细菌，变得很黏很脏……由于这些缺点，香皂慢慢离开了我们的生活，取而代之的是取用方便，不会交叉使用的瓶装洗手液，尤其在公共场合的盥洗室，已经很难再看到香皂的身影了。

　　别致的香皂刨丝器（见图 1-8），只需将块状香皂装入，推动下面金属杆就可以刨出香皂细丝落到手中，细细的香皂碎屑易溶易用，不用再搞得整个香皂都滑溜溜的，没有了滑落的尴尬，全家人使用的也都是干净全新的香皂屑。

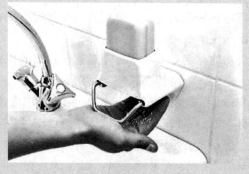

图 1-8　香皂刨丝器

1.1.3 创新的原则和过程

1.1.3.1 创新的原则

目标明确的创新源于周密的分析、严密的系统以及辛勤的工作，这可以说是创新实践的全部内容。与其他领域一样，要想成为一个杰出的创新实践者，只有经过某种训练，并将它完全掌握后，创新才会有效。

创新要遵循以下原则。

（1）对创新机遇的来源进行彻底思考　仅注意到它们是不够的，研究工作必须有组织、有系统、规律性地进行。

（2）创新是既具理性的又具感性的　创新第二项要做的事情就是走出去多看、多问、多听，这种做法值得再三强调。成功的创新者左右大脑并用：他们既观察数字，又观察人的行为。他们先分析出要满足某个机遇所需的创新，然后，他们走进人群，观察顾客和用户，了解他们的期望、价值观和需求。

（3）创新必须简单明确　它应该一次只做一件事情，否则就会把事情搞糟。如果它不够简单，就无法操作，所有有效的创新都异常简单。实际上，一项创新所能赢得的最大赞美莫过于人们说："这太显而易见了，为什么我就没有想到呢？"

（4）有效的创新始于细微之处，只是努力去做一件具体的事而已　创新最好能从小规模开始——只需要少量资金、少量人手，而且针对有限的小市场。否则，创新者就没有充足的时间来进行成功创新所必要的调整和改变。

1.1.3.2 创新的过程

总结众多成功创新的经验，成功的创新要经历"寻找机会、提出构想、迅速行动、坚持不懈"这几个阶段的努力。

（1）寻找机会　创新活动是从发现和利用旧秩序内部的一些不协调现象开始的。旧秩序中的不协调既可存在于系统的内部，也可产生于对系统有影响的外部。就系统内部来说，引发创新的不协调现象主要有：生产经营中遭遇到瓶颈、企业意外的成功和失败等；就系统的外部来说，有可能成为创新契机的变化主要有：技术的变化、人口的变化、宏观经济环境的变化和文化与价值观念的转变等。

（2）提出构想　敏锐地观察到了不协调现象后，还要透过现象究其原因，据此来分析和预测不协调的未来变化趋势，估计它们可能给组织带来的积极或消极后果，并在此基础上，努力将威胁转换为机会，将危机转换为商机，采用头脑风暴等方法提出多种解决问题、消除不协调、使系统在更高层次实现平衡的创新构想。

（3）迅速行动　创新成功的秘密主要在于行动迅速。提出的构想可能还不完善，甚至可能很不完善，但这种并非十全十美的构想必须立即付诸行动才有意义。"没有行动的思想会自生自灭"，这句话对于创新思想的实践尤为重要，一味地追求完美，以减少受讥讽、被攻击的机会，就可能坐失良机，把创新的机会白白地送给自己的竞争对手。创新的构想只有在不断尝试中才能逐渐完善，企业只有迅速行动，才能有效利用"不协调"提供的机会。

（4）坚持不懈　构想只有经过尝试才能成熟，而尝试是有风险的，是不可能"一打就中"的，是可能失败的。创新的过程是不断尝试、不断失败、不断提高的过程。因此，创新者在开始行动以后，为取得最终的成功，必须坚定不移地继续下去，决不能半途而废，否则便会前功尽弃。

1.2　创业概述

1.2.1　创业的定义与功能

1.2.1.1　创业的内涵与定义

在我国，"创业"一词自古有之，最早出现于《孟子·梁惠王下》："君子创业垂统，为可继也。若夫成功，则天也。"这里"创业"的意思就是"开创基业"。而与此意相同的另一个出处则是在《出师表》中，"先帝创业未半而中道崩殂"。所以，《辞海》对"创业"的解释是：创立基业。"基业"指事业的基础。《现代汉语词典》对"创业"的解释是：创办事业。"事业"是指人们所从事的，具有一定目标、规模和系统并对社会发展有影响的经济活动。可见，创办事业是创业的本质。实际上，"创业"是一个与"守成"相对应的概念。"守成"是指保持前人已有的成就与业绩，而创业则是指创立基业或创办事业，是自主地开拓和创造成就与业绩。

创业有广义和狭义之分。广义的创业是指个人、群体或组织以创新和独特的方式追求机会、创造价值和谋求增长，而不顾及资源限制的精神和行为；一般情况下，狭义的创业特指个人或团队自主创办企业，创业就是创业个人或创业团队通过寻找和把握各种商业机会，投入已有的知识、技能和社会资本，调动并配置相关资源，创建新企业，为消费者提供产品或服务，具有创新或创造性的、以增加财富为目的的活动过程。

1.2.1.2　创业的主要功能

（1）促进资源分配　它有利于社会资源的合理配置，加剧行业经营的竞争，形成优胜劣汰的局面，维持市场的活力，促使社会资源产生较高的社会效益。

（2）推动组织发展　组织是创业者为把商业机会转换成商业价值而整合配置资源的一种形式，创业者为了适应外界的不断变化就必须不断地调整组织的功能与形式，从而推动组织的发展。

（3）帮助创业者实现人生价值　创业是实现自己人生价值的一个过程，在自我满足的同时也意味着一份社会责任和对家乡父老及社会的回馈。

（4）推动社会发展进步　好的创业项目或者行业能推动整个行业的发展，促进社会创新进步，增加社会工作岗位，增加社会活力。

1.2.2　创业的要素与类型

1.2.2.1　创业的要素

（1）商机　著名经济学家威廉·史密斯对商机做出的定义是：find the "yes" from "nos"，即从"no"中找到"yes"，从否定中找到肯定，这就是商机。从经验中找到知识，从经验的否定中找到知识的肯定，这就是商机。

通过以上的定义，我们应该注意到商机具备以下几个特点：创业过程的核心是商机问题，新企业得以成功创建的起始点是商机，而不是其他任何要素；商机的最重要特征是设想中的产品或服务具备潜在的市场需求；一个好的思路未必是一个好的商机；商机的评价标准可以应用到对商机的寻找和评价中。

（2）资源　创业资源是创业过程中的各种投入，包括人、财、物、技术和信息等。创业资源不仅包括有形资产，如厂房、机器设备，也包括无形资产，如技术、专利；不仅包括个人资源，如个人技能、经营才能，也包括社会资源，如信息传递、权力影响、情感支持。其中，技术、人力和资金是创业资源要素中最为关键的三个方面。

（3）团队　创业团队是由创业带头人与创业成员组成的。创业团队是协调创业活动的系统，是资源整合的平台，是创业实践的载体。创业者在创业过程中，要努力构建创业型团队，形成以创业者为核心的组织架构及相关的社会关系网络。

在社会关系网络中，不仅包括新创企业或组织内的人，也包括新创企业或组织外的人，既有顾客、供应商、经销商、投资者、合作伙伴，也有政府官员、社区工作人员等。

创业团队是企业成功的关键因素。优秀的团队总是由一位非常有能力的创业带头人建立和领导。团队的业绩不仅向人们展示了成就，也展示了一个团队拥有的高贵品质。

（4）创业精神　也称为企业家精神，是指创业者的思想、观念、个性、意志、作风和品质等。创业精神的本质就是将创业意识、创业思维与创业实践结合起来，通过追求商业机会，借助创新来满足社会需求，并产生结果和价值。

创业需要创业精神，没有创业精神的创业缺乏动力，没有支撑，更不会成功，也不能称为创业。

（5）商机、资源、团队、创业精神之间的关系　创业过程中商机的形式、大小、深度决定了资源与团队所需的形式、大小、深度。创业过程本身是动态的，商机、资源、团队这三个因素是循环的，并且它们之间的平衡也是动态的，而将这三者紧密联结在一起，并推动创业过程持续向更高层次发展的关键因素则是创业者与创业团队所具有的创业精神。

由于外界环境的不确定性、机会的模糊性、创业活动的动态性和风险性等因素对创业活动的冲击，使原有的商机、资源和创业团队三者的平衡被破坏，产生失衡现象。这时候，在创业精神的激励下，创业者通过创业团队来调整机会和资源，努力实现这三个方面的再次平衡。由此可见，这一模型中的创业过程是"平衡—失衡—平衡"的动态过程，创业团队是保持三者平衡的关键因素，而创业精神是引领创业团队前行的灵魂。

案例分享 1-3　　　俞敏洪：创业必须具备的几点条件

现在创业者越来越年轻化了，跟时代接轨，尤其是在互联网方面。可以说创业跟国家的经济繁荣有着很大的关系。李克强总理也在前两年提出了"大众创业、万众创新"的口号，这样创业就进入了一个全新的时代。

创业的成功概率只有5%，如何让自己成为那5%里面的人呢？创业是要有所准备的，不是拍拍脑袋就行，脑子一热把家里所有积蓄都拿出来去创业的做法是非常危险的。俞敏洪认为，创业要具备以下几点条件。

第一，创业要积累好行业经验。俞敏洪创业成功跟他之前的行业经验积累有着密切的关系。他在北大教书的时候有教学方面的经验，并且那时兼职做了培训班的老师，在培训这块又积累了些经验。

在一个行业至少要有三到四年的经验，这样你去创业就比较容易成功。创业要打有准备的仗，你可以去冒险，但不能没有一点把握，就把自己的身家给押上去。

　　第二，创业产品和团队。现在是团队作战的年代了，创业最基本的条件是产品和团队，没有产品就没有创业的基础，先看看自己是否有产品。

　　有了产品后，还需要解决一个问题，就是把产品卖给客户，无论是线上还是线下，一定是靠团队，靠个人的时代已经结束了，如果没有团队，靠自己如何把产品销售出去？

　　第三，行业的切入时机。看自己要做的项目是不是符合行业的大趋势。俞敏洪当时做培训，正是出国留学的高潮时期，那时的培训机构又非常少，只要能开出来，都赚钱，也就是行业的红利期。

　　比如之前的淘宝创业，只要用心去做都能赚到钱，现在再进入就比较难了，需要资金、团队、技术、产品等，还不一定能成功。

　　最后送大家一句话：你是什么人不重要，你处在什么环境，你就会变成什么人。你是什么人不重要，你与什么人交往，你就会成为你交往对象的那种人。你是什么人不重要，你经历了什么，你就会成为什么人。

1.2.2.2　创业的类型

　　根据不同的标准，可以从动机、项目、风险等不同的角度对创业进行分类。

　　（1）机会型创业和生存型创业　根据创业的动机，可以将创业分为机会型创业和生存型创业。

　　① 机会型创业是指创业者把创业作为其职业生涯的一种选择，看到有比目前工作机会更好的创业机会而选择创业。例如，哈佛大学数学系学生比尔·盖茨辍学创办了微软；杨致远感受到互联网的机会，也放弃了博士学业，创办了雅虎公司。国内典型的机会型创业案例，有张朝阳创办搜狐，李彦宏创办百度，江南春创办分众传媒等。

　　这类创业活动是以市场机会为目标，创造出新的市场需要或满足潜在的市场需求。机会型创业是一种主动型创业，创业者有较高的产品或服务的科技含量，创建的新企业往往属于成长型企业，发展潜力较大。对这类创业者而言，创业活动是一种个体的偏好，并将其作为实现某种目标（如实现自我价值、追求理想等）的手段。

　　② 生存型创业是指创业者把创业作为其不得不做出的选择，创业动机是出于别无其他更好的选择，即不得不参与创业活动来解决其所面临的困难。例如，一些下岗工人创业，一些大学毕业生因找不到工作而创业等。

　　这类创业活动是一种被动的行为，也是一种无奈的选择，而不是个人的自愿行为。它是在现有市场上寻找创业机会，没有创造新的市场需求，反而加剧现有的市场竞争。

　　（2）独立型创业和合伙型创业　根据创业者的数量，创业可以分为独立型创业和合伙型创业。

　　① 独立型创业是指创业者个人白手起家进行创业，表现为独立决策、产权清晰、利润独享、自担风险。如个体工商户或创办个人独资企业等，就属于独立型创业。

　　这类创业活动的特点在于企业或组织由创业者自主掌控，按自己的思路经营管理。由于创业资源准备相对比较困难，也受创业者个人能力的制约，独立型创业的风险很大。

　　② 合伙型创业是指创业者与他人合作，或由团队共同创办企业或组织，表现为集体决策、共同出资、共享收益、共担风险等。如同学或朋友之间合作创办一家有限责任公司，就

属于合伙型创业。

这类创业活动的特点就是形成了团队合力，降低了创业风险。但由于合作者在经营管理过程中容易产生分歧，也极易发生利益冲突，从而导致内部管理成本提高。

（3）传统技能型创业、高新技术型创业和知识服务型创业　根据创业的项目，创业可以分为传统技能型创业、高新技术型创业和知识服务型创业。

① 传统技能型创业是指采用传统的技术和工艺进行的创业。如在酿酒、饮食、工艺美术、服装等与人们日常生活紧密相关的行业中，传统技能项目表现了很强的实力，许多现代技术都无法与之竞争。

这类创业活动由于具有独特的技术、工艺或配方，拥有一定的市场优势。至今，许多的传统手工生产方式在国内外仍然保留着。

② 高新技术型创业是指借助于带有前沿性、研发性的新技术、新产品进行的创业。如创办软件公司、生物制药企业等就属于高新技术型创业。

这类创业活动具有知识密集、技术密集、拥有自主的知识产权等特点，产品和服务具有很强的市场潜力和利润空间。

③ 知识服务型创业是指创业者为社会提供知识、信息服务的创业活动。如律师事务所、会计师事务所、管理咨询公司等。

这类创业具有投资少、见效快、易转型等特点。当今社会信息量越来越大，知识更新越来越快，为了满足人们节省精力、提高效率的需求，各类知识性咨询服务机构不断细化并增加。

（4）依附型创业和独创型创业　根据创业的风险，创业可以分为依附型创业和独创型创业。

① 依附型创业可以分为两种情况：一是依附于大企业或产业链而生存，主要是创办小企业，为大企业提供配套服务或在产业链中专门为某个或某类企业生产零配件、包装材料等；二是加盟连锁，使用特许经营权，充分利用品牌优势和成熟的经营模式，以减少创业企业的经营风险，如利用家乐福、沃尔玛等品牌效应和成熟的经营管理模式，减少经营风险。

② 独创型创业是指创业者通过提供有创造性的产品或服务，来填补市场需求的空白。

这类创业活动的特点是具有独创性，这种独创性既有内容，也有形式，大到商品整体，小到某种技术，也可以是某类服务等。由于消费者对新事物（新产品、新技术或新服务）都有一个接受的过程，所以独创型创业具有一定的风险。

（5）自主型创业和岗位型创业　根据创业者的身份，可分为自主型创业和岗位型创业。

① 自主型创业是指创业者是企业的创始人或事业的发起者，创业者从策划到实施，从企业或组织的组建到运行管理都担负起主要或领导责任。

自主型创业者一般都是企业或组织的法人代表，他们是直接创造劳动岗位的人。自主型创业者是创业大军中的中坚力量，是促进经济社会发展的先锋。

② 岗位型创业是指在本职岗位上进行工作创新、管理创新、技术创新或新产品开发。

岗位型创业与自主型创业的区别在于它不创造劳动岗位，但能使已有劳动岗位变得更有价值。

1.3　创新精神

1.3.1　创新精神的内涵

创新精神指的是要具有能够综合运用已有的知识、信息、技能和方法，提出新方法、新观点的思维能力和进行发明创造、改革、革新的意志、信心、勇气和智慧。

创新精神是一种勇于抛弃旧思想旧事物、创立新思想新事物的精神。例如：不满足已有认识（掌握的事实、建立的理论、总结的方法），不断追求新知识；不满足现有的生活生产方式、方法、工具、材料，根据实际需要或新的情况不断进行改革和革新；不墨守成规（规则、方法、理论、说法、习惯），敢于打破原有框框，探索新的规律、新的方法；不迷信书本、权威，敢于根据事实和自己的思考向权威质疑；不盲目效仿别人的想法、说法、做法，不人云亦云，唯书唯上，坚持独立思考，说自己的话，走自己的路；不喜欢一般化，而是追求新颖、独特、异想天开、与众不同；不僵化、呆板，灵活地运用已有知识和能力解决问题……这些都是创新精神的具体表现。

创新精神提倡独立思考、不人云亦云，但并不是不倾听别人的意见、孤芳自赏、固执己见、狂妄自大，而是要团结合作、相互交流，这是当代创新活动不可缺少的方式；创新精神提倡胆大、不怕犯错误，并不是鼓励犯错误，只是出现错误认知是科学探究过程中不可避免的；创新精神提倡不迷信书本、权威，并不反对学习前人经验，任何创新都是在前人成就的基础上进行的；创新精神提倡大胆质疑，而质疑要有事实和思考的根据，并不是毫无根据地怀疑一切……总之，要用全面、辩证的观点看待创新精神。

创新精神是一个国家和民族发展的动力源泉，也是一个现代人应该具备的素质。创新精神属于科学精神和科学思想范畴，是进行创新活动必须具备的一些心理特征，包括创新意识、创新兴趣、创新胆量、创新决心，以及相关的思维活动。党的二十大报告要求培育创新文化，弘扬科学家精神，涵养优良学风，营造创新氛围，强调增强自主创新能力、突出原创、鼓励自由探索的重要性。

1.3.2　创新精神的培养

1.3.2.1　对所学习或研究的事物要有好奇心

牛顿少年时期就有很强的好奇心，他常常在夜晚仰望着天上的星星和月亮思考，如星星和月亮为什么挂在天上？星星和月亮都在天空运转着，它们为什么不相撞呢？这些疑问激发着他的探索欲望。后来，经过专心研究，他终于发现了万有引力定律。能提出问题，说明在思考问题。在学习过程中，自己如果提不出问题，那才是最大的问题。好奇心包含着强烈的求知欲和追根究底的探索精神，谁想在茫茫学海中获取成功，就必须具有强烈的好奇心。正像爱因斯坦说的那样："我没有特别的天赋，只有强烈的好奇心。"

1.3.2.2　对所学习或研究的事物要有怀疑态度

不要认为被人验证过的都是真理。许多科学家对旧知识的扬弃，对谬误的否定，无不是从怀疑开始的。例如由于伽利略对亚里士多德"物体依本身的轻重而下落有快有慢"结论的怀疑，因此发现了自由落体规律。怀疑是发自内在的创造潜能，它激发人们去钻研、去探索。事物在不断地变化，有些知识这时候适用，将来不一定适用；而现有的知识不一定没有缺陷和疏漏。老师不是万能的，任何老师所传授的专业知识不能说都是绝对准确的。我们对待所学习或研究的事物应做到：不要迷信任何权威，应大胆地怀疑。这是我们创新的出发点。

1.3.2.3   对所学习或研究的事物要有追求创新的欲望

如果没有强烈的追求创新的欲望，那么无论怎样谦虚好学，最终都是模仿或抄袭，只能在前人划定的圈子里周旋。要创新，我们就要坚持不懈地努力，勇敢面对困难，要有克服困难的决心，不要怕失败。例如著名学者周海中教授在探究梅森素数分布时就遇到不少困难，有过很多次失败，但他并不气馁。由于追求创新的欲望和坚持不懈的努力，他终于找到了这一难题的突破口。1992 年他给出了梅森素数分布的精确表达式。目前这项重要成果被国际上命名为"周氏猜测"。

1.3.2.4   对所学习或研究的事物要有求异的观念

不要"人云亦云"。创新不是简单的模仿，要有创新精神和创新成果，因此必须有求异的观念。求异实质上就是换个角度思考，从多个角度思考，并把思考的结果进行比较。求异者往往要比常人看问题更深刻、更全面。

1.3.2.5   对所学习或研究的事物要有冒险精神

创造实质上是一种冒险，因为否定人们习惯了的旧思想很可能会遭受公众的反对。冒险不是那些危及生命和肢体安全的冒险，而是一种合理性冒险。大多数人都不会成为伟人，但我们至少要最大程度地挖掘自己的创造潜能。

1.3.2.6   对所学习或研究的事物要做到永不自满

一个有很多创造性思想的人如果就此停止，害怕去想另一种可能比这种思想更好的思想，或已习惯了一种成功的思想而不能产生新思想，结果就会使这个人变得自满，停止创造。

1.4   "双创"教育发展

1.4.1   "双创"教育的内涵

1.4.1.1   创新创业教育的定义和目标

创新创业型人才是指具备创新创业思维，具有创新创业意识，能够灵活运用已经掌握的专业知识，依靠自身的创新创业技能去开创事业或开办企业的人才。

1991 年，东京创新创业教育国际会议从广义上把"创业创新教育"界定为：培养最具有开创性个性的人，包括首创精神、冒险精神、创业能力、独立工作能力以及技术、社交和管理技能的培养。

所以，创新创业教育是以培养具有创新创业基本素质和开创型个性的人才为目标的。它不仅是培育在校学生的创业意识、创新精神、创新创业能力的教育，更是面向全社会，针对那些打算创业、已经创业、成功创业的创业群体，分阶段分层次地进行创新思维培养和创业能力锻炼的教育。

创新创业教育的目标是培养具有一定的创新创业意识、创新创业思维、创新创业能力以及创新创业人格的高素质复合型人才。主要包括唤醒学生的创新创业意识，激发学生善于发现问题并解决问题的能力；还包括训练学生的创新创业思维，塑造学生的创新创业人格，开发学生创新创业必备的基本素质。

1.4.1.2　创新创业教育的内容

（1）创新创业的意识培养　通过课堂理论学习和第二课堂的活动，组织参观、实习实训和实践模拟等教学环节，培养学生的创新创业意识和创新创业精神，使学生了解创新创业人才的素质要求。掌握创新创业的概念、特征以及要素，启发学生自觉掌握开展创新创业相关活动所必备的基础知识。

（2）创新创业思维和能力的提高　培养并训练学生的创新思维、批判性思维、创造性思维等思维能力，提高学生的组织协调能力、团队协作能力、领导力、决策力和洞察力，提升学生的情商、财商、逆商等各项创新创业必要的素质及能力。

（3）创新创业的实践和实训　通过实训平台开展模拟企业创办等实践活动，鼓励学生在线上模拟体验创业准备的全部过程，了解各个环节的注意事项，包括团队组建、项目的市场评估、创业融资、风险管理等内容。通过参加指导老师的创新科研实验、各类创新创业竞赛、技能大赛和社会实践活动，了解创新的环节及过程、方法与技巧，锻炼科技攻关的能力及素质。

（4）创新创业的环境认知　指导学生了解当前的政治经济形势和国家发展战略，认识当前行业发展现状及运行环境，学会对环境政策的评判和评估方法。学会把握创业机会，规避创业风险。了解商业模式的设计策略、技巧和开发的全过程。对于有创业意向的学生团队，有针对性地指导他们选择适合的行业、适合的项目和适合的地点开展创业活动。

1.4.2　"双创"教育的意义

1.4.2.1　创业型经济与创新创业教育

创业型经济（Entrepreneurial Economy），是由现代管理学之父彼得·德鲁克于 1985年提出的。他认为，创业型经济是相对于传统的管理型经济（Managed Economy）而提出来的，主要是指以大量新创的成长型中小企业为支撑的经济形态。传统管理型经济增长的驱动因素主要是劳动力和资本，而新的创业型经济的驱动因素主要是科技、创意、创新与创业活动。自 20 世纪 90 年代开始，美国经济经历了一个相当长的高速发展阶段，创造了 30 年持续增长的纪录。而保障美国经济持续发展的关键因素是其实现了经济体系从"管理型经济"向"创业型经济"的转变。美国是世界上最大的创业型经济强国，其中"硅谷模式"是其创业型经济的典型代表。

总体来说，创业型经济是以企业家的创意和创新为基础，以新办"创业型公司"为主要途径，微观上可实现企业家个体价值和经济利益，宏观上促进国家经济发展的一种新经济形态。它的重要优势是拥有某项知识和技术的个人通过创业活动能够实现知识外溢，从而促进经济发展。

创业型经济是建立在创新与创业基础上的一种全新的经济形态，它可以从制度结构、政策导向和发展战略上支持并保证经济领域的创新，从而不仅能够促进经济持续稳定增长，而且具有引领产业发展方向、推动社会技术进步、创造新的就业机会、活跃经济生活等方面的作用。未来中国经济的新一轮发展主要依靠创业型经济的发展。

（1）发展创业型经济能够推动科技进步　21世纪是创新与创业的时代，世界各国的竞争都聚焦在创新与创业的能力上。创业既是高新技术转化为现实生产力的桥梁，也是现代经济发展的引擎及日益重要的推动力；反过来，经济的发展又会在更高层次上需要知识与技术的支撑，这种循环推动过程促进了科技的进步。

（2）发展创业型经济能够调整经济结构　创业就是对不同资源加以整合、开发、利用并创造价值的过程，也是配置社会资源、调整经济结构的一种重要手段。在市场经济条件下，创业者通过创业活动直接参与到资源的配置活动中，从而调整经济结构。如果新创企业能够生存和发展，那么就说明其提供的产品或服务适应了市场需求，其对资源的整合与配置就是合理的。

（3）发展创业型经济能够增加就业机会，减少失业，促进社会和谐　创业是创业型经济的核心，又是一种积极的就业。创业者可以通过"自谋职位"或"自我雇用"来实现就业，这是对传统的通过"存在职位"和"他人雇用"而实现就业的一种突破。同时，创业者常常可以为其他人提供就业岗位，带动其他人就业。因此，发展创业型经济能够极大地缓解社会的就业压力，促进整个社会和谐发展和提高人民生活的幸福指数。

总之，创业型经济以创新和创业为基础，通过大量中小企业的创立，创造了更多的市场机会，同时造就了大量的就业岗位；通过创业者对创业要素自发的调整，促进社会资源优化配置，进而调整了社会经济结构。另外，由于知识和技术创新是驱动创业型经济向前发展的主要动力，因而创业型经济的发展过程同时可以加速科技成果向现实生产力的转化。

1.4.2.2　创新驱动发展战略与创新创业教育

现代社会是一个以知识、信息和技术为基础和以创新创业为动力的知识经济时代。知识经济的兴起不仅要求新型的生产方式，也要求人要主动地适应这一新型的生产方式，更迫切需要适应时代和这种新型生产方式的新的教育——创新创业教育。

2010年党的十七届五中全会《中共中央关于制定国民经济和社会发展第十二个五年规划的建议》明确提出，要坚持把科技进步和创新作为加快转变经济发展方式的重要支撑。要求我们必须将自主创新摆在重要、突出的位置，使其成为国家经济发展的内驱动力，加快推进科技进步，努力提高创新能力，同时加快调整经济结构，增强科学技术在社会经济发展过程中的功能和作用。在"十二五"规划纲要中，国家已经明确提出把"创新驱动"作为"转变经济发展方式"的主线。由于人口红利消失，中国社会逐步迈入老龄化社会，有限的资源不断被消耗，资源驱动型经济面临着不可持续、难以和谐发展的窘境。我国的经济发展方式迫切需要从"资源驱动"向"创新驱动"转变。"资源驱动"重视劳动力、生产原材料、资金等要素，而"创新驱动"重视全体受教育者的创造力、创新精神与能力。其实质就是从原来的对物质资源耗损的依赖向对先进的科学技术、高素质的创新创业型人才及创新管理依赖的转变。要适应这样的改变，高等教育必须将培育和造就大批国家急需的创新创业型人才作为自己的办学目标和定位。我国落实创新驱动发展战略实际也离不开高水准、高质量的大学对国家整体自主创新的能力提高、理论创新与文化引领上所给予的巨大支撑。

2016年3月，国家发布我国"十三五"规划纲要（2016—2020年）。"十三五"规划纲要强调，创新是引领发展的第一动力，必须将其摆在国家发展全局的核心位置，深入实施创新驱动发展战略。在"十三五"时期，启动了一批新的国家重大科技项目，建设一批高水平的国家科学中心和技术创新中心，培育了一批有国际竞争力的创新型领军企业。要构建激励创新的体制机制，实施人才优先发展战略，深入推进大众创业、万众创新。

近年来，大众创业、万众创新蓬勃兴起，催生了数不胜数的市场新生力量，促进了观念更新、制度创新和生产经营管理方式的深刻变革，有效提高了创新效率，缩短了创新路径。创业已经成为稳定和扩大就业的重要支撑，也成为推动新旧动能转换和结构转型升级的重要力量，并正在成为中国经济行稳致远的活力源泉。创新是社会进步的灵魂，是国家兴旺发达的不竭动力。创业是推进经济社会发展、改善民生的重要途径。创新和创业相连一体、共生共存。近几年，我国的创新能力稳步提升，涌现了许多创新成果。

案例分享 1-4　　　　港珠澳大桥

2018 年 10 月 24 日，港珠澳大桥正式通车运营，一桥飞架粤港澳，天堑变通途。港珠澳大桥的开通，将珠海、澳门到香港的陆路交通时间从 3 小时缩短至 45 分钟，这对提升珠江三角洲地区的综合竞争力、保持港澳长期繁荣稳定、推动粤港澳大湾区成为一个世界瞩目的最具创新活力的经济区具有重要的战略意义。

港珠澳大桥从筹建、开工到通车历时 15 年，总长 5 千米，是中国第一例融桥、人工岛和隧道为一体的跨海通道，也是公路建设史上技术最复杂、施工难度最大、工程规模最大的桥梁。其所涉及的新材料、新工艺、新技术和新设备等不胜枚举。仅专利就达400 多项，创造了 6 项世界之最，在多个领域填补了世界空白，是一个令中国人无比自豪的超级创新工程。

英国《卫报》将港珠澳大桥誉为现代世界七大奇迹之一，是中国从桥梁大国走向桥梁强国的里程碑之作！

科技是第一生产力，当今国际竞争的实质是科技和人才的竞争，其焦点集中在科技和教育。美国、以色列、日本等发达国家是世界上公认的创新型国家，这些国家的科技进步贡献率达到 70% 以上。其中，美国科技实力首屈一指，创新能力也领先于世界。

从第二次工业革命的电灯到第三次信息革命的电脑，再到现在的互联网、人工智能，美国都是科学技术的开创者。美国创新实力世界排名第一的原因，除了美国人怀揣着通过个人奋斗而致富的美国梦和自身具有较强的科技创新精神外，还有就是美国政府对科学技术极为重视、大力进行科技投入、制定有利于创新的政策和制度、奖励科技发展和鼓励创新发明、保护知识产权等多个因素。但是，最主要的原因是美国吸引了世界上最优秀的科学技术人才，同时拥有世界一流的高等教育体系。全世界排名前 100 位的一流大学中，美国约占60%。其每年培养出大批拔尖创新创业型人才，是美国科技创新的人才供给源泉。20 世纪八九十年代，加州的硅谷是世界上最大的科技创新区，其不超过 50 人的小型微型企业数量占科技公司总数的 80%。这些小微企业一直是美国技术创新的主体，也是研发活动的最大投入者，同时也是最重要的创新活动的承担者和成果占有者。而这些高新技术公司的核心技术得益于当地的斯坦福和伯克利分校等重点大学。这些名校的毕业生很多都是硅谷高科技公司的创业者或联合创始人。

根据《国家创新指数报告 2020》报告（国家创新指数是反映国家综合创新能力的重要指标），中国国家创新指数综合排名世界第 14 位，比上年提升 1 位，是唯一进入前 15 位的新兴国家。中国国家创新指数得分为 72.5 分，比上年提高 2.6 分，和英国、芬兰、法国、爱尔兰等排名 10 位至 13 位国家间的差距为 0.2～1.8 分，差距进一步缩小，表明中国创新能力有进一步提升的潜力。

案例分享 1-5　　　　　　　　华为的辉煌

　　2018 年 10 月 17 日，当华为的余承东拿着完全自主研发的华为 Mate 20 稳步走上英国伦敦的世界级舞台时，全球一片哗然。

　　这是首部搭载"麒麟 980"——6 项世界第一的 7 纳米国产芯片，拥有全球最强通信基带、全球最快国产 Wi-Fi、全球最强石墨烯＋水冰散热、全球最强徕卡三摄拍照、超级 GPS 定位、极速充电、反向充电、3D 建模等多项科技创新成果的高端手机。

　　2019 年 8 月 9 日，华为在东莞举行华为开发者大会，正式发布鸿蒙 OS 操作系统。

　　鸿蒙 OS 是一款"面向未来"、基于微内核的面向全场景的分布式操作系统，现已适配智慧屏，未来它将适配手机、平板、电脑、智能汽车、可穿戴设备等多种终端设备。

　　2021 年 6 月 2 日，华为正式发布鸿蒙 OS 2 及多款搭载鸿蒙 OS 2 的新产品。

　　华为是一家总部位于深圳、至今都没有上市、拥有 18 万名员工、产品和服务遍及世界 170 多个国家和地区的中国民营企业。华为在美国、德国等国家设立了 16 个联合创新中心和 14 个研究院室。华为一贯坚持围绕客户需求持续创新，致力于将最新的科技带给消费者，构建万物互联的智能世界。

　　总之，习近平总书记在党的二十大报告中提出，到二〇三五年国家将实现高水平科技自立自强，进入创新型国家前列，因此急需一大批创新创业型拔尖人才。作为培养国家高级人力资源的高等学校，应该将开展创新创业教育、培养高素质创新创业型人才作为办学目标。高等学校加强创新创业教育，是高等学校落实创新驱动发展战略的重要举措和根本任务。

1.4.3　"双创"教育在中国

　　1989 年年底，联合国教科文组织在北京举行了"面向 21 世纪教育国际研讨会——21 世纪的劳动世界"。在这次大会上，"创业教育"这个新概念被首次提出。会议认为，"创业教育"证书是未来从业者除了拥有学历学位证、职业资格证外，也应该掌握的第三张教育通行证。教科文组织认为，未来的大学毕业生将不仅仅是求职者，而更应该成为工作岗位的创造者。从此，中国政府和教育工作者开始关注、重视并研究中国的创新创业教育的开展。

　　中国高校创新创业教育发展到今天，经历了从起始到多元探索再到快速发展这三个阶段。

　　第一阶段：起始阶段（1998—2001 年）

　　我国高校的创新创业教育起始于 1998 年。清华大学发起并主办了我国首届"创业计划大赛"，成为第一所将创业计划大赛引入亚洲的高校。清华大学实施了在国内的管理学院中率先为 MBA 学生设立"创新与创业管理"专业方向，而且积极为全校本科学生开设"高新技术创业管理"选修课程。从此以后，清华大学一直都是国内高校创新创业教育方式或模式及教育体系的引领者。1999 年，由国家领导人题字的第一届"挑战杯"中国大学生创业计划大赛在清华大学举办。后来，从第二届开始，共青团中央作为组织者，与教育部、全国学联、中国科协、中国社会科学院等机构联合主办了接下来的所有"挑战杯"全国大学生创业计划大赛和课外学术科技作品竞赛。"挑战杯"包括两个项目：创业计划竞赛和课外学术科技作品竞赛。这个比赛每两年举办一次，两个项目轮流交叉进行，到目前为止，已经举办了 15 届。1999 年，国务院发布《面向 21 世纪教育振兴行动计划》和《关于深化教育改革全面推进素质教育的决定》，要求各高校在校园周围建立高新技术产业化基地，提出"加强对教师和学生的创业教育，采取措施鼓励他们自主创办高新技术企业"和"高等教育要重视培养大学生的创新能力、实践能力和创业精神"。从此，各高校广泛开始了创新创业教育。部分高校开设了"创新班"和培养学生创业意识、创业精神的"创业基础"通识课程。通过开展各类有关创新创业的竞赛活动和开设各类有关创新创业的课程，大力推广和普及创新创业教育。

第二阶段：多元探索阶段（2002—2013 年）

2002 年 4 月，教育部在清华大学、北京航空航天大学、中国人民大学、西北工业大学、南京财经大学、黑龙江大学、上海交通大学、西安交通大学和武汉大学等 9 所知名大学开展创新创业教育试点工作，探索性地开展适合各高校实际的多元化的教育模式。这个试点工作的开展，标志着我国的高校创新创业教育进入了教育行政部门引导下的多元探索阶段。国家和各省市地方主管部门出台了大量鼓励和扶持大学生创新创业的相关法律法规、政策，发布了大量的文件和通知来鼓励各高校开展创新创业教育的探索。2010 年，教育部在北京召开推进高等学校创新创业教育和大学生自主创业工作视频会议，并印发《关于大力推进高等学校创新创业教育和大学生自主创业工作的意见》（以下简称《意见》）。会上，教育部副部长陈希指出：推进高等学校创新创业教育和大学生自主创业工作，是贯彻落实党的十七大提出的"提高自主创新能力、建设创新型国家"和"以创业带动就业"发展战略的重大举措，是适应国家经济社会发展、加快经济发展方式转变的必然要求，是高等教育改革和发展的迫切需求。《意见》要求，高等学校创新创业教育要面向全体学生，融入人才培养全过程。2012年，教育部出台第 4 号文件，《普通本科学校创业教育教学基本要求（试行）》，要求各高校结合实际，创造条件，面向全体学生开设"创业基础"公共必修课。2013 年，教育部印发通知要求：各地各高校要建立和完善创新创业教育课程体系，积极开展创新创业竞赛、模拟创业等实践类活动，鼓励更多大学生参与创新创业训练计划和新一轮"大学生创业引领计划"，多渠道、多方式培养学生创新意识和创业能力。

各高校根据自身特色，立足于办学定位和办学层次，探索了适合自身的创新创业教育体系，涌现了许多成绩突出的高校。比如，华中科技大学保持优良的创新创业教育的传统和文化，通过实施"三个三"工程建设，逐步形成了"从研究到应用、创新到创业、校内到校外"的无缝对接，借助学校拥有的多个国家级和省部级科研实验室来孵化创业项目，并且初步建立了具有独到特色的大学生创新创业教育体系。四川大学推动多项课程改革，开设了近 20 门创新创业类在线开放课程；以教师引导的小班授课方式训练学生的创新思维；建设大学生创业孵化基地和小微企业创业园、高水平创新创业教育实践平台，成立全球校友企业家联谊会。

第三阶段：快速发展阶段（2014—2021 年）

2014 年 9 月，国务院总理李克强在夏季达沃斯论坛发出了"大众创业、万众创新"的号召，2015 年 5 月，《国务院办公厅关于深化高等学校创新创业教育改革的实施意见》（国办发〔2015〕36 号）印发，标志着高校创新创业教育育人育才阶段的开始，中国创新创业教育进入发展的快车道。引发高校和社会广泛热议，并认为创新创业教育的本质不是培养企业家和科学家，而是培养国家急需的大批具有社会主义核心价值观的民族振兴栋梁之材。随着党的十九大对建设创新型国家这个新时代的定位，创新创业型人才的培养成为"十三五"期间高校的首要任务。

国务院在 2015 年的实施意见中提出了高校创新创业教育的总体目标。总体目标的实现分三步走，到 2020 年要全面健全高校的创新创业教育体系。各地高校到 2020 年须完成九大任务，具体内容如下。

（1）完善人才培养质量标准　完成创新创业教学质量国家标准的制订。各高校要围绕培养高素质创新创业型人才这一目标，认真修订人才培养方案，各行业各企业也要制订出专业人才评价标准。

（2）创新人才培养机制　建立以需求为导向的学科专业结构，调整创业就业导向的人才培养类型结构。构建大学与大学、大学与企业、学校与地方政府、学校与科研院所、国内大学与国外大学之间国际合作的协同育人机制及跨院系、跨学科、跨专业的交叉培养新机制。

（3）健全创新创业教育课程体系　调整专业课程设置，开放开设优质创新创业选修、必修课，并纳入学分管理。加强重点教材建设，鼓励学科带头人及行业企业的创新创业专家加入联合教材编写队伍。加强"双创"课程的信息化建设，推出一批优质在线课程并完善在线课程的学分认定。

（4）改革教学办法和考核方式　注重训练培养学生的创造性和批判性思维，运用大数据和云计算为学生提供优质教育资源，改革考试考核内容与方式，注重实操实训效果。

（5）强化创新创业实践　利用好"创业教育实践平台""各级别创新创业类竞赛"和"专业实验教学平台"这三大平台，借助各类创新创业大赛和各类中心及园区的实践活动来加强实习实训。

（6）改革教学和学籍管理制度　设立创新创业奖学金，表彰鼓励优秀学生创新创业。建立健全学校创业就业档案管理制度，制订创新创业能力培养计划。建立创新创业学分积累与转换制度，实行弹性学制，支持学生休学创业。

（7）加强教师创新创业教育教学能力建设　加强师资培训，建立全国万名优秀创新创业导师人才库，利用人才库的资源产生导师辐射效应。配齐配强专职创新创业教师，提高"双创"导师的教学能力和水平。建立"双创"导师到行业企业挂职锻炼制度。完善高校科技成果处置和收益分配机制，鼓励教师创业和师生共同创业。

（8）改进学生创业指导服务　各高校要成立提供创新创业服务的专门职能机构，及时提供国家政策、市场动向等相关信息，发布创业指南，引导学生捕捉创业商机。加强对创新创业者的培训及建立网络培训平台。为已经创业的学生提供一站式服务和全程指导、持续帮扶。

（9）完善资金支持和政策保障体系　制定互联网创业扶持政策，整合发展财政和社会资金，多渠道统筹安排设立大学生创业风险基金，落实好各项扶持政策和服务措施。

近几年来，全国各高校普遍成立了创新创业学院，或者创新创业教育学院、创业教育学院、创业学院等二级学院或者职能机构，统筹和协调开展了丰富多彩的创新创业教育活动，并取得了很大成绩。为了推动高校创新创业教育的发展，全国和各省广泛开展了"'双创'教育示范院校"的评选，形成了各地高校大力促进"双创"教育、力争先进、争当一流的良好态势。2017 年，国务院发布《关于强化实施创新驱动发展战略，进一步推进大众创业万众创新深入发展的意见》（国发〔2017〕73 号），要求全社会要深化产教融合，推进产学研协同创新；各高校要深化高等教育改革，培养大批高素质创新创业型人才和技术技能型人才。在中共中央、国务院印发的《中国教育现代化 2035》中特别强调"加强创新人才特别是拔尖创新人才的培养，加大应用型、复合型、技术技能型人才培养比重。加强高等学校创新体系建设，建设一批国际一流的国家科技创新基地，加强应用基础研究，全面提升高等学校原始创新能力"。在党的二十大报告中特别提出加快建设国家战略人才力量，努力培养造就更多大师、战略科学家、一流科技领军人才和创新团队、青年科技人才、卓越工程师、大国工匠、高技能人才。

思维与训练

1. 大家是否有过这样的经历，生病输液时最痛苦的就是液体快输完的时候要时刻盯着输液管，唯恐一不小心就过了头。你怎样解决这个问题？

2. 一次成功的创业，往往是从一个好的想法或者好的创意开始的。随时记下你灵光一闪的念头或者新想法十分重要。现在你就要拿起笔，思考并写下五个能够创业的好创意。

3. 谈谈大学生创业对社会和个人都有哪些重要意义。

4. 我国高校创新创业教育的总体目标和任务是什么？

第2章 创新思维

第2章

引导案例　　　　买我的马戏票赠送一包花生

美国"宣传天才"哈利十五六岁的时候在一家马戏团做童工，负责在马戏场内叫卖小食品。但是每次看戏的人不多，买东西吃的人则更少，尤其是饮料，很少有人问津。有一天，哈利突发奇想：向每一位买票的观众赠送一包花生，借以吸引观众。但是老板坚决不同意他这个荒唐的想法。哈利用自己微薄的工资做担保，请求老板让他试一试，并承诺说，如果赔钱就从他的工资里面扣；如果盈利了，他自己只拿一半。老板这才勉强同意。

以后每次马戏团的演出场地外就多了一个义务宣传员："来看马戏喽！买一张票赠送好吃的花生一包！"在哈利不停的叫喊声中，观众比往常多了几倍。

观众进场后，哈利就开始叫卖起饮料来，绝大多数观众在吃完花生之后觉得口渴都会买上一瓶饮料。这样一场马戏下来，营业额比平常增加了十几倍。其实，哈利在炒花生的时候额外加了少量的盐，这样花生更好吃了，观众越吃越口渴，饮料的生意自然就越来越好了。

2.1　创新思维概述

2.1.1　创新思维的内涵及特征

2.1.1.1　创新思维的概念

创新思维（创造性思维）是人类思维的高级形式，通过这种思维，人们可以在现有的科学认知基础上，创造出新成果，形成新的认知结构，并使认识达到一个新的水平，从而实现探索未知、创造新知，它是创新成功的关键。那么，什么是创新思维呢？

关于创新思维的定义，至今仍是众说纷纭。现行的概念归纳起来有三种。

第一，创新思维是人脑一种复杂的生理现象。罗杰·斯佩里的"神经回路说"认为：大脑中数以亿计的神经元相互连接，能形成数量巨大的神经回路，每个回路可能与某种思维形式相对应。某一部分回路可通过学习而固定下来，产生重复思维，而在此基础上产生的新的回路，则可产生创新思维。

第二，将创新思维分为广义和狭义两种。从狭义的角度来讲，是把创新思维定义为一项具体的思维方法，即通常人们所说的创意思维或创造性思维，它是以发明创造为目的的一项思维方法。从广义的角度来讲，创新思维是指对现有思维观念、思维模式和思维方法的超越和创新。它的具体内容包括：超越现有思维观念的局限，打破固有思维模式的束缚，认知和掌握新的思维方法。

第三，创造性思维就是在客观需要的推动下，以新获得的信息和已储存的知识为基础，综合地运用各种思维形态或思维方式，克服思维定式，经过对各种信息知识的匹配、组合，或者从中选出解决问题的最优方案，或者系统地加以综合，或者借助类比、直觉、灵感等创造新方法、新概念、新形象、新观点，从而使知识或实践取得突破性进展的思维活动。

虽然每个人都能够进行思维，但是创新思维需要艰苦的脑力劳动，创新思维成果的实现往往需要长期的探索、刻苦的钻研，甚至反复、多次的挫折才能实现，并且创新思维离不开推理、想象、联想、直觉等思维活动。人们的创新思维在科技发明、生产经营、艺术创作、人际交往、战争谋略和侦查破案中发挥了巨大的作用。

2.1.1.2　创新思维的特征

创新思维与一般思维相比，就是用新颖独创的方式方法来解决问题。不同于一般的思维活动，创新思维就是要求打破常规，将已有的知识轨迹进行改组和重建，创造出新的思维成果。创新思维以不断发展变化的动态社会为基础，不局限于某一种思维模式，是一种灵活多变、富于探索性、以不断变化的现实为标准的思维形式。它具有以下五个特征。

（1）对传统的突破性　创新思维的结果体现为创新。从创新思维的本质来看，它是打破传统、常规，开辟新颖、独特的科学思路，升华知识、信念和观念，发现对象间的新联系、新规律，具有突破性的思维活动。因此，突破性是创新思维一个最明显的特征。主要体现在以下三个方面。

① 突破性体现为创造者突破原有的思维框架。创新思维要求人们在思考问题时，要有意识地抛开头脑中以往思考类似问题所形成的思维程序和模式，排除以往的思维程序和模式对寻求新的设想的束缚，对那些默认的假设、陈腐的观点和固化的模式提出挑战和疑问，就可能取得意想不到的成功。

例如，20 世纪中期，美国和苏联都已具备了把人造卫星送上太空的物质和技术条件，相比之下，当时美国在这方面的实力比苏联更强。双方都存在一个"卡脖子"的关键问题：火箭的推动力不够，摆脱不了地心引力，不能把人造卫星送入运行轨道。当时大家都认为，办法只能是再增加所串联的火箭的数量，以进一步增强推动力。美苏两国的专家都想尽办法增加火箭的数量。尽管火箭数量增加了不少，但还是解决不了问题。后来，苏联的一位青年科学家跳出了不断增加串联火箭的思维框架，产生了一个新的设想：只串联上面的两个火箭，下面的火箭改用 20 个发动机并联，经过严密的计算、论证和实践检验，这个办法终于获得成功。1957 年，苏联抢在美国之前，将人造卫星送入太空。

虽然原有的思维框架对人们思考问题有很多好处，它能使人们省去许多摸索、试探的思考步骤，提高思考效率，但原有的思维框架不利于人们进行创造性思考。因此，无论是思考如何解决新问题，还是思考如何解决老一套的问题，都需要人们跳出原有的思维框架，用新的思考程序和思考步骤进行试探和尝试。

② 突破性还体现为突破已有的思维定式。思维定式可能是在过去某一阶段的经验总结，是经过成功的经验或失败的教训验证的"正确思维"。但是当事物的内外环境变化时，仍然固守所谓的"正确思维"却行不通了，它们通常对形成创新思维产生消极的作用。可见，不突破思维定式，就只能被原有的框架所束缚，也不可能激发出创新思维和取得新的成功。

③ 突破性也体现在超越人类既存的物质文明和精神文明成果上。

从超越既存的物质文明成果看，产品的更新换代就是科技研发人员思维上敢于去超越原有产品的结果。从超越既存的精神文明成果看，爱因斯坦突破了牛顿经典力学的静态宇宙观去思考，创立了狭义相对论。无论是狭义相对论的建立，还是牛顿"万有引力"定律的发现等，历史上重大发现或重要理论的提出无不体现了对既存的物质或精神文明成果的突破。

（2）思路上的新颖性　创新思维是以求异、新颖、独特为目标的。思路上的新颖性是在思路的选择和思考的技巧上都具有独特之处，表现出首创性和开拓性。思路上的新颖性表现在不盲从、不满足现有的方式或方法，这需要更多地经过自己的独立思考，形成自己的观点和见解，突破前人成果的束缚，超越常规，学会用新的眼光去看待问题，从而产生崭新的思维成果。如果缺少独立自主的思考，一切循规蹈矩、照章办事，就不可能产生新颖的思路，更谈不上创新。

例如，亚默尔肉食品加工公司的创始人、亿万富翁菲利普·亚默尔17岁的时候和其他人一样到西部淘金，许多掘金人日复一日地挖掘，终于不堪劳累之苦，要么命丧黄泉，要么另谋生路，而亚默尔独辟蹊径，靠卖饮用水给淘金者发了大财，迈入了亿万富翁的行列。

（3）程序上的非逻辑性　创新思维往往是在超出逻辑思维、出人意料的情形下出现，它不严密或暂时说不出什么道理。所以，创新思维的产生常常省略了逻辑推理的许多中间环节，具有跳跃性。

创新思维的非逻辑性，由于中间环节的省略而呈飞跃式，显得离谱、神奇。有时，创造者自己对其也感到不理解。例如，当德国科学家普朗克首创量子假说时，连他自己也感到茫然，甚至怀疑这个假说的真实性。

唐代大诗人李白被称作诗仙，他常常借酒助兴诗如泉涌；词作家乔羽在书房写作，抬头忽见一只蝴蝶飞来，瞬间又飞去，他借助这一现象触发灵感，创作了著名的歌曲《思念》。这些就是创新思维非逻辑性的典型表现。

在创新思维活动中，新观念的提出、问题的突破，往往表现为从"逻辑的中断"到"思想的飞跃"。这通常都伴随着直觉、顿悟和灵感，从而使创新思维具有超常的预感力和洞察力。

（4）视角上的灵活性　创新思维表现为视角能够随着条件的变化而转变，能够摆脱思维定式的消极影响，善于变换视角看待同一问题，善于变通与转化，重新解释信息。它反对一成不变的教条，而是根据不同的对象和条件，具体情况具体对待，灵活应用各种思维方式。

创新视角是多种多样的，我们要学会转化视角，从不同的视角得出不同的结论。俗语"公说公有理，婆说婆有理"说的就是这个道理。换一个角度，换一种思维，或许一切都会有所不同，或许整个世界都明亮了。

每一项失败都包含着成功。一件失败的事，只需转换一下视角，就是一件成功的事。

历史上有不少的新发明都是在犯了错误之后"将错就错"的产物。在很久以前，德国某家造纸厂因为配方出错，造出的纸太涩而没法写字。有位技师却用肯定的视角看待这件事，开发出了吸墨纸。还有一位发明家，他研制的高强度胶水生产出来之后黏性很低。他不甘心失败，沿着"黏性低"的思路造出了不干胶。清朝康熙年间的安徽举人王致和为谋生路开了一家豆腐坊，为了防止夏天豆腐变馊加入了很多调料，最终却创造了闻名至今的"臭豆腐"。

所以，当众人都在欢呼成功的时候，你采用"肯定视角"，那没有什么重要的意义；而当众人都在叹息失败的时候，你能够采用"肯定视角"，这本身就是一种创新思维。

（5）内容上的综合性　创造性活动是在前人基础上进行的，必须综合利用他人的思维成果。科学技术发展史一再强调，谁能高度综合利用前人的思维成果，谁就能取得更大的突破，做出更大的贡献。在技术领域综合结出的硕果更是到处可见。据统计，松下电视机就是在综合了各国 400 多项技术的基础上发展起来的。因此，我们可以说：综合就是创造。

2.1.2　创新思维过程

从问题的提出到找到解决方案，创新思维经历了一个漫长的思维组织过程。美国心理学家华莱士 1926 年出版了《思想的艺术》，他在该书中通过对许多创造发明家的自述经验的研究，提出了创造性思维过程的四个阶段——准备、酝酿、启发和检验。

2.1.2.1　准备阶段——问题提出

这是提出课题、收集各种材料、进行思考的过程，也就是有意识地努力积累相关背景知识的时期。

要想从事创造活动，首先要提出有价值的问题。创造性思维就是围绕这些问题展开的，而且，这些问题决定着思维的方向。因此，提出有意义、有价值的问题成为这个阶段的重要一环。

接着，思维者有意识地收集资料、挑选信息，或同时进行一些初步的反复试验，认识课题的特点，通过反复思考和尝试来努力解决问题。

2.1.2.2　酝酿阶段——问题求解

如果不能直接解决问题，酝酿阶段随即来临。酝酿在其性质和持续时间上变化很大，它可能只需要几分钟，也可能要几天、几星期、几个月，甚至几年。在这个时期里，思维者不再蓄意解决问题，或者说已经暂时"放弃"了，在现象上看是有意识的努力一度中断的时期。但在这个时期，据华莱士讲"无意识的大脑活动"仍在继续，即大脑的潜在意识仍在不知不觉地对收集到的材料进行着筛选和重组。

日本创造心理学家高桥浩曾说过："创造性思维也和造酒一样，需要有个酝酿期。在第一阶段中，经有意识的努力而得到的东西大都是勉勉强强、比常识稍胜一筹的东西，不能有大作用。到了下一步的酝酿期，和酿造名酒一样，新的思想方案才逐渐成熟起来。普通人一般不能忍耐这个酝酿期，也没想到有经历这一个时期的必要，因而老是在第一阶段里徘徊。"

2.1.2.3　启发阶段——问题突破

这一阶段也称顿悟期或灵感期。这种"顿悟"并不是本人有意识地努力得来的。它的出现，大都是在疲倦极了、一度休息之后，或者是正当转而注意别的事情、完全忘神的时候。这种所谓的"顿悟"并不是由语言表达出来，而是通过视觉上的幻象表达出来的。这种顿悟一出现，就十分不同于别的许多经验，它是突然的、完整的、强烈的，以至于会脱口喊出："是这样的！""哈！没错儿！"华莱士把这种经验称为"尤瑞卡经验"（Eureka experience）。比如，阿基米德终于寻到了检验王冠含金量问题的答案时，从浴盆里跳出来，狂喜地在大街上边跑边喊，向世界大声宣告："我已经找到它了！我已经找到它了！"

此阶段是创新思维的关键阶段，新观念、新思想、新方法，以及整个解决方案都是在这个阶段提出的。需要注意的是，一个闪光的新观念和新假说的提出可能很快，甚至是一瞬间的事情，但要形成完整方案，还必须经历整理、修改和完善的逻辑加工过程，这个过程往往是一个漫长的过程。

2.1.2.4　检验阶段——成果证明、验证

并非所有的问题解决都会以这种突然的、强烈的经验而终结，这种经验也可能是和问题的错误解决伴随产生。所以，这种灵感的成果还必须经历一个仔细琢磨、具体加工和验证的

过程。这是对整个创造过程的反思，以使创造成果建立在科学的理论基础之上，并物化为能被他人所理解和接受的形式。这一阶段，又是在意识的支配下进行的。对于科学上的新理论，验证的主要手段是设计、安排观察或试验，所要检验的是由新假说所推演出来的新结论，验证时间一般比较长。例如，门捷列夫花了十几年时间验证化学元素周期律；哥白尼的日心说验证时间长达 300 多年。对于工程技术上的创新成果——新工艺、新技术、新产品，检验的基本方法是实践，就是看它在实践中能否提高产品的质量和生产效率，能否大规模推广，从而产生社会经济效益。

2.2　创新思维方法的分类

2.2.1　逻辑思维

2.2.1.1　逻辑思维的定义

通过逻辑（把意识按照顺序进行排列）进行思考就叫作逻辑思维。

逻辑思维是人们在认识过程中借助于概念、判断、推理等思维形式能动地反映客观现实的理性认识过程，因此又称理论思维。只有经过逻辑思维，人们才能达到对具体对象本质规律的把握，进而认识客观世界。它是人类认识的高级阶段，即理性认识阶段。

逻辑思维与形象思维不同，它以抽象为特征，通过对感性材料的分析思考，撇开事物的具体形象和个别属性，揭示物质的本质特征，形成概念，并运用概念进行判断和推理来概括地、间接地反映现实。社会实践是逻辑思维形成和发展的基础，社会实践的需要决定人们从哪个方面来把握事物的本质、确定逻辑思维的任务和方向。实践的发展也促使逻辑思维逐步深化和发展。逻辑思维是人脑对客观事物间接概括的反映，它凭借科学的抽象揭示事物的本质，具有自觉性、过程性、间接性和必然性的特点。逻辑思维的基本形式是概念、判断、推理。逻辑思维方法主要有归纳和演绎、分析和综合及从抽象上升到具体等。

2.2.1.2　逻辑思维的内涵

逻辑思维是人们在认识过程中借助于概念、判断、推理反映现实的过程。它和形象思维不同，是用科学的抽象概念、范畴揭示事物的本质，表达认识现实的结果。

逻辑思维要遵循逻辑规律，主要是形式逻辑的同一律、矛盾律、排中律，辩证逻辑的对立统一、质量互变、否定之否定等规律，违背这些规律，思维就会发生偷换概念、自相矛盾、形而上学等逻辑错误，认识就是混乱和错误的。逻辑思维是分析性的、按部就班的。做逻辑思维时，每一步必须准确无误，否则无法得出正确的结论。我们所说的逻辑思维主要指遵循传统形式逻辑规则的思维方式，常称它为"抽象思维"或"闭上眼睛的思维"。

在逻辑思维中使用否定来堵死某些途径。如果说，逻辑思维是在深挖一个洞，"否定"就是为了把洞挖得更深的工具。

逻辑思维是人脑的一种理性活动，思维主体把感性认识阶段获得的对于事物认识的信息材料抽象成概念，运用概念进行判断，并按一定逻辑关系进行推理，从而产生新的认识。逻辑思维具有规范、严密、确定和可重复的特点。

2.2.1.3　逻辑思维的方法

（1）演绎推理法　演绎推理是由一般性前提到个别性结论的推理。按照一定的目标，运用演绎推理的思维方法，取得新颖性结论的过程，就是演绎推理法。例如，一切化学元素在一定条件下发生化学反应。惰性气体是化学元素，所以，惰性气体在一定条件下确实能够发生化学反应。这里运用的就是演绎推理方法。

演绎推理的主要形式是三段论法。三段论法是从两个判断中进而得出第三个判断的一种推理方法。上面的例子就包含着三个判断。第一个判断是"一切化学元素都在一定条件下发生化学反应"，提供了一般的原理原则，称为三段论式的大前提；第二个判断是"惰性气体是化学元素"，指出了一种特殊情况，叫作小前提；联合这两种判断，说明一般原则和特殊情况间的联系，因而得出第三个判断，"惰性气体在一定条件下确定能够发生化学反应"，即为结论。

只要作为前提的判断是正确的，中间的推理形式是合乎逻辑规则的，那么，必然能够推出"隐藏"在前提中的知识，这种知识尽管没有超出前提的范围，但毕竟从后台走到了前台，对我们来说，往往也是新的，而且由于我们常常是为了某种实际需要才做这种推理，其结论很大程度上具有应用价值。这样演绎推理的结论就可能既具有新颖性，又具有实用性。

（2）归纳推理法

① 完全归纳推理。从一般性较小的知识推出一般性较大的知识的推理，就是归纳推理。在多数情况下，运用归纳推理可以得到新的知识。按照一定的目标，运用归纳推理的思维方法，取得新颖性结果的过程，就是归纳推理法。

② 简单枚举归纳推理。简单枚举归纳推理是列举某类事物中一部分对象的情况，根据没有遇到矛盾的情况，便做出关于这一类事物的一般性结论的推理。

例如叶落的时间、天鹅的颜色。简单枚举归纳推理的意义在于，虽然其结论是或然的，但不一定是错误的，有的正确，也就可以提供新的知识。在其结论的基础上，可以继续研究。如果证明是正确的，就得到了新的知识；即使证明是错误的，也从另一方面给了我们新的收获。

③ 科学归纳推理。科学归纳推理是列举某类事物一部分的情况，并分析出制约此情况的原因，并以此结果为根据，总结出这类事物的一般性结论的推理方法。

演绎法和归纳法是人们对客观现实的两种对立的认识方法的总结。两者既是对立的，又是统一的，缺少任何一面都无法认识真理。演绎法和归纳法，看似相反的两种方法，实际上在人们的认识过程中，两者是辩证的统一，没有归纳就没有演绎，因为演绎的出发点正是归纳的结果，演绎必须以可靠的归纳为基础。没有演绎同样也没有归纳，因为归纳总是在一般原理、原则或某种假说、猜想的指导下进行的。

弗朗西斯·培根在《新工具》一书中也写道："我们不能像蚂蚁，单只收集；也不可像蜘蛛，只从肚子中抽丝；而应像蜜蜂，既采集又整理，这样才能酿出香甜的蜂蜜。"培根强调的"既采集又整理"，说的就是要善于运用归纳和演绎的科学思维。

（3）实验法　实验是为了某一目的，人为地安排现象发生的过程，以此为依据研究自然规律的实践活动。实验的特点是必须能够重复，能够在相同条件下重复地做同一个实验，并产生相同的结果，这是一个实验成功的标志。不能重复的实验就不是成功的实验，其结果就没有可信度，就不能作为科学依据，这是符合逻辑思维原理的。

实验法研究的优点有很多：实验能够纯化研究对象；能够人为地再现自然现象；可改变现象的自然状态；可以加速或延缓对象的变化速度；可以节约费用，减少损失。

（4）比较研究法　比较研究法，简称比较，是通过两个或两个以上对象的异同来获得新知识的方法。在比较研究中，主要起作用的仍然是逻辑思维中的演绎推理、归纳推理和类比推理，所以，比较研究是运用逻辑思维进行创新的一种方法。

比较可以有很多种类，如空间上的比较（横向比较）、时间上的比较（纵向比较）、直接比较、间接比较等。

通过比较研究，人们可以鉴定真伪，区分优劣；明察秋毫，解决难题；确定未知，发现新知；取长补短，综合改进；追踪索迹，建立序列。

（5）证伪法　根据形式逻辑中的矛盾律，在同一时间、同一关系上，不能对同一对象做出不同的断定。用一个公式可表示为：A 不能在同一时间、同一关系上是 B 又不是 B。根据形式逻辑中的排中律，在同一时间、同一关系上，对同一事物是两个相互矛盾的论断必须做出明确的选择，必须肯定其中的一个。用一个公式来表示就是：A 或者是 B，或者不是 B，二者必居其一，不可能有第三种选择。

通过以上两个规律，运用逻辑思维方法，可以在证明一个结论是错误的同时，证明另一个结论是正确的。用这种方法来取得正确答案的方法就是证伪法，或称反证法。证伪法在许多情况下可以帮助我们解决疑难问题，取得创新成果。

（6）分析和综合法　分析是把事物分解为各个属性、部分和方面，对它们分别进行研究和表述的思维方法。综合是把分解开来的各个属性、部分和方面再综合起来进行研究和表述的思维方法。在毕业论文写作的过程中，无论研究和表述论点，还是研究和表述分论点，都时常运用分析和综合的方法。例如，毛泽东的《中国社会各阶级的分析》一文，开头先提出问题，革命的首要问题是分辨敌、我、友的问题；中间逐个分析组成中国社会整体的各个阶级；结尾综合以上分析，解决问题，回答开头提出的中国革命的敌、我、友的问题。

案例分享 2-1　　　密码算术题

有 10 个不同的字母，代表 0～9 这 10 个不同的数字，已知 D＝5，求其余字母各代表什么数字？

```
  DQNALD
+ GERALD
----------
  RQBERT
```

（7）从具体到抽象和从抽象上升到具体的方法　从具体到抽象，是从社会经济现象的具体表象出发，经过分析和研究，形成抽象的概念和范畴的思维方法。从抽象上升到具体，是按照从抽象范畴到具体范畴的顺序，把社会经济关系的总体从理论上具体再现出来的思维方法。在毕业论文的写作过程中，总体来讲，也要运用从具体到抽象和从抽象上升到具体的方法，即在占有资料的基础上，经过分析研究，找出论点论据，在头脑中大体形成论文的体系，然后按照从抽象上升到具体的顺序，一部分一部分地把论文写出来。当然，也有的论文不采取此种方法。

（8）逻辑和历史统一的方法　从抽象上升到具体的方法就是逻辑的方法。所谓历史的方法，就是按照事物发展的历史进程来表述的方法。逻辑的发展过程是历史的发展过程在理论上的再现。不过，一篇论文从总体上运用逻辑和历史统一的方法并不多见，而在经济学专著和教科书中往往在总体上运用这种方法。

2.2.2　想象思维

2.2.2.1　想象思维的定义

想象思维是指人脑对存储的形象进行加工、改造或重组，从而形成新形象的思维活动，是人脑借助表象进行加工操作的最主要形式。

2.2.2.2　想象思维的特征

（1）形象性　想象思维是借助形象或图像展开的，而不是数字、概念或符号。所以，我们可以根据他人的描述，在头脑中塑造出各种各样的形象。比如，我们可以在读小说时想象出人物和场景的具体形象。

（2）概括性　想象思维是对外部世界的整体把握，概括性很强。比如，把地球想象成鸡蛋，蛋壳是地壳，蛋白是地幔，而蛋黄是地核；科学家把原子结构想象成太阳系，太阳是原子核，核外电子是行星，在围绕原子核高速旋转。同样，在某些文学作品中，对人物的描述也是对人物所处社会和时代的高度概括。

（3）超越性　想象中的形象源于现实但又不同于现实，它是对现实形象的超越，正是借助这种对现实形象的超越，我们才产生了无数发明创造。

2.2.2.3　想象思维的类型

（1）无意想象　无意想象是事先没有预定的目的、不受主体意识支配的想象，是在外界刺激的作用下不由自主地产生的。例如，人们观察天上的白云时，有时把它想象成棉花，有时又把它想象成仙女，还有时又把它想象成野兽等。人们在睡眠时做的梦，精神病患者在头脑中产生的幻觉等，这些都是无意想象。无意想象可以导致灵感的产生，但无意想象并不能直接创造出新东西，必须借助于有意想象。

（2）有意想象　有意想象是事先有预定的目的、受主体意识支配的想象，是人们根据一定的目的，为塑造某种事物形象而进行的想象活动，这种想象活动具有一定的预见性和方向性。

有意想象分为再造性想象、创造性想象和幻想性想象。

① 再造性想象是根据他人的描述而在自己的头脑中产生形象的心理活动。如读小说、诗歌时想象出人物的形象和场面；看舞蹈、听音乐时想象出的画面。再造性想象是理解和掌握知识必不可少的条件，但再造性想象不具备创新性。

案例分享 2-2　　用图解读 100 两银子

有个人在外做生意，他的同乡要回家，因此他就托同乡带 100 两银子和一封家书给妻子。同乡在路上打开信一看，原来只是一幅画，上面画着一棵大树，树上有 8 只八哥和 4 只斑鸠。同乡大喜：信上没写多少银子，我留下 50 两，她也不知道。

同乡将书信和银子交给商人妻子以后，说："你丈夫给你 50 两银子和一封家书，你收下吧!"商人妻子拆信看过后说:"我丈夫让你带 100 两银子,怎么成了 50 两?"那同乡见被识破,忙道:"我只是想试试弟媳聪明不聪明。"于是把那 50 两银子还给了商人妻子。

商人妻子怎么知道是 100 两银子的呢?原来那幅画上写的意思是:8 只八哥是八八六十四,4 只斑鸠是四九三十六,合起来是 100,所以商人妻子知道是 100 两银子。

商人写信不用文字而用图画,商人妻子读信不是认字而是解画,他们两人使用的思维法就是再造性想象思维法。

② 创造性想象是创造主体有目的地对自己已有的记忆表象进行加工、改造和重组而产生新形象的思维过程。在新作品创作、新产品创造时,人脑中构成的新形象都属于创造性想象。创造性想象具有首创性、独立性和新颖性等特点。比如作家所创作的艺术形象虽来源于生活,但它又高于生活;工程师发明的新机器虽然综合了许多机器的特点,但它又具备前所未有的新性能、新造型。创造性想象比再造性想象更加复杂、更加困难,它需要对已有的感性材料进行深入分析、综合、加工和改造,并在头脑中进行创造性的构思。区别"创造想象"与"再造想象"的关键,就是看个体是否在头脑中独立创造了新形象。

③ 幻想性想象即幻想,是创造性想象的一种极端形式,其特点是以现实世界为出发点,但其范围不受拘束,结果又往往超出现实太远,有的一时难以实现。幻想性想象是与生活愿望相结合并指向未来的一种想象,它在人们的创造活动中起着重要作用,如古人幻想的上天入地、千里眼、顺风耳等,经过人们世世代代的努力奋斗,都已经变为事实。因此,幻想思维可以直接导致创造活动,而创造活动一般也离不开幻想。幻想具有"脱离实际"的重要特点,也正是因为这个特点,幻想思维才可以在人脑中驰骋纵横,才可以在毫无现实干扰的理想状态下进行任意方向的发展,构成了创新思维的重要组成部分。

案例分享 2-3   凡尔纳的幻想

法国著名科幻作家儒勒·凡尔纳（1828—1905 年）一生中运用幻想性想象写出了 104 部科幻小说和探险小说,书中写的霓虹灯、直升机、导弹、雷达、电视机等,虽然当时都不存在,但在 20 世纪都已实现。更令人难以置信的是,凡尔纳曾预言:在美国的佛罗里达州将建造火箭发射基地,发射飞向月球的火箭。一个世纪以后,美国果然在佛罗里达州肯尼迪航天中心发射了第一艘载人宇宙飞船。凡尔纳幻想的事物如今已成为现实。这足以证明,幻想性想象的确是科学创造发明的前导。

2.2.3 联想思维

2.2.3.1 联想思维的定义

联想思维是指在人脑内记忆表象系统中由于某种诱因使不同表象发生联系的一种思维活动,它是由一事物的概念、方法、形象想到另一事物的概念、方法和形象的心理活动。比如,由此及彼,由表及里,由红铅笔到蓝铅笔,由写到画,由画圆到画方,由圆柱到筷子,等等。

联想可以很快地从记忆里追索出需要的信息,构成一条链,通过事物的接近、对比、同化等条件，把许多事物联系起来思考，开阔了思路，加深了对事物之间联系的认识，并由此形成创造构想和方案。例如美国工程师斯潘塞在做雷达起振实验时，发现口袋里的巧克力融化了，原来是雷达电磁波造成的。由此，他联想到用它来加热食品，进而发明了微波炉。

2.2.3.2　联想思维的特征

（1）连续性　联想思维的主要特征是由此及彼、连绵不断地进行，可以是直接的，也可以是迂回曲折地形成闪电般的联想链，但链的首尾两端往往是风马牛不相及的。

（2）形象性　由于联想思维是形象思维的具体化，其基本的思维操作单元是表象，是一幅幅画面。所以，联想思维和想象思维一样显得十分生动，具有鲜明的形象。

（3）概括性　联想思维可以很快把联想到的思维结果呈现在联想者的眼前，而不顾及其细节如何，是一种整体把握的思维操作活动，可以说有很强的概括性。

2.2.3.3　联想思维的类型

（1）相关联想　相关联想是由给定事物联想到经常与之同时出现或在某个方面有内在联系的事物的思考活动。

案例分享 2-4　　　　雨衣的发明

　　苏格兰有一家用橡胶生产橡皮擦的工厂。一天，一个名叫马辛托斯的工人端起一大盆橡胶汁往模具里倒，不小心脚被绊了一下，橡胶汁淌了出来，浇到了马辛托斯的衣服上。下班后，马辛托斯穿着这件被橡胶汁浇了一大块的衣服回家，正巧路上遇到大雨。回家换衣服时，马辛托斯惊奇地发现，被橡胶汁浇过的地方，竟没有渗入半点雨水。善于联想的马辛托斯立即想到，如果把衣服全部浇上橡胶汁，那不就变成一件防雨衣了吗？雨衣就这样应运而生了。

千变万化的客观事物正是因为组成了环环紧扣的彼此之间相互制约、相互牵制的锁链，才使世界保持了相对的平衡与和谐。这也是我们进行相关联想的一个前提依据。恰当地运用这种方法，相信会有越来越多的创造性事物产生。

（2）相似联想　相似联想是指在性质上或形式上相似的事物之间所形成的联想。例如，从语文书到数学书，钢笔到铅笔。古诗中的"春蚕到死丝方尽，蜡炬成灰泪始干""床前明月光，疑是地上霜"等都是相似联想。

案例分享 2-5　　　　微爆破技术的发明

　　把爆破与治疗肾结石联想到一起，可以说是一个伟大的创举。目前的定向爆破技术能将一幢高层建筑炸成粉末，同时又不影响旁边的其他建筑物。医学家们由此联想到了医治患者的肾结石。他们经过精确计算，把炸药的分量小到恰好能炸碎患者肾脏里的结石，而又不影响患者的肾脏本身。这种在医学上被称为微爆破技术的治疗手段，为众多肾结石患者解除了病痛。

找到事物的相似点，往往就能够把不同的事物组合起来。相似联想法的运用，通常使整个事物具有了新的性质和功能，同时也会给我们带来耳目一新的感觉。

（3）对比联想　对比联想是由给定事物联想到在空间、时间、形状、特性等方面与之相反的事物的一种思考活动。例如，黑——白，写——擦。文学艺术的反衬手法也是对比联想的具体运用，如描写岳飞和秦桧的诗句"青山有幸埋忠骨，白铁无辜铸佞臣"。

案例分享 2-6　　　对比联想导致的发明

由于物理学家开尔文了解到巴斯德已经证明了细菌可以在高温下被杀死，食品经过煮沸可以保存，他大胆地运用对比联想：既然细菌在高温下会死亡，那么在低温下是否也会停止活动？在这种思维的启发下，经过精心研究，终于发明了"冷藏"工艺，为人类的健康做出了重要的贡献。

对比联想法在学习中进行广泛的应用，可以帮助我们从一个方面联想起另一个方面：两个相反的对象，只要想到一个，便自然而然地会想出相对的那个来。

（4）因果联想　因果联想是指由事物的某种原因而联想到它的结果，或者由一个事物的因果关系联想到另一种与它有因果联系的事物。例如，人们由冰想到冷，由风想到凉，由火想到热，由科技进步想到经济发展，这些都是因果联想。这种联想往往是双向的，可以由因想到果，也可以由果想到因。

案例分享 2-7　　　跟着狒狒去找水

非洲卡拉哈里沙漠边缘草原地带的居民每逢旱季都因缺水而惶惶不可终日，但他们发现，生活在此处的狒狒并不因缺水而"搬家"，这说明狒狒能找到水喝。于是，他们给狒狒吃盐。渴急了的狒狒飞奔到一个小山洞里，扑向奔流的泉水。就这样，当地居民找到了水源。

（5）类比联想　类比联想是指对一件事物的认识引起对与该事物在形态或性质上相似的另一事物的联想。由于这种联想是借助于对某一事物的认识，通过比较它与另一类事物的某些相似之处，达到对另一事物的推测理解。其特点是以大量联想为基础，以不同事物间的相同、相似为纽带。

案例分享 2-8　　　蛋卷机与丝绸制作

浙江省某食品机械厂的技术人员一次去贵阳某糕点厂安装蛋卷机，在本厂总装试车很满意的蛋卷机，在贵阳却不听使唤了，蛋卷坯子出来后，都在卷制过程中碎掉了。他们在原料、配方、卷制尺寸等方面花了很多精力也解决不了问题。后来，他们看到贵阳即便是阴天，在外面的湿衣服半天也能干，想起丝绸厂空气湿度不当会造成断丝，蛋卷在卷制过程中碎掉可能也与空气湿度有关。于是，他们采取了在本车间及机器内保湿加湿的措施，漂亮的蛋卷终于做出来了。

2.2.4　直觉思维

2.2.4.1　直觉思维的定义

直觉思维是指不受某种固定的逻辑规则约束而直接领悟事物本质的一种思维形式。直觉作为一种心理现象贯穿于日常生活之中，同样也贯穿于科学研究之中。

（1）广义的直觉　广义上的直觉指的是包括直接的认知、情感和意志活动在内的一种心理现象，也就是说，它不仅是一个认知过程、认知方式，还是一种情感和意志的活动。

（2）狭义的直觉　狭义上的直觉是指人类的一种基本的思维方式。当把直觉作为一种认知过程和思维方式时，便称为直觉思维。狭义的直觉或直觉思维，就是人脑对于突然出现在面前的新事物、新现象、新问题及其关系的一种迅速识别、敏锐而深入的洞察，直接的本质理解和综合的整体判断。简言之，直觉就是直接的觉察。

小孩亲近或疏远一个人凭的是直觉；男女"一见钟情"凭的是各自的直觉；军事将领在紧急情况下，下达命令首先凭直觉；足球运动员临门一脚，更是毫无思考余地，只能凭直觉。

科学发现和科技发明是人类最客观、最严谨的活动之一。诺贝尔奖获得者、著名物理学家玻恩说："实验物理的全部伟大发现，都是来源于一些人的直觉。"

直觉是一种非逻辑思维形式，对其所得出的结论没有明确的思考步骤，主体对其思维过程也没有清晰的意识。

案例分享 2-9　　　　　赛车手紧急刹车

有一位一级方程式赛车手正在赛道上驾车狂奔，过弯道时，他突然间做出了一个让自己都惊讶的动作——猛踩刹车。刹车的冲动远远超过了他比赛的冲动。事后他才明白，有几辆车堵死了他转弯后的赛道，这一脚刹车救了自己的命。事后，心理学家借助录像资料帮助他在脑海中重现当时的心理过程，他才醒悟：当时自己瞬间感到一个不同寻常的现象，观众本该欢呼但没有欢呼，本该注视他，却惊愕地注视前方。他下意识地感受到了这个异常现象，并迅速采取了正确行动。

2.2.4.2　直觉思维的特征

（1）直接性　直觉思维的过程与结果具有直接性，因为它是一种直接领悟事物的本质或规律，而不受固定逻辑规则所束缚的思维方式。直觉思维不依赖于严格的证明过程，以对问题全局的总体把握为前提，是以直接、跨越的方式直接获取问题答案的思维过程。

（2）突发性　直觉思维的过程极短，稍纵即逝，其所获得的结果表现为突如其来和出乎意料。人们对某一问题苦思冥想却不得其解，反而往往在不经意间突然醒悟问题的答案，或瞬间闪现具有创造性的设想。例如，著名的"万有引力定律"就是牛顿在苹果园休息时，观察到苹果掉落的现象而突然发现的。

（3）非逻辑性　直觉思维不是按照通常的逻辑规则按部就班地进行的，它既不是演绎式的推理，也不是归纳式的概括。直觉思维主要依靠想象、猜测和洞察力等非逻辑性因素，来直接把握事物的本质或规律。直觉思维也不受形式逻辑规则的约束，常常是打破既有的逻辑规则，提出一些反逻辑的创新思想；它也可能压缩或简化既有的逻辑程序，省略中间烦琐的推理过程，直接对事物的本质或规律做出判断。

（4）或然性　非逻辑的直觉也是非必然的，它具有或然性，既有可能正确，也有可能错误。虽然直觉思维能力较强的科学家正确的概率较大，但也可能出错。许多科学家都承认这一点，爱因斯坦在高度评价直觉在科学创造中的作用时，也没有把它看作是万能灵药。他在1931年回答挚友贝索提出的问题时说："我从直觉来回答，并不囿于实际知识，因此，大可不必相信我。"

（5）局限性　正是因为直觉具有直接性、快速性、非逻辑性等特点，导致直觉容易局限在狭窄的观察范围里。有时，甚至经验丰富的研究者，像心理学家、医生和生物学家也常常根据范围有限、数量不足的观察事实，就凭直觉错误地提出假说和引出结论。

比如，在没有对患者进行周密的观察之前，匆匆凭借直觉做出判断，医生就有可能做出错误的诊断。有时直觉会使人把两个风马牛不相及的事件纳入虚假的联系之中。

（6）理智性　在日常生活中，人们经常遇到一些资深的医生，在第一眼接触某一重病患者时，他们会立即感觉到此人的病因、病源所在，而他们下一步的全面检查就会不自觉地围绕这些"感觉"展开，医生们的"感觉"即直觉，是同他们丰富的经验、高深的医学理论知识、娴熟的技术等分不开的。

直觉思维过程体现出来的不是草率、浮躁和鲁莽行为，而是一种理智性思考的过程。在直觉思维过程中，思维主体并不着眼于细节的逻辑分析，而是对事物或现象形成一个整体的"智力图像"，从整体上识别出事物的本质和规律。

2.2.4.3　直觉思维的生成

（1）直觉的生成必须要有相关知识的积累　所谓的"相关知识"既包括有关的经验知识，又包括有关的专业理论知识。"知识的积累"指的是经过人们的反复实践和认知而积淀并储存在大脑皮层上，生成为深层的下意识并形成相应的经验认知模块或有关学科专业认知模块。

（2）直觉的生成有其内在的机制　"内在的机制"是指主体在问题的激发下，其思维处于愤悱状态，进而对这一问题进行多方面、多层次甚至是长时间的思索或考察，然而却百思不得其解，于是便处于极度的困惑状态。

（3）直觉的生成须有一种特定的情境　这种特定的情境是主体处在特定的场景之中，或者观察到特定的现象，或者在突发性的压力下，或者是主体思维愤悱状态的暂时"缓冲"，使思维出现了突发性的脉动，这样直觉就出现了。

直觉的生成有其不同的境界：一是灵感，即主体在瞬间突然捕捉到解决问题的思路，但是还不够清晰；二是顿悟，亦称恍然大悟，即主体突然间达到了对事物本质的了解，或者对问题的关键把握；三是直观，即主体在瞬间突然对要解决的问题及其发展达到了整体性的领悟。

2.2.5　灵感思维

2.2.5.1　灵感思维的定义

灵感思维是长期思考的问题受到某些事物的启发从而忽然得到解决的心理过程，它是人们借助直觉启示所猝然迸发的一种领悟或理解的思维形式。灵感是人脑的机能，是人对客观现实的反映。灵感思维活动本质上就是一种潜意识与显意识之间相互作用、相互贯通的理性思维认识的整体性创造过程。

灵感与创新息息相关，灵感不是唯心的、神秘的东西，它是客观存在的，是思维的一种特殊形式，是一种使问题一下子澄清的顿悟，是人在思维过程中带有突发性的思维形式长期积累、艰苦探索的一种必然性和偶然性的统一。

案例分享 2-10　　　　　　　　　　**米老鼠的诞生**

美国的华特·迪士尼曾从事美术设计工作，后来他失业了。以前他和妻子住在一间老鼠横行的公寓里，但失业后由于付不起房租，夫妇俩被迫搬出了公寓。这真是连遭不测，他们不知该去哪里。一天，二人呆坐在公园的长椅上，正当他们一筹莫展时，突然从迪士尼的行李包中钻出一只小老鼠。望着老鼠机灵滑稽的面孔，夫妻俩感到非常有趣，心情一下子就变得愉快了，忘记了烦恼和苦闷。这时，迪士尼头脑中突然闪过一个念头，对妻子惊喜地大声说道："太好了！我想到好主意了！世界上有很多人像我们一样穷困潦倒，他们肯定都很苦闷。我要把小老鼠可爱的面孔画成漫画，让千千万万的人从小老鼠的形象中得到安慰。"风靡世界数十年之久的"米老鼠"就这样诞生了。在失业前，迪士尼一直住在公寓里，每天从早到晚都同老鼠生活在一起，却并没有产生这样的设想。而在穷途末路、面临绝境的时候出现了这样的灵感，是为什么呢？其实，"米老鼠"就是触发灵感的产物。他说："米老鼠带给我的最大礼物，并非金钱和名誉，而是启示我陷入穷途末路时的构想是多么伟大！还有，它告诉我，倒霉到极点时，正是捕捉灵感的绝好机会。"

2.2.5.2　灵感思维的特征

灵感思维是在无意识的情况下产生的一种突发性的创造性思维活动。它与形象思维和抽象思维相比，主要有以下六个方面的特征。

（1）突发性　灵感往往是在出其不意的刹那间出现，使长期苦思冥想的问题突然得到解决。在时间上，它不期而至，突如其来；在效果上，突然领悟，意想不到。这是灵感思维最显著的特征。

（2）独创性　灵感有时会给我们带来耳目一新的奇思妙想。灵感的出现是创新思维的质的飞跃，它不是逻辑推理的结果，而是在外界事物的刺激下对原有信息进行的迅速的改造。

（3）瞬时性　灵感转瞬即逝，如果没有来得及抓住它，它就会瞬间消失得无影无踪，给人留下遗憾。因为灵感是潜意识带给人们的指引，有点像梦中的景象，稍不留神灵感的火花就会熄灭。

宋代诗人潘大临的一次经历可以证明灵感的瞬时性。在临近重阳节的时候，下起了一场秋雨。他诗兴大发，随即赋道"满城风雨近重阳"。就在这时，一个催租人突然闯了进来，打断了他的创作灵感，他便再也写不出下文了。尽管催租人走后秋雨依旧，但诗人再也没有找到灵感。后来，潘大临因为贫穷病死了，好友谢无逸为了纪念他，就续写下来这首诗：满城风雨近重阳，无奈黄花恼意香。雪浪翻天迷赤壁，令人西望忆潘郎。

（4）情感性　灵感来临时是一种顿悟的状态，往往伴随着情绪高涨、神经系统高度兴奋。尤其在艺术创作领域，灵感的情感性特点表现得非常突出。

郭沫若创作《地球，我的母亲》的时候，突然间来了灵感，他竟然脱了鞋，赤着脚跑来跑去，甚至趴在地上，去真切地感受"母亲"怀抱的温馨。

（5）模糊性　灵感只是给人指明一个方向、一个途径，要想取得最后的成果，还要对它进行进一步的加工。有时，灵感只给我们提供了一些启示和线索，沿着这条线索进行思考，就能得出意料之外的成果。

（6）跳跃性　由灵感产生的思考是一种思考形式和过程的突变，表现为逻辑的跳跃性。灵感的出现所得到的一些绝妙的想法和新奇的方案不是一个连续的、自然的进程，而是一个质的飞跃的过程。

2.2.5.3　引发灵感思维的方法

引发灵感最常用的方法，就是愿用脑、会用脑、多用脑，也就是遵循引发灵感的客观规律科学地用脑。通常用以下几种方法来引发灵感思维。

（1）观察分析　在进行科技创新活动的过程中，自始至终都离不开观察分析。观察不是一般观看，而是有目的、有计划、有步骤、有选择地去观看和考察所要了解的事物。通过深入观察，可以从平常的现象中发现不平常的东西，可以从表面上貌似无关的东西中发现相似点。因此，在观察的同时必须进行分析，只有在观察的基础上进行分析，才能引发灵感。

（2）启发联想　新认识是在已有认识的基础上发展起来的。旧与新、已知与未知的连接是产生新认识的关键。因此，要创新就需要联想，以便从联想中受到启发，引发灵感，形成创造性的认识。

（3）实践激发　实践是创造的基础，是灵感产生的源泉。在实践激发中，既包括现实实践的激发，又包括过去实践体会的升华。在实践活动的过程中，迫切解决问题的需要促使人们去积极地思考问题，废寝忘食地钻研探索。科学探索的逻辑起点是问题，所以，在实践中思考问题，提出问题，解决问题，是引发灵感的一种非常好的方法。

（4）激情冲动　积极的激情，能够调动全身的巨大潜力去创造性地解决问题。在激情冲动的情况下，可以增强注意力、丰富想象力、提高记忆力、加深理解力，从而使人产生出一股强烈的、不可遏止的创造冲动，并且表现为自动地按照客观事物的规律做事。这种激情冲动是建立在准备阶段经过反复探索的基础之上的，因此它也可以引发灵感。

（5）判断推理　判断与推理有着密切的联系，这种联系表现为推理由判断组成，而判断的形成又依赖于推理。推理是从现有判断中获得新判断的过程。因此，在科技创新活动中，对于新发现或新产生的物质的判断，也是引发灵感，形成创造性认识的过程。所以，判断推理也是引发灵感的一种方法。

上述几种方法是相互联系、相互影响的。在引发灵感的过程中，不是只使用一种方法，有时是以一种方法为主、其他方法交叉运用的。

2.3 创新思维方向的分类

2.3.1 发散思维与收敛思维

案例分享 2-11 　　　　　　　阿托搬家中心

日本著名的女企业家寺田千代，她经营的"阿托搬家中心"的创业实践，为我们提供了一个朝四面八方想的发散思维的成功事例。寺田千代原是一个个体运输户，20 世纪 70 年代爆发了世界性的石油危机，运输行业日益衰落。当她决定在"帮人搬家"这一新兴行业中大显身手之后，她既不局限于"搬家公司只管搬家"的老一套做法，也不受制于"什么时候想到了该干什么就干什么"或"现在有条件干什么就干什么"。她力求摆脱以往搬家公司传统的业务范围，将"为用户提供以搬家为中心的综合性服务"作为辐射源，尽力向"一切有关搬家的事务"做了一番辐射思考。

首先，她想到了要给她的搬家公司取一个便于顾客在电话簿上查找的名字。日本的电话号码簿是按行业进行分类排列。在同一行业中，各个企业的排名先后则是以企业日语名称的第一个字母的顺序排列。日语的第一个字母是"阿"，于是她把自己的公司命名为"阿托搬家中心"。这样，她的公司名字便在同行业中居于首位。为了便于顾客记忆，她还从电话局的空白号码中选用了一个能让人过目不忘的号码："0123"。

按照搬家公司的一贯做法，搬家时，在顾客的旧居和新居，两边都要有人照看，特别是在空无一物的新居里，必须很早就有人守候在那里，以恭候"搬家专车"的光临。寺田千代为了将"令人劳累头痛的搬家"变为"令人轻松愉快的旅行"，她委托德国的巴尔国际公司专门设计出一种新型的搬家专用车。这种车全长 12 米，高 3.8 米。前半部分分为上下两层，第一层是驾驶室；第二层是一个可容纳 6 个人的客厅，里面有舒适的沙发，有供婴儿睡觉的摇篮，还有电视机、录音机、立体组合音响、电冰箱、电子游戏机等。汽车的后半部分是装运家具、行李的车厢，载重量为 7 吨，一般家庭的全部器物都可以一次运完。她还设计了与这种汽车配套的集装箱和吊车，使居住楼房的客户搬家时只需用吊车将集装箱送到窗前即可进行作业。由于汽车的车厢很大，全部家具行李都能装入车厢内，既安全可靠，行人又一点也看不见，这充分照顾到一般客户担心财物被遗失损坏和不愿被外人看见的心态。寺田千代还为她所定做的这种新型搬家专用车取了一个神秘诱人而又美妙动听的名字——"21 世纪的梦"。考虑到顾客在搬家时难免会有许多相关的杂事需要处理，比如，新居的室内设计、装修和陈设，室外环境的清扫和消毒，处理和丢弃废旧物品，以及迁移户籍、变更电话、改变报刊投递、更改水电供应、中小学生转学等众多而烦琐的大小事项，她的"阿托搬家中心"全都可以代理。寺田千代还想到，日本有一个传统习惯：搬家难免会给左邻右舍带来一些打扰和不便，因而人们在搬家时往往都要给邻居送一点糕点或面条之类的礼物，以表示歉意和谢意。她考虑到搬家的客户常常会由于忙乱而疏忽此事，她要求她的公司工作人员连这样的事也承担下来。据统计，寺田千代通过围绕"搬家"这一中心事务朝四面八方想，从而想出和确定下来的有关搬家的服务项目多达 300 余项。

"阿托搬家中心"于 1977 年 6 月作为股份公司正式成立。它由一个地区性的小型企业，很快便发展成为在全国拥有几十家分公司的中型企业。它的先进卓越的搬家技术专利，还远销到了东南亚地区和美国。

2.3.1.1　发散思维的定义

发散思维也称为辐射思维、放射思维、扩散思维或求异思维，是指大脑在思维时呈现的一种扩散状态的思维模式。它表现为思维视野广阔，思维呈现出多维发散状，即可以从不同方面思考同一问题，如"一题多解""一事多写""一物多用"。发散思维是多向的、立体的和开放型的思维。

发散思维的思维模式是给出一个问题，在一定时间内，以该问题为中心，向四面八方做辐射状的积极思考，无任何限制地探寻各种各样的答案。

发散思维的特点是突破头脑中固有的逻辑框架，从给定的信息中产生众多的信息输出，由一种想到多种，促使思路转移、跳跃或前进，从而得到众多具有新意的答案。发散思维的实质，就是要突破常规和定式，打破旧框框的限制，提供新思路、新思想、新概念及新办法。所以不少心理学家认为，发散思维是创造性思维一个最主要的特点，是测定一个人和一个团队创造力的主要标志之一。

2.3.1.2　发散思维的特点

发散思维具有三个最主要的特点，即流畅性、变通性和独创性。

（1）流畅性　流畅性是发散思维的基础，指的是短时间内表达出不同观点和设想的数量，衡量的是思维发散的速度，可以看作是发散思维"量"的指标。具体包括字、词流畅性，图形流畅性，观念流畅性，联想流畅性，表达流畅性等。例如，在有限的时间里请你写出带"土""日"结构的字，越多越好，表明的就是这种流畅性。

（2）变通性　变通性是指多方向、多角度思考问题的灵活程度，是发散思维的"质"指标，表现出发散思维的灵活性，是思维发散的关键。变通性使世上没有什么是不可能的。"不可能"标志着思维的中断和完成目标中途完结，变通性表现着思维的继续，表现着一种内在毅力，表现着事物发展的希望。如罗马一出版商为售出滞销的书，想尽办法托人给总统看，但总统工作很忙，无暇顾及。出版商再三请求总统提意见，总统随便说了句"此书甚好"。该出版商马上推出广告词："现有总统评价很高的书出售"，结果滞销的书一售而空。另一出版商见状，也用此法，总统被利用了一回，这次说了句："此书很糟"，相应出台的广告词为："兹有总统批评甚烈的书出售"，结果书卖得也很火爆。第三位出版商马上也送了一套书给总统，总统这次决心不加理睬，于是，第三个广告词表述为："现有连总统也难以下结论的书出售"，他的书销路居然也很好。

（3）独创性　独创性又可称之为新颖性、求异性，是指产生与众不同的新奇思想的能力，是发散思维的本质，表现发散思维的新奇成分，是思维发散的目的。如美国北部下大雪时有一段长达 1000 公里的高压线经常被积雪压断，严重影响了正常的供电。一位飞行员提出一个方案：驾驶直升机沿高压线上空飞行，飞机强大的气流可以清除电线上面的积雪。这个方案既新奇独特又现实，能既快且省地除掉积雪。

案例分享 2-12　　　　　　　　美国罐头大王的发迹

美国罐头大王亚默尔是一位非常善于抓住市场机会的人，他总是在别人容易忽略的微小信息和动态中，准确判断出市场的变化和行情的涨落，及时抓住机会，迅速果断地采取行动，在短期内就能获得平时无法想象的巨大利润。

1875 年，亚默尔在报纸上看到一条"豆腐块新闻"，说的是墨西哥牧群中发现了病畜，有些专家怀疑是一种传染性很强的瘟疫。亚默尔立即想到毗邻墨西哥的加利福尼亚、得克萨斯肉类供应基地，如果瘟疫传染过来，政府必定会禁止那里的牲畜及肉类进入其他地区，这样将造成全国肉类供应紧张，价格上涨。这样一来，势必会增加罐头的生产成本，影响到公司的营业额。

亚默尔立即派人连夜赶往墨西哥，核实那里的牲畜发生疫病的消息。家里的亚默尔则积极准备资金。当派去的人打来长途电话，告诉他消息可靠时，亚默尔立即倾其所有，从其他各州大量采购经过检疫的肉类，迅速运往东部地区。

不出所料，不出两个月，政府果然对这两个地区的牲畜实行禁运。美国肉价由此迅速暴涨，其他同类公司的产品生产成本迅速上升，销售价格也随之上扬，而亚默尔公司产品的成本却和以往一样没有变，利润却高出几倍，亚默尔公司的销售额在当时稳居全美第一位。

2.3.1.3　收敛思维的定义

所谓收敛思维，是指以某个思考对象为中心，尽可能运用已有的经验和知识，将各类信息重新进行组织，从不同的方面和角度，将思维集中指向这个中心点，从而达到解决问题的目的。

2.3.1.4　收敛思维的特点

收敛思维具有唯一性、逻辑性和比较性三大特点。

（1）唯一性　尽管解决问题有多种多样的方法和方案，但最终都是要根据需要，从各种不同的方案和方法中选取解决问题的最佳方法或方案。收敛思维所选取的方案是唯一的，不允许含糊其词、模棱两可，一旦选择不当就可能造成难以弥补的损失。

（2）逻辑性　收敛思维强调严密的逻辑性，需要进行冷静的科学分析。它不仅要进行定性分析，还要进行定量分析，要善于对已有信息进行加工，由表及里、去伪存真，仔细分析各种方案可能产生什么样的后果及应采取的对策。

（3）比较性　在收敛思维的过程中，对现有的各种方案进行比较才能确定优劣。比较时既要考虑单项因素，更要考虑总体效果。

2.3.1.5　发散思维与收敛思维的关系

① 发散思维和收敛思维，是人们进行创造活动时运用的两种不同的思维方式。

② 发散思维与收敛思维的辩证关系是：发散思维与收敛思维在思维方向上的互补，以及在思维过程上的互补，是创造性解决问题所需的。发散思维向四面八方发散，收敛思维向一个方向聚集。在解决问题的早期，发散思维起到更主要的作用；在解决问题后期，收敛思维则扮演着越来越重要的角色。

2.3.2 正向思维与逆向思维

2.3.2.1 正向思维

所谓正向思维，就是人们在创造性思维活动中，沿袭某些常规去分析问题，按事物发展的进程进行思考、推测，是一种从已知到未知，通过已知来揭示事物本质的思维方法。这种方法一般只限于对一种事物的思考。坚持正向思维，就应充分估计自己现有的工作、生活条件及自身所具备的能力，就应了解事物发展的内在逻辑、环境条件、性能等。这是自己获得预见能力和保证预测正确的条件，也是正向思维法的最基本的要求。

正向思维是依据事物都是一个过程这一客观事实而建立的。任何事物都有产生、发展和灭亡的过程，都从过去走到现在，由现在迈向未来。只要我们能够把握事物的特性，了解其过去和现在，就可以在已掌握的材料的基础上，预测其未来。

正向思维虽然一次只限对某一种事物的思考，但它都是对事物的过去、现在做了充分分析、对事物的发展规律做了充分了解的基础上，推知事物的未知部分，提出解决方案，因而它又是一种较深刻的方法，是一种不可忽视的科学研究方法。

2.3.2.2 逆向思维

（1）逆向思维的定义

逆向思维是一种具有很强创造性的思维形式和过程。在科学发现和技术发明中，如果正面思维不能解决，那就尝试从相反的方向去思考。逆向思维主要是从事物的固有属性——顺序、结构形状、功能、属性和原理的反演入手，去寻找新的创造思路。

① 顺序反向。包括空间的上变下，下变上；前变后，后变前；左变右，右变左；时间顺序上的先变后，后变先；滞后变超前，超前变滞后；快速变慢速，慢速变快速，等等。顺序反向的结合，产生了既能上又能下的升降机；既能变成车头又能变成车尾，两头都能开的汽车；左右不分的手套、鞋子。

② 结构形状反向。包括内转外，外转内；对称变非对称，非对称变对称；平面变立体，立体变平面；方形变圆形，圆形变方形；大变小，小变大；反像变正像，正像变反像；零变整，整变零；多变少，少变多，等等。

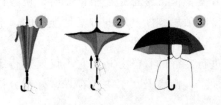

图 2-1 反向设计的伞

日本有一位家庭主妇对煎鱼时总是会粘到锅上感到很恼火，煎好的鱼常常会烂开、不成片。有一天，她在煎鱼时突然产生了一个想法："能不能不在锅的下面加热而在锅的上面加热呢？"经过多次尝试，她想到了在锅盖里安装电炉丝，让煎鱼的锅在上面加热，并最终制成了令人满意的煎鱼不粘锅。索尼公司通过结构逆向思维，将电视机的结构位置颠倒，研发出反向画面电视机，开拓了新的电视机市场。日本设计的反向伞（见图 2-1）将整个雨伞的结构与折叠方式完全颠倒，使雨伞的骨架移到雨伞的外面，防止被大风吹翻。另外，打湿的那面将被收纳在里面，还不用担心弄湿衣服。

③ 功能反向。包括有作用变无作用，无作用变有作用；难变易，易变难；施者变受者，受者变施者；你动变他动，他动变你动；劣化变优化，优化变劣化，等等。概括起来就是功能转换、作用转换、形态转换、质料（原理或途径）转换、形状位置和数目尺寸转换、传动运动方式转换，等等。

比如，风力灭火器是消防员常用的灭火器的一种。一般情况下，风常常是有助火势的，特别是当火力比较大的时候。但在有的情况下，特别是对付小股分散的火焰时，风可以将大股的空气吹向火焰，使燃烧的物体表面温度迅速下降，当温度低于燃点时，燃烧就停止了。

④ 属性转换。冷变热，热变冷；甜变咸，咸变甜；美变丑，丑变美；吸引变排斥，排斥变吸引；突变变渐变，渐变变突变；模糊变精细，精细变模糊，等等。

例如，过去木匠都使用锯和刨来加工木料，木料不动而工具动，实际上是人动，因此人的体力消耗大，质量还得不到保证。为了改变这种状况，人们将加工木料的状态反过来，让工具不动而木料动，并据此设计发明了电锯和电刨，从而大大提高了效率和工艺水平，减轻了人体的劳动强度。

⑤ 原理逆向。原理逆向是从相反的方面或相反的途径对原理及其应用进行思考的方式。

伽利略曾应医生的请求设计温度计，但屡遭失败。有一次他在给学生上实验课时，注意到水的温度变化引起了水的体积变化，这使他突然意识到，是不是可以倒过来想，由水的体积变化也能看出水的温度变化？循着这一思路，他终于设计出了当时的温度计。

（2）逆向思维的特点

① 普遍性。逆向思维在各种领域、各种活动中都有适用性，由于对立统一规律是普遍适用的，而对立统一的形式又是多种多样的，有一种对立统一的形式，相应地就有一种逆向思维的角度，因此，逆向思维也有无限多种形式。如性质上对立两极的转换：软与硬、高与低等；结构、位置上的互换、颠倒：上与下、左与右等；过程上的逆转：气态变液态或液态变气态、电转为磁或磁转为电等。不论哪种方式，只要从一个方面想到与之对立的另一方面，都是逆向思维。

② 批判性。逆向是与正向比较而言的，正向是指常规的、常识的、公认的或习惯的想法与做法。逆向思维则恰恰相反，是对传统、惯例、常识的逆反，是对常规的挑战。它能够克服思维定式，破除由经验和习惯造成的僵化的认识模式。

③ 新颖性。循规蹈矩的思维和按传统方式解决问题虽然简单，但容易使思路僵化、刻板，摆脱不掉习惯的束缚，得到的往往是一些司空见惯的答案。其实，任何事物都具有多方面属性。由于受过去经验的影响，人们容易看到熟悉的一面，而对另一面却视而不见。逆向思维能够克服这一障碍，往往出人意料，给人以耳目一新的感觉。

2.3.3 横向思维与纵向思维

案例分享 2-13　　关于电梯问题的解决方案

某工厂的办公楼原来是一栋二层建筑，占地面积很大。为了有效利用地皮，工厂新建了一栋 12 层的办公大楼，并预备拆掉旧办公楼。员工搬进新办公大楼不久，便开始抱怨大楼的电梯不够快、不够多，尤其在上下班高峰期，他们得花费很长时间等电梯。

顾问们想出了几个解决方案：

1. 在上下班高峰期，让一部分电梯只在奇数楼层停，另一部分只在偶数楼层停，从而减少那些为了上下一层楼而搭电梯的人；

2. 安装几部室外电梯；

3. 把公司各部门上下班的时间错开，避免高峰期拥挤的情况；

4. 在电梯旁边的墙面上安装镜子；

5. 搬回旧办公楼。

如果你是工厂负责人，你会选哪一个方案？

这家工厂最后采用了第 4 种方案，成功地解决了问题。

"员工们忙着在镜子前审视自己，或是偷偷观察别人。"波诺先生解释说，"人们的注意力不再集中于等待电梯上，焦虑的心情得到放松。大楼并不缺电梯，而是人们缺乏耐心。"

假如你选了 1、2、3、5，那么你用的是"纵向思维"，也就是传统思维。假如选了 4，你就是个"横向思维"者，你考虑问题时能跳出思维惯性。

2.3.3.1　横向思维

横向思维（lateral thinking）是由英国学者德·波诺提出的，指的是这个人的思维有其横向、往宽处发展的特点。具有这种思维特点的人，思维面都不会太窄，且善于举一反三。有一个形象的比喻，这种思维就像河流一样，遇到宽阔处，很自然就会展开来，但缺点是深度。

一个横向思维的人，他的思路打开了，有的会很有逻辑性，有的则可能较散漫无序，这就需要通过他自体结构的稳定与否来判断。

横向思维的缺点是深度不够，但这只是一般性，一个具有横向思维笔迹特征的人，如果他的笔画非常富有弹性，且都有一个统一的重心和指向，那么这个人则可能是一个既思路宽阔又很有深度的人。

（1）横向思维的特征　实际上，如果把" lateral thinking"译成"侧向思维"，或许更符合德·波诺的原意，因为所谓横向思维的主要特征是对侧向的注意。

对侧向的注意有两层含义：一是解决问题时，故意暂时忘却原来占据主导地位的想法，去寻找原本不会注意的侧道（另一思路），即对侧路的注意；二是作为一种解决问题的技巧，不从正面突破，而是迂回包抄，即间接注意法。

① 向主导观念挑战。人们解决问题时常碰到这样的情景，或者不知不觉思路就被引上了早已确定的途径，根本想不到还有另外可供考虑的方案；或者本来想得出更新颖、独特的想法，可头脑中总是被最初那个挥之不去、流于一般的想法占据着。这就是所谓的"主导观念"在起作用。它使人很难得出其他任何想法，围绕主题的注意力都被这个主要通道所吸引，其他可能性则都被忽略。横向思维概念所推崇的向主导观念挑战，就是让人先跳出主导观念，然后避开它，使思路不再受主导观念左右，从而发现更好的设想。

案例分享 2-14　　　　　　　"随时贴"的发明

黏胶，当然是越黏越好。当我们买胶黏剂的时候，总是要挑黏着力最强的黏胶。这便是"黏胶"这个概念给我们的印象。但是，当我们对这个主导观念进行挑战的时候，发现了意想不到的作用。美国 3M 公司是一个著名的化学品公司，曾经发明过透明胶带等产品。1964 年，美国 3M 公司召开 4 年一次的聚合黏胶研究计划会，研究员史尔华没有拿出超强的黏胶，却研究出一种内聚性较强、附着性较弱、黏不紧的超弱性黏胶，大家都疑惑"不黏的黏胶有什么用？"史尔华却认为不黏的黏胶一定有用。

直到 1974 年，史尔华的一位同事佛瑞看到夹在基督教唱诗本中起提示作用的小纸条经常从书中掉出来，他灵机一动，想到在纸条上加点超弱黏胶，纸条既掉不下来又不会黏坏书。之后，这种"随时贴"的产品在 1978 年上市，立刻风靡美国市场。3M 总裁说："自从本公司推出透明胶带后，这么多年来，还没有一项产品看着那么简单，用途却那么广。"正是突破了胶黏剂一定要黏的概念的束缚，"随时贴"才能够风靡全世界。

② 间接注意。间接注意的策略是注意力不直接指向目标，而是通过注意与最终目标有关联的间接目标自然地达到目的。整个程序可表示为：目标 A→C，但从 A 并不直接到达 C，因为这样做有阻碍；转而注意 B，B 自然伴随 C，由 B→C，变成 A→B→C。例如，要想从深山峡谷中得到金刚石非常危险。采石者会采取一种策略，先向峡谷扔肉块，山里的白鹭飞去衔肉块，飞回山顶时，采石人抓住白鹭，取回沾了金刚石的肉块。这就是运用间接注意的方法解决问题。扔肉块必然导致白鹭取肉，也伴随着肉块沾上金刚石的结果。

我们还可借用"驼峰效应"来说明什么是间接注意。"驼峰效应"的说法出自滑雪运动。尽管人的目的是轻松愉快地顺着山坡往下滑，但是必须先登上山顶才能下滑。有时，为了长远利益必须牺牲眼前利益；为了出拳有力必须先把拳头缩回来。毛泽东曾在《矛盾论》一文中以《水浒传》"三打祝家庄"的故事为例，说明不直接去解决问题，采取间接、迂回解决问题的思路，其实就是一种间接注意法。运用间接注意法需要从事物联系的角度去考虑，很多事物都是一环扣一环，触动一个，必然会影响下一个。厘清事物之间的联系，有预见性地去做事，事半功倍。

（2）横向思维方法的类型

① 横向移入。横向移入就是跳出本专业、本行业的范围，摆脱习惯性思考，侧视其他方向，将注意力引向更广的领域。或者将其他领域已成熟的、较好的技术方法、原理等直接移过来加以利用；或者从其他领域事物的特征、属性、机理中得到启发，引发对原来思考问题的创新设想。

例如，一百多年前，奥地利的医生奥恩布鲁格想解决怎样检查出人的胸腔积液这个问题。他想来想去，突然想到了自己父亲在经营酒厂时，只要用手敲一敲酒桶，凭叩击声，就能知道桶内有多少酒。奥恩布鲁格想：人的胸腔与酒桶相似，如果用手敲一敲胸腔，凭借声音，是不是也能诊断出胸腔中的积液呢？经过反复研究，"叩诊"的方法就这样被发明出来了。

美国著名科学家、电话的发明人贝尔说过："有时需要离开常走的大道，潜入森林，你才会发现前所未见的东西。"

② 横向移出。与横向移入相反，横向移出是将现有的设想、已取得的发明、已有的感兴趣的技术和产品，从现有的使用领域、使用对象中脱离出来，将其外推到其他意想不到的领域或对象上。

例如，法国细菌学家巴斯德发现酒变酸、肉汤变质都是细菌在作怪。经过处理，消灭或隔离细菌，就可以防止酒和肉汤变质。李斯特把巴斯德的理论用于医学，轻而易举地发明了外科手术消毒法，拯救了千百万人的性命。再如仿生技术等，这些都是利用了横向移出的方法取得成功的案例。

③ 横向转换。横向转换并不是直接解决问题，而是将问题转换成其他问题。

例如，美国柯达公司是生产胶卷的，但在 1963 年时其没有急于卖胶卷，而是生产了一种大众化的自动照相机。当这种照相机受到欢迎时，柯达公司还宣布各厂家都可以仿制，于是世界各地都在生产自动相机，这就为柯达胶卷开辟了广阔的销售市场。通过横向转换，把复杂的问题简单化，就容易取得意想不到的效果。

2.3.3.2 纵向思维

纵向思维，是指在一种结构范围内，按照有顺序、可预测、程式化的方向进行的思维形式，这是一种符合事物发展方向和人类认识习惯的思维方式，遵循由低到高、由浅到深、由始到终等线索，因而清晰明了，合乎逻辑。纵向思维有以下特点。

（1）专注 纵向思维是一种重分析的传统的科学思维。所谓重分析，就是把研究对象分解成客观存在的各个组成部分，然后分别加以研究。不但要分析事物在空间分布上整体的各个组成部分，而且要分析事物在时间发展上整个过程的各个阶段，还要分析复杂统一体的各种要素、方面、属性。而且纵向思维按照逻辑的步骤，一步步推演，不能逾越某个阶段，人们使用纵向思维时，每一步都是规定好的。客观的逻辑规则保证在一个逻辑联系网络中每一点的位置与每一步的方位。因此，纵向思维可以给我们带来对事物的深入认识，让我们对事物的研究更专注。

（2）专业 一个人在进行纵向思维时，往往集中于一点，排除一切不相干的东西；但一个人进行横向思维时则欢迎偶然闯入的东西。纵向思维的目标是直达正确的结果，所以思考过程尽量排除不相干的信息；纵向思维是在原来的模式中思考，必然遵循现有的概念、范畴。这时，事物的类别、含义都已被规定好，纵向思维在这个框架中如鱼得水，畅通无阻。可以设想，如果在一个系统中，概念定义都是混淆的，会带来多大的麻烦。纵向思维总是循着那些最明显的途径前进，来保证人们最快地获得正确的答案或结果，但这些答案或结果不过是被包括在原有的原理之中的。因此，纵向思维对解决常规问题是有效的、合理的，解决问题的方式比较专业。

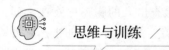

思维与训练

1.可口可乐与百事可乐的竞争人尽皆知，可口可乐曾有过收购百事可乐，一举打垮对手的大好时机。但可口可乐当时的总裁放弃了。这是为什么呢？如果你是可口可乐当时的总裁，你会怎么做呢？

2.一个刚刚搞旅游开发的山区，山上还有熊猫、野猴之类的动物。当地人靠向游客兜售地方产品如兽皮、特色服装、山珍等为生。山区开了一所学校，但是很多学龄儿童都去帮父母做生意，不来上学。你能运用创新思维想出一套方案帮助儿童重返学校吗？

3.有四个相同的瓶子，怎样摆放才能使其中任意两个瓶口的距离都相等呢？

4.雨衣上不能有窟窿，否则雨水就渗进去了，可是因此雨衣透气性不好，透气与防雨成为一对矛盾。你能从传统的防雨工具受到启发，发明既透气又防雨的雨衣吗？

5.假设有一个池塘，里面有无穷多的水。现有 2 个空水壶，容积分别为 5 升和 6 升。问题是如何只用这 2 个水壶从池塘里取得 3 升的水？

创新方法

坐飞机扫雪

一年，美国北方天气格外严寒，大雪纷飞，导致电线上积满冰雪，大跨度的电线常被积雪压断，严重影响通信。过去，许多人试图解决这一问题，但都未能如愿以偿。于是，电信公司经理召开了座谈会，参加会议的是不同专业的技术经理。要求他们必须遵守以下原则：第一，自由思考；第二，延迟评判；第三，以量求质；第四，结合改善（互相启发）。

按照这种会议规则，大家七嘴八舌地议论开来。有人提出设计一种专用的电线清雪机；有人想到用电热来化解冰雪；也有人建议用振荡技术来清除积雪；甚至还有人提出能否带上几把大扫帚，乘坐直升机去扫电线上的积雪。对于这种"坐飞机扫雪"的设想，大家心里尽管觉得滑稽可笑，但在会上也无人提出批评。

相反，有一工程师在百思不得其解时，听到用飞机扫雪的想法后，大脑突然受到冲击，想到了一种简单可行且高效率的清雪方法。

他想，每当大雪过后，出动直升机沿积雪严重的电线飞行，依靠高速旋转的螺旋桨即可将电线上的积雪迅速扇落。于是，他马上提出"用直升机扇雪"的新设想，顿时又引起其他与会者的联想，有关用飞机除雪的主意一下子又多了七八条。不到一小时，与会的 10 名技术人员共提出 90 多条新设想。

会后，公司组织专家对设想进行分类论证。专家们认为：设计专用清雪机、采用电热或电磁振荡等方法清除电线上的积雪，在技术上虽然可行，但研制费用大，周期长，一时难以见效。所以"坐飞机扫雪"而激发出来的几种设想，倒不失为大胆的新方案。如果可行，将是一种既简单又高效的好办法。经过现场试验，发现用直升机螺旋桨的垂直气流吹落树挂确实奏效，一个久悬未决的难题，终于在头脑风暴会中得到了巧妙解决（见图 3-1）。

图 3-1　螺旋桨除雪

3.1　创新方法概述

3.1.1　创新方法的内涵

笛卡尔说过："最有价值的知识是关于方法的知识。"方法不仅可以提高个人的学习和工作效率，达到事半功倍的效果，其更重要的价值在于能够成功复制。

创新方法是人们研究有关创造发明的心理过程，是在创造发明、科学研究或创造性解决问题的实践活动中总结、提炼出的有效方法的总称，是人类对创新规律基本认识的成果总结，是提升再创新能力与创新成功率的有效工具。

创新方法一直为世界各国所重视，在美国被称为创造力工程，在日本被称为发明技法，在俄罗斯被称为创造力技术或专家技术。我国学者认为创新方法是科学思维、科学方法和科学工具的总称。其中，科学思维则是一切科学研究和技术发展的起点，始终贯穿于科学研究和技术发展的全过程，是科学技术取得突破性、革命性进展的先决条件；科学方法则是人们进行创新活动的创新思维、创新规律和创新机理，是实现科学技术跨越式发展和提高自主创新能力的重要基础；科学工具则是开展科学研究和实现创新的必要手段和媒介，是最重要的科技资源。应用创新的方法，则能诱发人们潜在的创新能力，使长期以来被人们认为是神秘的、只有少数发明家或创新者所独有的创新设想，为普通人所掌握。

由此可见，创新方法既包含实现技术创新的方法，也包含实现管理创新的方法。自2007 年 6 月，王大珩、刘东生、叶笃正三位资深院士提出了《关于加强我国创新方法工作的建议》，国家领导人对此做了重要批示。之后，科技部会同国家发改委、财政部、教育部和中国科协，联合启动了创新方法工作。几年后，全国已经有 24 个省市开展了创新方法工作，10 万余人参加了创新方法培训。创新的方法多达数百种，但常用的方法只有十几种，对此我们应该有选择地进行学习。

3.1.2　创新方法的分类

进入 20 世纪 80 年代，国内掀起对创新理论和创新技法的翻译。20 世纪 90 年代末期，以清华大学为代表的高等学校逐渐把创新创业教育纳入其人才培养体系，与此同时，各类创新团体和学会相继建立，创新技法也越来越多地被人们应用。

近些年，世界各国越发注重创新方法对社会的推动作用，也结合实际相继开创了多达几百种的创新方法。如日本出版的《创造技法大全》总结了 300 多种创造技法，其中常用的有100 多种，最常用的约 30 种。纵观世界不断升级改良的创新方法，可以分为传统型创新方法和新型创新方法。传统型创新方法又可以分为五大类：团体创新方法、设问型创新方法、类比型创新方法、列举型创新方法、组分型创新方法。各种创新方法的具体分类和讲解见本章 3.2～3.7 节。

3.2　团体创新方法

3.2.1　头脑风暴法

头脑风暴法是至今最负盛名、最具实用性的团体创造方法，其是由美国人奥斯本创立的。头脑风暴法出自"头脑风暴（brain-storming）"一词，起源于精神病理学，指精神病患者的精神错乱状态。如今，这个词的主要含义已经变成"无限制的自由联想和讨论"，目的在于产生新的观念或激发新的设想（见图3-2）。

图 3-2　头脑风暴

奥斯本认为，社会压力对个体自由表达思想观点具有抑制作用。为了克服这种负面作用，应设置一些新型会议形式，在这样的会议上，每个人自由发表意见，不对任何人的观点做出评价，评价是各种观点表达完之后的事情。

3.2.1.1　基本原则

头脑风暴法的精华和核心在于它的四项原则，在进行头脑风暴会议时也必须遵守以下4项基本原则。

（1）鼓励自由想象　自由想象是产生独特设想的基本条件。这一原则要求与会者尽可能解放思想，无拘无束地思考问题并畅所欲言，敢于突破，敢于"异想天开"，不必顾虑自己的想法或说法是否"离经叛道"或"荒唐可笑"，使思想保持"自由奔放"的状态。

本原则下要熟练应用求异、想象、联想、发散等多种创新思维方法。

（2）遵守延迟评价　在提出设想阶段，只能专心提设想而不能对他人的设想进行任何评价。这是因为创造性设想的提出有一个诱发深化、发展完善的过程。有些设想在提出时杂乱无章、不合逻辑，似乎毫无价值，然而它却能够引发许多有价值的设想，或帮助在以后的分析中发现一开始没有发现的价值。因此，过早地评价会使许多有价值的设想被扼杀。日本创造学家丰泽丰雄曾说过："过早地评判是创造力的克星。"

延迟评价既包括禁止批评，也包括禁止过分赞扬。头脑风暴法首先必须禁止任何批评或指责性言行。这是因为会议成员的自尊心使他们在自己的设想遭到批评或指责时，就会不自觉地进行"自我保护"，因而就会迎合他人的想法，而不去考虑新的甚至更好的设想。批评和指责是创新思维的障碍或抑制的重要因素，是产生"互激效应"的不利因素。同样，夸大其词的赞扬也不利于创造性的发挥，如"你这个想法简直太妙了"，这类恭维话会使其他与会者产生被冷落的感觉，且容易让人产生已找到圆满的答案而不值得再考虑下去的想法。因此，会议期间绝对不允许批评别人提出的设想，任何人在会上不能做判断性结论。像那些"这根本不通""这个想法已经过时了""这个设想真绝了""我水平有限，想法不一定行得通""我提一个不成熟的设想"之类的肯定或否定的评判均应避免。美国心理学家梅多和教育学家帕内斯在做了大量实验和调查之后认为，采用推迟评判，在集体思考问题时，可多产生 70%的设想；在个人思考问题时，可多产生 90%的设想。

延迟评价原则是头脑风暴法的精髓。

（3）激发量中求质　该原则的关键是"质量递进效应"。其目的是"以数量保证质量"。参加会议的人员不分上下级，平等相待，在规定的时间内提出设想的数量越多越好。奥斯本认为，理想结论的获得，常常是在逐渐逼近过程后期提出的设想中。后期提出的有实用价值的设想要比初期提出得多；在群体激励的过程中，最初的设想往往并非最佳。有人曾用实验证明，一批后半部分的设想，其价值要比前半部分的设想高出 78%。另据统计，一个在相同时间内比别人多提出两倍设想的人，最后产生有实用价值的设想的可能性比别人高 10 倍。由此可见，智力激励法强调与会者要在规定的时间加快思维的流畅性、灵活性和求异性，尽可能多地提出有一定水平的新设想。

（4）综合集成原则　该原则的依据是"集成也是创造"。与会者应认真听取他人的发言，并及时修正自己不完善的设想，或将自己的设想与他人的设想集成，确保提出更有创意的方案。奥斯本指出："最有意思的集成大概就是设想的集成。"

3.2.1.2　头脑风暴法的运用流程

（1）会前准备

① 确定会议主题。头脑风暴法适合解决目标单一的问题。头脑风暴需要有一个定向目标，这样参与者才能沿着主线进行思维拓展升级。因此，对涉及面较广或包含因素较多的复杂问题应进行分解，分成不同讨论议题或不同会议，使与会者沿相同方向思维发散、共振和互补。否则，就会让大家的讨论失去焦点，极易"跑题"。主题确定后，会议召集者需要拟订一个相应的问题进行机会陈述，用来描述自己想要达到的目标。尤其需要注意的是，这段陈述不能暗示出问题解决的典型方法可能是什么，因为这将阻碍新观点的产生。同时，一般要将会议讨论的问题提前 1～5 天告诉与会者。

② 确定会议主持人。会议主持人需要介绍问题、提醒时间和确保大家服从头脑风暴的规则，并掌控会议进程使其顺利开展，同时要确保参加者觉得身心愉悦、心情放松，愿意参与到发言中来。会议的成功与否在很大程度上取决于主持人掌控会议的能力和艺术。主持人的职责如下：

a. 使会议保持热烈的气氛；

b. 把握住会议的主题和进度；

c. 保证全员献计献策；

d. 保持公正，消除偏见，遵守延迟评价。

③ 确定与会人员。头脑风暴会议与会人数过多，无法保证与会者有充分发表设想的机会，使思维目标分散而降低激励效果；人数过少，会造成专业面过分独窄，达不到为解决问题所需要的不同专业知识的互补，难以形成信息碰撞和思维共振的环境和气氛，同时也容易因缺乏足够的思考与联想时间而造成冷场或者空场，从而影响智力激励的效果。一般来说，头脑风暴法会议以 5～15 人为宜。

人员选择，头脑风暴会议的参会人员应当由专家小组构成，一般包括：方法论学者——专家会议的主持者；设想产生者——专业领域的专家；分析者——专业领域的高级专家；演绎者——具有较高逻辑思维能力的专家。

④ 确定记录人员。头脑风暴会议提出的设想要应由专人记录下来，以便会后对会议产生的设想进行系统化处理。这一工作可由专人负责，可由主持或服务人员兼任，也可以安排

与会者自己将想法记来下来。另外，可以利用录音、录像设备等自动完成。

⑤ 预定时间地点。会议地点可以选择室外，例如草地、树荫等静谧的环境，在大自然里更容易让人心情放松。但大多数情况下，由于现实条件制约，还是多在室内举行会议。房间温度要适中、光线要柔和，最好采用圆圈座席设计或者一个宽广的 U 形布局。

房间最好配有白板、投影机、实物展台、挂画纸等，将会使观点表达更明晰，每个人配以记录纸和笔。同时，要把握好会议时间，经验表明，创造性较强的设想一般在会议开始 10～15 分钟后逐渐产生。美国创造学家帕内斯指出，会议时间最好安排在 30～45 分钟之间。若会议确实需要较长时间，为了使参与者保持新鲜感，应该分成几个时间段进行，中间辅以短暂的休息。

（2）热身阶段　会议主持人把头脑风暴规则粘贴在一个显眼的地方，进行会议准备。可以使用一些柔和的音乐作为背景音以放松与会者的心情。当大多数人到达的时候，主持人把他们聚集起来，安顿在相应座位上，进行小型的热身活动。热身活动可以是做智力游戏、看有关创造力方面的录像、回答脑筋急转弯问题，目的是使与会者尽快进入"角色"，使他们暂时忘却个人的工作和私事，形成平等、轻松、热烈的气氛，进入"临战状态"。

（3）明确问题　主持人需要向与会者说明头脑风暴会议必须遵守的四项基本原则。对于第一次参加头脑风暴会议的人，主持人需要着重指出规则的重要性，让他们知道看似怪异的观点可以用作问题的解决方法，也可以激发他人的观点，应当大胆说出来，并且不要评价别人的观点。同时，建议参与者把手机关机或者调至静音，以避免会议的进程被干扰，思路被打断。

之后，主持人需要简明扼要地介绍问题，只是点出问题的实质，选择有利于激发大家热情和开拓大家思路的方式。还可以将问题分解成不同要素，从多角度提出问题。这个阶段尽量不要对任何问题的解决方法设置障碍，要让与会者相信任何事都是可能的。留 5～10 分钟让大家先独立思考一下方案。之后，会议即可转入下一个阶段。

（4）自由畅谈　这是智力激励法的核心步骤，也是能否成功的最关键环节。

在这一阶段，除了必须遵守的头脑风暴四项原则外，还要遵守下述规定。

① 力求简明扼要地表述设想，以便有更多的观点能够被提出；每次只谈一个设想，以有利于该设想引起与会者的共振，引起他们的思考，使他们受到启发。

② 主张独立思考，不准私下交谈，以免干扰别人思维；同时确保会议始终只有一个中心点，防止形成小团体开小会。

③ 不强调个人或小团体的利益，应以参会人员的整体利益为重，注意、理解别人的贡献。创造民主环境，不以权威或群体意见的方式妨碍他人提出个人的设想，激发个人想出更多更好的主意。

案例分享 3-1　　　**新型烤面包机的设计**

美国某公司决定在内部征集新型烤面包机的设计方案，召开了头脑风暴会议，规定谁的想法有价值就奖励谁一大笔钱。设计师、工程师们你一言我一语，可谁都没提出太好的想法。这时旁边负责清洁的老妇人问道："你们能不能设计一种能抓老鼠的烤面包机?"大家都大笑起来。"我经常在家烤面包,不过烤面包机老是掉下面包屑,老鼠就经常来吃。"老妇人的话让大家都陷入了沉思。

于是,一个新的设计方案诞生了——新的机器最下层装上了一个抽屉,用于收集掉下来的面包屑。新产品一上市,立即受到了广大主妇的欢迎,最终,老妇人也得到了那笔奖金。

④ 与会人员一律平等,各种设想全部记录下来。同时,将每个想法的要点简明记录在白板上,以便于启发他人。

⑤ 见解无专利,鼓励巧妙地利用和改善他人的设想,这是激励的关键所在。每个与会者都可以从他人的设想中激励自己,从中得到启示;或补充他人的设想;或将他人的若干设想综合起来提出新的设想等。

⑥ 提倡自由奔放、任意想象、随意思考、主意新颖、尽量发挥、越怪越好,因为能启发别人推导出好的观念。

(5)会后整理　通过头脑风暴会议和会后的回访,会得到很多设想,好比找到了一座金矿,接下来要做的就是在这座金矿中选出真正的金子。具体来说,就是要对设想进行评价和发展。这是相互联系的两个方面,评价是为了寻找其中有用的想法,发展是将各种想法合理之处综合利用,形成最终的方案。会后整理主要包括以下三步。

第一,将会上和会后收集到的想法进行整理,形成设想清单。

第二,确定一个设想的评价标准。具体拟定哪些指标,一般要根据问题本身的性质和问题提出者的要求来决定。

第三,确定要由谁来评价和发展这些想法。参与评价和发展设想的人员可以是设想的提出者,也可以是对问题本身负有责任的人。例如在日本,多是召开第二次会议。由设想提出者自己来进行群体评议,以省去对设想做出重复说明的麻烦。而在美国,这一工作一般交由专家或问题提出者来处理。如果条件允许的话,由不参加头脑风暴会议的"外部"人士参与评价是最好的,这样就可以跳出思维定式,往往会有新的视点与角度来思考问题。从表决角度考虑,一般情况下评价委员会人数应该为奇数,经验证明 5～7 人为最佳人数。

3.2.2　头脑风暴法的类型

头脑风暴法的类型有:会议模式、菲利普斯 66 法、默写式智力激励法(653 法)、卡片式智力激励法、三菱式智力激励法(MBS 法)、亚奥氏智力激励法等。

3.2.2.1　会议模式

这是适用范围最广泛的头脑风暴法类型。在特定的时间和地点,通过小型会议的组织形式,让所有参与者在自由愉快、畅所欲言的气氛中,自由交换想法或点子,并以此激发与会者创意及灵感,使各种设想在相互碰撞中激起脑海的创造性"风暴"。随着现代信息技术的发展,视频会议、网络会议等新通信手段已经将会议时间、地点的苛求性大大降低,使其应用起来更为便捷,具体表现形式也更多种多样,适用范围更广。

3.2.2.2　菲利普斯 66 法

菲利普斯 66 法,也叫小组讨论法,该方法采用分组的方式,限定时间,即每 6 人一组,围绕主题限定只能进行 6 分钟的讨论。该方法是由美国密歇根州希尔斯代尔学院校长菲利普斯发明的，因此命名为菲利普斯66法。

这种方法的最佳应用场所是大会场，因人数很多，可通过分组形成竞争，使会场气氛热烈，犹如"蜜蜂聚会"，因此也有人把这种方法称为"蜂音会议"。

3.2.2.3　默写式智力激励法（653法）

最初的奥氏智力激励法传入德国后，德国的创造学家荷立根据德意志民族爱沉思的性格进行改良，最终德国人鲁尔巴赫提出"默写式"头脑风暴法。其基本原理与奥氏智力激励法相同，不同的是通过填写卡片的方法来实现，而不是"畅谈"出来的。该法规定每次会议由6人参加，每个人在5分钟内提出3个设想，所以又称为"653法"。

在举行"653法"会议时，由会议主持人宣布议题，即宣布发明创造目标，并对到会者提出的疑问进行解释。

① 每人发几张设想卡片，在每张卡月上有1-2-3编号，在两个设想之间要留一定的空隙以让其他人填写新的设想。

② 在第1个5分钟内每人针对主题在卡片上填写3个设想，然后传给右邻。

③ 在第2个5分钟内每人从左邻的3个设想中得到新的启发，再在卡上填写3个新的设想，然后再传给右邻。

这样传递6轮。一共可产生6人×3想（人）×6轮＝108个设想。默写式智力激励法可以避免出现由于数人争着发言而使设想遗漏的情况。并且还可以避免因为某些参会者不善于言辞或不习惯当众畅谈而无法表达清楚自己的设想从而影响激励效果的情况。最后，进行设想的分类、整理，根据一定的评判原则和程序，筛选出有价值的设想。

3.2.2.4　卡片式智力激励法

这种技法又可分为CBS法和NBS法两种。

（1）CBS法

CBS法由日本创造开发研究所所长高桥诚根据最初的奥氏智力激励法改良而成。

CBS法，会前明确会议主题，每次会议由4～8人参加，每人持5张卡片，桌上另放200张卡片备用。会议大约1个小时。

① 最初10分钟为到会者各自在卡片上填写设想，每张卡片写1个设想。

② 接下来的30分钟由到会者轮流发表自己的设想，每次只能宣读1张卡片，宣读时将卡片放在桌子中间让到会者都能看清楚。

③ 在宣读后其他人可以提出疑问，也可以将启发出来的新设想填入备用的卡片中。

④ 余下的20分钟让到会者相互交流探讨各自提出的设想，从中再诱发出新的设想。

（2）NBS法

NBS法是日本广播电台开发的一种智力激励法，把口头和书面两种激励法结合起来而提出的一种方法。会前必须明确主题，每次会议由4～8人参加，每人必须提出5个以上的设想，每个设想填写在1张卡片上。

① 个人出示自己的卡片并依次做说明。

② 在别人宣读设想时，如果自己发生了思维共振产生新的设想，应立即填写在备用卡片上。

③ 到会者发言完毕后将所有卡片集中起来，按内容进行分类排在桌上，在每类卡片上加一个标题，然后再进行讨论，挑选出可供实施的设想。

3.2.2.5 三菱式智力激励法（MBS 法）

奥氏智力激励法虽然能产生大量设想，但由于它严禁批评，难以对设想进行及时的评价和集中。日本三菱树脂公司对此改进，创造出一种新的智力激励法——三菱式智力激励法，又称 MBS 法。具体步骤为：

① 提出问题；

② 由参加会议的人各自在纸上填写设想，时间为 10 分钟；

③ 各人轮流读自己的设想（聆听者可根据宣读者提出的设想填写新的设想），此时，每人宣读 1～5 个设想，由会议主持者记录下每个宣读者的设想；

④ 将设想写成正式提案，并进行详细说明；

⑤ 相互咨询，进一步修改提案；

⑥ 由会议主持人将各人提出的方案画出结构图贴在黑板上，让到会者评判，并把修改的意见写到相应的位置上；

⑦ 组织专门人员对所有提案进行筛选，以获得最佳方案。

3.2.2.6 亚奥氏智力激励法

亚奥氏智力激励法与奥氏智力激励法的原则相反，它要求与会者对他人提出的设想百般挑剔，设想提出者也要据理力争，在这种争论中激励思维振荡，从而使设想成熟和完美。

由于亚奥氏智力激励法违背奥氏智力激励法所规定的"推迟评判原则"，所以适合在训练有素的与会者之间使用。另外，在使用这种方法时，还要注意以下两点。

① 适宜在初步设想经筛选后使用，以利于最终评选出最佳设想。

② 要就事论事，争论过程中不要伤和气。

3.3 设问型创新方法

爱因斯坦曾说："提出一个问题往往比解决一个问题更重要……""问题"正是创造的源泉和起点，是激发思想火花的导火线。所以从根本上说，要发明首先要学会设问，善于设问。实践证明，能发现问题与提出问题就等于成功了一半，可见巧妙的设问对于创造是十分必要的。

设问法是现代生产中经常使用的一种推陈出新的创新技法，特点是简单易学，亦可因地制宜，根据不同需要，改换设问的方法。设问法，具体地讲，就是通过有序地提出一些问题，使问题具体化，缩小了需要探索和创新的范围，启发人们系统地思考解决问题的可能性，产生创新方案的创新技法。

设问法中最为典型的技法是奥斯本检核表法，较常用的引申技法为 5W1H 法、和田十二法、系统提问法。

3.3.1 典型方法——奥斯本检核表法

3.3.1.1 奥斯本检核表的内容

在众多的创造技法中，奥斯本检核表法是一种效果比较理想的技法，享有"创造技法之母"的称号。由于它突出的效果，被誉为创造之母。人们运用这种方法，产生了很多杰出的创意，以及大量的发明创造。

奥斯本检核表由如下 9 类提问构成，如表 3-1 所示。

表 3-1　奥斯本检核表

序号	检核项目	具体提问内容
1	有无其他用途	现有的东西(如发明、材料、方法等)有无其他用途？保持原状不变能否扩大用途？稍加改变,有无其他用途？
2	能否借用	能否从别处得到启发？能否借用别处的经验或发明？外界有无相似的想法？能否借鉴？过去有无类似的东西？有什么东西可供模仿？谁的东西可供模仿？现有的发明能否引入其他的创造性设想之中？
3	能否改变	现有的东西是否可以做些改变？改变一下会怎么样？可否改变一下形状、颜色、音响、味道？是否可改变一下意义、型号、模具、运动形式？改变之后,效果又将如何？
4	能否扩大 （放大）	现有的东西能否扩大使用范围？能不能增加一些东西？能否添加部件、拉长时间、增加长度、提高强度、延长使用寿命、提高价值、加快转速？
5	能否缩小 （省略）	缩小一些怎么样？现在的东西能否缩小体积、减轻重量、降低高度、压缩变薄？能否省略？能否进一步细分？
6	能否代用	可否由别的东西代替？由别人代替？用别的材料、零件代替？用别的方法、工艺代替？用别的能源代替？可否选取其他地点？
7	能否调整	能否更换一下先后顺序？是否可用其他型号？可否改成另一种安排方式？原因与结果能否对换位置？能否变换一下日程？更换一下,会怎么样？
8	能否颠倒	倒过来会怎么样？上下是否可以倒过来？左右、前后是否可以对换位置？里外可否调换？正反是否可以调换？可否用否定代替肯定？
9	能否组合	能否装配成一个系统？能否把目的进行组合？能否将各种想法进行组合？能否把各种部件进行组合？

奥斯本检核表又是一种多向发散的思考，使人的思维角度、思维目标更丰富。检核表法的特点之一是多向思维，用多条提示引导人们去发散思考。如检核表法中有九个问题，就好像有九个人从九个角度帮助你思考。创新者可以把九个思考点都尝试一遍，也可以从中挑选一两条集中精力深思。另外，检核表思考提供了创新活动最基本的思路，可以使创新者尽快集中精力，朝提示的目标方向去构想，去创造、创新。

3.3.1.2　奥斯本检核表的应用

（1）检核表第一项：有无其他用途　有的东西（如发明、材料、方法等）有无其他用途？保持原状能否扩大用途？稍加改变，有无其他用途？

某个东西，"还能有什么用途？""还能用其他什么方法使用？"这类提问能使我们的想象力活跃起来。电灯在开始时只用于照明，后来，改进了光线的波长，发明了紫外线灯、红外线加热灯、灭菌灯等。橡胶有什么用处？有家公司提出了成千上万种设想，如用它制成床毯、浴盆、人行道边饰、衣夹、鸟笼、门扶手、棺材、墓碑等。炉渣有什么用处？废料有什么用处？边角料有什么用处？当人们将自己的想象投入这条广阔的"高速公路"上，就会以丰富的想象力产生出更多的好设想。

（2）检核表第二项：能否借用　能否从别处得到启发？能否借用别处的经验或发明？外界有无相似的想法？能否借鉴？过去有无类似的东西？有什么东西可供模仿？谁的东西可供

模仿？现有的发明能否引入其他的创造性设想之中？

　　他山之石，可以攻玉。在发明创造中存在大量的借鉴和移植，这已经成为创新最重要的手段。世间的事物总是存在相似性，其他事物的原理、结构、功能、方法、思路等都可以被借用和借鉴移植，这样的创新设想不仅会大量产生，而且还会新颖独特。

案例分享 3-2

生物导弹

　　导弹通过制导手段可以自动跟踪、追击目标，将目标击毁。苏州医学院的一位医生将这一手段移入自己的医疗工作中，发明了"生物导弹"。这种"生物导弹"可以将药物直接送至患者的脑胶质瘤处，不用开颅即可消除脑部肿瘤。

　　与之相反，胃镜是医学领域的发明，即将有小镜的光纤送入人的胃部，在人体外面进行观察的装置。树木补植的技术人员把这一手段移入自己的工作中，用于探查树木的病虫害。

　　（3）检核表第三项：能否改变　现有的东西是否可以做些改变？改变一下会怎么样？可否改变一下形状、颜色、音响、味道？是否可改变一下意义、型号、模具、运动形式？改变之后，效果又将如何？

案例分享 3-3

小改变，大用途

　　喝汤时，把汤匙放入汤碗里，汤匙常会滑到汤里去。吃饭的人要费很大劲去把它捞上来，还得在水中清洗匙把，很不方便。那么，把匙把的形状改一改，把它弯一下，或者在匙把上开一个斜形小豁口，让它能卡住碗边，不就解决问题了吗？

　　改变一下玻璃的颜色，可以用来装饰和制作太阳镜。日本人在豆腐中加入蔬菜汁，制成了绿色豆腐。传统创可贴的背面都是灰白色的，有人设计了各种彩色图案的创可贴背面，特别是为儿童设计了卡通人物创可贴。

　　（4）检核表第四项：能否扩大（放大）　现有的东西能否扩大使用范围？能不能增加一些东西？能否添加部件、拉长时间、增加长度、提高强度、延长使用寿命、提高价值、加快转速？利用自我设问的创新方法，研究"再多些"与"再少些"这类有关联的问题，能给想象提供大量的空间。使用加法和乘法，会使人们扩大探索的领域。

　　如在牙膏中加入药物就成为药物保健牙膏；在自行车上加上伞就成为带遮阳伞的"防晒自行车"；也可以在指甲刀上加上一个放大镜，就成了婴儿指甲剪等。

　　（5）检核表第五项：能否缩小（省略）　缩小一些怎么样？现在的东西能否缩小体积、减轻重量、降低高度、压缩变薄？能否省略？能否进一步细分？

　　如儿童版厨房货架及玩具、微型计算机、折叠伞、电池从 1 号到 8 号，再到纽扣电池的发展，都是缩小的产物。没有内胎的轮胎、尽可能删去细节的漫画，都是省略的结果。

案例分享 3-4　　　　生日蛋糕

买生日蛋糕需要提前订购，因为蛋糕上面还要用奶油写上订购者所需的一些问候话语。这样一来，订购者来回跑商店太烦了！后来，一位发明者想到，把蛋糕的中心部分空下来，让购买者回去自己去"写"，只要给他们一支"笔"就行了。于是，他将三色奶油的大盒向"缩小"的方面考虑，分别灌入三个像牙膏管样的小管里，放在蛋糕盒旁边。顾客不用事先订购，直接到商店买完蛋糕后就可回家，在家里用"奶油笔"写上自己所需要的问候语，一则节省了时间，二则增加了乐趣。

（6）检核表第六项：能否代用　可否由别的东西代替？由别人代替？用别的材料、零件代替？用别的方法、工艺代替？用别的能源代替？可否选取其他地点？

目前，用昆虫做菜在西亚、非洲、中美洲等地区已很盛行，如油炸蝴蝶和蝗虫、土豆烩蜻蜓、面团炸黄蜂、清炖甲虫、蚂蚁番茄汤、蛾子饼、蚂蚁奶油蛋糕、蝉肉蜜饯都成了美味佳肴。1946年，美国通用电气公司的物理学家沙弗尔等人，利用干冰颗粒对水蒸气的凝聚作用，发明了人工降雨方法。然而，干冰不易存放，一般要保存在保温设备中。美国物理学家冯内加特终于发现碘化银是替代干冰的良好的人工降雨材料，它能在室温下长期保存。

案例分享 3-5　　　　斑马线的由来

斑马线又称人行横道线，最早源于古罗马的"跳石"。古罗马时期的一些街道上，马与行人交叉行驶，经常导致市内交通堵塞，不断发生事故。为了解决这个问题，人们在靠近马路的地方砌起一块块凸出路面的石头，作为指示行人过街的标志。行人可以踩着这些石头，一跳一跳地穿过马路。而马车行驶时，两个轮子刚好可以从石头的缝隙中通过。久而久之，行人穿越马路就被称为"跳石"。

到了19世纪末期，随着科技的发展，汽车代替了马车，在速度增加的同时也大大增加了危险性。城市内更是车水马龙，行人在街道上任意横穿，严重阻碍了交通行驶，而从前的那种跳石已无法避免交通事故的频频发生。

20世纪50年代初期，为了保护人们的出行安全，英国人集思广益，率先设计出一种横格状的人行横道线，规定行人在穿过街道时，只能走人行横道。于是伦敦街头出现了一道道洁白的赫然醒目的横线，这些横线看上去很像斑马身上一道道的白斑纹，因而人们称之为"斑马线"。司机驾驶汽车看到这条条白线时，会自动减速缓行或停下，让行人安全通过。斑马线的出现，有效缓解了道路交通压力，保障了行人的生命安全。一时间，其他国家纷纷效仿，设计出各种各样的斑马线。

如今的街道上，斑马线仍然随处可见。从它第一天出现到现在，对指示车辆行驶、行人在街道上有秩序地行进以及减少交通事故、保护人身安全起了很大的作用。我们每个人都只有一次生命，在穿越马路时，一定要遵守交通法规，爱护自己的生命。

（7）检核表第七项：能否调整　能否调换？能否更换一下先后顺序？可否调换元件、部件？是否可用其他型号？可否改成另一种安排方式？原因与结果能否对换位置？能否变换一下日程？更换一下，会怎么样？

搬迁妙招

北京一文化馆要扩建，涉及搬迁 100 户居民。上级拨款 1400 万元，但城区购一套房子得 20 万元，搬迁费缺口 600 万元，怎么办？于是一个叫何阳的人出招儿让 100 户都搬到城外郊区去住，那儿的房子才 3 万～4 万元一套。可住户说："太远了，不干。"何阳说："给每家配辆小面包汽车，还干不干？"住户们乐意接受。其实，北京的小面包汽车才 4 万元一辆，连房子每户花费仅 8 万元，搬迁费还有结余。何阳又建议将面包车集中起来成立个出租车队，既接送住户上下班，又可做出租车业务，一箭双雕，皆大欢喜。

（8）检核表第八项：能否颠倒 倒过来会怎么样？上下是否可以倒过来？左右、前后是否可以对换位置？里外可否调换？正反是否可以调换？可否用否定代替肯定？从相反方向思考问题，通过对比也能成为萌发想象的宝贵源泉，可以启发人的思路。

如以毒攻毒、欲擒故纵、缺陷成才、危机管理、吃小亏占大便宜、废物利用等均为反向创新的经验。又如喝茶，本想让茶叶冲开，但冲开后的茶叶容易随茶汁进入嘴中，袋泡茶的发明则利用了反向思维，将原本要冲泡开的茶叶收集起来，装进袋中冲泡，解决了这一问题。

克隆羊的诞生

最可笑的问题往往是最原始的问题。

2012 年，英国生物学家约翰·格登与日本京都大学山中伸弥共同获得了诺贝尔生理学或医学奖。让人意想不到的是，在读书的时候，格登的生物学成绩却是学校最差的。

格登伸出自己的手指，问学校的博物馆馆长加德姆："老师，为什么长在手上的手指会动，而被砍掉的手指却不能动？"加德姆说："因为长在手上的手指有神经细胞，可以接受大脑的指令，而被砍掉的手指头却不能。"格登说："可是，受精卵不仅能动，而且能够自由生长，而被砍掉的手指头为什么不能自己生长呢？"加德姆被问得瞠目结舌，忍不住大声吼道："你这个笨蛋，这是自然界的生长规律！规律，你懂吗？凭你的天赋，你完全不可能在自然科学方面取得任何成绩！"

上大学时，格登只好报考了牛津大学古典文学专业。可是格登更加热爱自然科学，特别是生物学。后来他提出申请，从古典文学专业调整到了动物学专业。

他一直在默默无闻地研究"被砍掉的手指头为什么不能再生"的问题，当然，这是一个复杂的问题，它关系到细胞的特化机能逆转。

经过几年的努力，格登终于成功地让一对成熟的体细胞转换为多功能干细胞。他发表了一篇论文，首次指出细胞的特化机能可以逆转，这篇论文在生物界引起了巨大反响，因为在此之前专家们一致认为成熟的细胞发育过程是不可逆的。而根据格登的说法，砍掉的手指头在特定的条件下，是可以像受精卵那样自由生长的。格登的这一观点一直到10年后才被学界认同，并且直接引导了世界上第一只体细胞克隆羊——多利的诞生。

（9）检核表第九项：能否组合　组合会怎么样？能否装配成一个系统？能否把目的进行组合？能否将各种想法进行组合？能否把各种部件进行组合？

如坦克的发明。在第一次世界大战中，英国随军记者斯文顿发明了坦克，第一次世界大战期间，他目睹了协约国士兵在德国机枪的火力下大批地倒下。于是，他向英国军方建议，在拖拉机上安装钢板和火炮。坦克就是履带拖拉机与枪炮的组合，履带拖拉机与枪炮组合很好地达到了1+1>2的效果。在我们的现实生活中，组合型创造的例子比比皆是，例如，现代的新型自行车（如图3-3所示）等。

图3-3　新型自行车

3.3.2　引申方法——和田十二法等

3.3.2.1　和田十二法

（1）和田十二法简介　和田十二法，又叫"和田创新法则"（和田创新十二法），即指人们在观察、认识一个事物时，可以考虑是否可以"求变"。和田十二法是我国学者许立言、张福奎在奥斯本检核表基础上，借用其基本原理加以创造而提出的一种思维技法。它既是对奥斯本检核表法的一种继承，又是一种大胆的创新。比如，其中的"联一联""定一定"等，就是一种新发展。同时，这些技法更通俗易懂，简便易行，便于推广。

（2）和田十二法核心要点与举例（见表3-2）

表3-2　和田十二法核心要点与举例

记号	方法	内容	举例
1	加一加	加高、加厚、加多、组合等	多功能夜光笔
2	减一减	减轻、减少、省略等	小包装产品
3	扩一扩	放大、扩大、提高功效等	情侣伞

记号	方法	内容	举例
4	变一变	变形状、颜色、气味、音响、次序等	荧光公交车牌
5	改一改	改缺点、不足之处	饮料瓶
6	缩一缩	压缩、缩小、微型化	折叠伞
7	联一联	原因和结果有何联系,把某些东西联系起来	电动自行车
8	学一学	模仿形状、结构、方法,学习先进	鲨鱼皮泳衣
9	代一代	用别的材料代替,用别的方法代替	激光手术(刀)
10	搬一搬	移作他用	教鞭
11	反一反	能否颠倒一下	吸尘器、袋泡茶
12	定一定	定个界限、标准,能提高工作效率	交通信号灯

3.3.2.2　5W2H 法

5W2H 法是一种通过线索提示而进行多向思考,从而产生创新设想的思考方法。这种方法提供了 7 个思考线索,以提问的形式让思考者将思考对象展开,从而全面了解认识事物,启发思维,寻找答案。

这 7 个角度中前 5 个对应的英文第一个字母均为"w",后两个对应的英文第一个字母均为"h",故称为 5W2H。它们是:

为什么(why)?

是什么(what)?

何人(who)?

何时(when)?

何地(where)?

怎样(how to)?

多少(how much)?

(1)为什么　这类问题可以是:为什么会这样?为什么要改进?为什么非做不可?为什么要做成这种形状?为什么要遵守这一规定?为什么采用这个技术参数?为什么不能有响声?为什么停用?为什么变成红色?为什么使用机器代替人力?为什么产品的制造要经过这么多环节?等等。

案例分享 3-8　　　　**古代学者的思考**

古希腊哲学家柏拉图说过:"我发现了一个新的因果关系,比获得王位还要高兴。"找原因、探索事物的奥秘,都是从问为什么开始的。能回答出别人或自己的疑问,就是认识上的进步,就是在进行着发现。现代人用的钟摆要归功于伽利略当年的一个"为什么"。

少年时期的伽利略每周都要随父母去教堂做礼拜。一天,悬挂在教堂半空的一盏放蜡烛的吊灯吸引了他,只见吊灯被门洞里刮进来的一阵风吹得来回摆动。物体在风中晃动是一个很平常的现象，但当伽利略一面摸着自己的脉搏，一面计算着吊灯来回摆动的次数和时间时，他提出一个问题：为什么吊灯无论摆动大还是摆动小，来回所用时间都相同呢？回到家后，他找来一根绳子和几块铁片反复做实验，终于发现了一个规律：摆动的周期关键是由摆长决定的，与摆的重量和摆幅无关。后人根据这一原理设计出以钟摆来计时的机械钟。

（2）是什么　这类问题可以是：做什么？是什么？与什么有关系？功能是什么？中心思想和主题是什么？开发什么新产品？哪一部分工作要做？目的是什么？规范是什么？工作对象是什么？等等。

案例分享 3-9　　　　舒利芬计划

第一次世界大战期间，德国参谋本部制订了一个"舒利芬计划"，根据这一计划的构想，德军仅用一小部分兵力来牵制当时力量较弱的俄军，同时集中全力应战法军，用闪电战一举歼灭法军，然后再转过来对付俄军。为此，在作战初期，德军自然要让俄军深入德国境内，等到对法之战获胜后，再开始对俄反攻。从表面看，这是一项很好的作战计划，但制订计划的官员们至少忽视了两个内容：一是俄军深入德境可能引发的各种后果；二是制订第二套及第三套应急方案。

结果该计划实施后，事情发展出乎其最初意料。俄军深入德境的速度特别快，使德国东部全面告急。在此危急时刻，德军却无可奈何，无计可施，只得走一步退一步，痛苦支撑，终遭失败。

可见，通常思考问题时想要把所有方面考虑周全是很难的，但从"减掉了什么"这个角度考虑，是一个很好的捷径。

（3）何人　这类问题可以是：谁是主人公？谁来办最好？谁能完成？谁是我们的客户？谁会赞成？谁被忽视了？谁来办最方便？谁会生产？谁可以办？谁是顾客？谁是决策人？谁会受益？谁可以提供销售渠道？等等。

台湾地区有人设计出一种能按时提醒患者吃药的药瓶。规定吃药的时间一到，药瓶盖会自动发出微弱的铃声，等患者吃过药后，铃声便自行终止。企业为高空作业的建筑工人设计出单手敲钉的钉锤。旅行社设计导游录音带，使游人既能少花钱，又可以得到导游服务，还能将录音带留作纪念。

案例分享 3-10　　　　应聘的聪明人

从前，有个土耳其商人想要招聘一个聪明的助手协助他经商。消息传出后，有两个人前来应聘。

商人为了试试这两个人中哪一个更聪明些，便把这两个人带进一间伸手不见五指的屋子里。他点燃油灯后说道："这张桌子上有五顶帽子，两顶是红色的，三顶是黑色的。现在我把灯吹灭，并把帽子摆的位置搞乱，然后我们三人每人摸一顶帽子戴在头上。当我把灯重新点燃后，请你们尽快说出自己头上戴的帽子是什么颜色。"过了一会儿，其中一个人喊道："我戴的是黑色的。"于是，商人就将他聘用了。

这位聪明人是怎么判断的呢？其实，他是站在对方的角度看问题。这个人想：红色帽子只有两顶，现在商人头上戴了一顶，如果我头上戴的也是红色帽子，那么，另一位应聘者看到后，一定会马上说出自己戴的是黑色的帽子。但对方没有马上说出来，这说明他看到我戴的是黑色的帽子，所以犹豫不决无法判定。通过站在对方的角度思考，就相当于将对方看成一面镜子，他马上抢先说出了自己的判断结果。而另一位应聘者由于不善于站在对方的角度思考，所以难以做出解答。

在思维训练中，有一种方法叫"他人观点法"，让人们摆脱和跳出自己看问题的角度，努力站在他人的角度和立场看待或处理某问题。遇事先问向自己："如果我是他，我会如何？"了解他人的观点不仅可以补充和纠正自己的想法，而且可以制订有效的行动计划。《孙子兵法》中所谓的"知己知彼，百战不殆"就是这个道理。

（4）何时　这类问题可以是：何时发生的？利用什么时机？何时完成？何时开业最好？何时安装？何时是最佳营业时间？何时销售？何时工作人员容易疲劳？何时产量最高？何时完成最为适宜？需要几天才算合理？

案例分享 3-11　　　　最大的麦穗

一次苏格拉底带领几个弟子来到麦地边。正是成熟的季节，地里满是沉甸甸的麦穗。苏格拉底对弟子们说："你们去麦地里摘一个最大的麦穗，只许进不许退。我在麦地的尽头等你们。"

弟子们听懂了老师的要求后，就陆续走进了麦地。地里到处都是大麦穗，哪一个才是最大的呢？弟子们埋头向前走，看看这一株，摇了摇头；看看那一株，又摇了摇头。他们总以为最大的麦穗还在前面呢。虽然弟子们也试着摘了几穗，但并不满意，便随手扔掉了。他们总认为机会还很多，完全没有必要过早地定夺。突然，苏格拉底说道："你们已经到头了。"这时两手空空的弟子们才如梦初醒。苏格拉底对弟子们说："这块麦地里肯定有一穗是最大的，但你们未必能碰见它；即使碰见了，也未必能做出准确的判断。因此最大的一穗就是你们刚刚摘下的。"

苏格拉底的弟子们听了老师的话，悟出了这样一个道理：人的一生仿佛就像在麦地中行走，也在寻找最大的一穗。有的人见了颗粒饱满的"麦穗"，就不失时机地摘下它，因为他们知道时机的重要；有的则东张西望，一再错失良机。

（5）何地　这类问题可以是：在何地举办？从何处入手？何地最合适？何地影响最大？到何地开展业务？何地有资源？何地最适宜某物生长？何处生产最经济？从何处买？还有什么地方可以作为销售点？安装在什么地方最合适？

案例分享 3-12　　　　　　　　　　沙土也能赚钱

美国一位商人经营几种商品都失败了，吸取了以往的教训，他准备从寻找特殊时机入手，当年是 1984 年，正是第二次世界大战盟军在法国诺曼底海滩成功登陆 40 周年。他估计有关国家要举行庆祝活动，不论何种活动，这个时机都应该抓住。经过调查，果然曾参加过第二次世界大战的盟国首脑将举行纪念活动，活动地点就设在诺曼底海滩。这位商人抓住这一时间和地点，想到一个好主意。他定制了一大批精致且有象征意义的小盒，将诺曼底海滩的沙土装在里面，在纪念日前后用飞机运到第二次世界大战时的盟国各地，宣传说这是渗透了阵亡将士鲜血的泥土，极具纪念意义。结果，许多曾参加过那次战争的老兵及阵亡将士的家属争相购买作为纪念，由此可见沙土也能挣钱，关键在于能否抓住时机。

（6）怎样　这类问题可以是：怎样做？怎样能实现目的？怎样才能做得更快？怎样改进？怎样避免失败？怎样才能得到别人的支持？怎样做最省力？怎样做效率最高？怎样得到？怎样求发展？怎样增加销路？怎样才能使商品更加美观大方？怎样使商品用起来方便？

一般来讲，对"怎样"这类问题的回答，要在分析"为什么""是什么""何人""何时""何地"的基础上才能做出，它具有一定的结论性。

比如某商业街新开了一家高档时装店，一个月后发现生意冷清，出现亏损。用 5W2H 法去分析，找到了以下原因。

① 顾客定位不准，该商业街长期形成的定位是大众化消费档次，有钱人不愿光顾。

② 地点设立不对，左右两家店都不是经营服装的。

③ 关门时间早，很多顾客吃了"闭门羹"后不愿再来了。

找到问题后，对"怎样盈利"这个问题就好回答了，如商品要针对大众消费者，地点和时间要适当调整等。

（7）多少　这类问题可以是：成本多少？售价多少？带多少东西？人员多少？功能指标达到多少？尺寸多少？重量多少？效率多高？等等。

任何事物都有一个量的概念。量是事物性质的一种规定，超过一定的量，事物就会发生质变。所以，思考问题时，"多少"这一线索十分重要。

案例分享 3-13　　　　　　　　　　袁滋断案

传说唐朝时，某县农民在耕地时挖出了一大瓮马蹄金。他雇了两个短工，用一根大竹竿将大瓮抬到县衙门。县令收下了大瓮，将它埋在屋中地下，然后向府里报告。不料，府里派人来取金时，大瓮里的马蹄金却变成了土块。大家断定是县令偷了金子，结果县令被捕入狱。当时府衙里有位小官名叫袁滋，他对此案颇有怀疑。他让人取来了大瓮，从瓮里取出 250 块土块，然后又把 250 块同样大小的银锭放入瓮中，让两人用竹竿去抬，结果根本抬不动。袁滋立即断定：县令被诬告了。

　　袁滋思考问题的关键就在于抓住了数量（多少）这个因素。因为同样体积下的土块轻，银锭较重，金锭更重。一大瓮土块，两个人用一根竹竿就可以抬走，银锭却抬不动，那么金锭就更抬不动了。他由此判断出县令根本没有得到一大瓮马蹄金。

　　由于 5W2H 法过于普遍，在创新中不宜聚焦，有人将其具体化，专门设计出产品开发和发明革新用的"5W2H"法。具体包括如下提问。

　　为什么开发此产品？为什么需要革新？

　　开发什么产品？革新的对象是什么？

　　被用在什么地方？起什么作用？从什么地方下手？

　　谁来使用？什么人来承担革新任务？

　　何时使用？什么时候完成？

　　竞争形势如何？怎样实施？生产能力怎样？

　　成本多少？市场规模多大？盈利程度如何？达到怎样的水平？

3.4　类比型创新方法

　　类比（analogy）这个词最开始是数学家表示比例关系方面的相似性，后来又扩展到作用关系方面的相似。类比的思维过程分为两个阶段。第一阶段，把两个事物进行比较；第二阶段，在比较的基础上进行推理分析，即把其中某个对象有关的知识或结论推移到另一对象中去。最典型的类比法是综摄法，而运用特别广泛的是模拟法。

　　早在古代四大文明建立时，人类就大量运用了模拟法，近代发展迅速的仿生技术也是一种高水平的模拟法。

3.4.1　典型方法——综摄法

3.4.1.1　综摄法的概念

　　综摄法（Synectics Method），又称类比思考法、类比创新法、比拟法、分合法、提喻法、举隅法、群辨法、集思法、强行结合法、科学创造法。综摄法是由美国麻省理工学院教授威廉·戈登（W. J. Gordon）于 1944 年提出的一种利用外部事物启发思考、开发创造潜力的方法。综摄法是指以外部事物或已有的发明成果为媒介，并将它们分成若干要素，对其中的要素进行讨论研究，综合利用激发出来的灵感，来发明新事物或解决问题的方法。

3.4.1.2　综摄法的创新原理

　　（1）异质同化　异质同化就是指，这件事，我们没处理过，或者说没成功过。但是，通过我们自身的知识对其分析，然后装作这件事曾经被多次处理和多次成功过的状态，自身感觉良好的，甚至感觉是轻车熟路地找解决办法。

　　（2）同质异化　所谓同质异化，就是指对某些早已熟悉的事物，根据人们的需要，从新的角度或运用新知识进行观察和研究，以摆脱陈旧固定的看法的桎梏，产生出新的创造构想，即将熟悉的事物化成陌生的事物看待。

3.4.1.3　综摄法的具体方法及运用

　　（1）直接类比法　从自然界或者已有的成果中找寻与创造对象相类似的东西。例如，设计一种水上汽艇的控制系统，人们可以将它同汽车相类比。汽车上的操纵机构和喇叭、车灯、制动机构等都可经过适当改革，运用到汽艇上去，这样比凭空想象设计一种东西容易获得成功。再如运用仿生学设计飞机、潜艇等，也都是一种直接类比的方法。

① 使用程序

第一步，根据要解决的问题，想想世界上还有什么事物与要解决的问题具有同样的功能。

第二步，那个事物的功能是如何发挥的（原理）。

第三步，将那个原理运用到要解决的问题中。

第四步，完善这个设想。

② 运用程序举例。例题：老鼠是人类的敌人，人类常用的灭鼠方法是用鼠夹。但旧式的鼠夹响声太大，老鼠们学乖了，就不再靠近鼠夹。所以需发明一种无声捕鼠器。

解答：因为无声捕猎只能发生在动物、植物界，无生命的世界还谈不上捕猎。

第一，寻找能满足这种需要的动物和植物。

想一想，什么生物能无声地捕猎？可能有青蛙、蛇、蜘蛛、壁虎、猫、蝙蝠、猪笼草、狸藻、毛毡苔……

第二，弄明白其中的原理。

这些生物无声捕猎的原理是什么？青蛙靠舌头卷、蛇靠舌头一伸一缩、蜘蛛靠网粘住猎物、壁虎靠变色善于伪装、猫靠脚上的肉垫、蝙蝠靠特殊的超声波系统在黑暗中能看东西、猪笼草靠用蜜液引诱昆虫、狸藻靠捕虫囊开口处的膜瓣、毛毡苔靠叶上分泌带有甜味和香味的黏液……

第三，模仿这个原理提出设想。

借用上述原理提出方案：设计入口处有倒刺的捕鼠器，设计老鼠只能进不能出的捕鼠器，发明分泌香味引诱老鼠、又能粘住老鼠的捕鼠器，发明利用超声波技术捕鼠的工具……

第四，完善这个设想。

（2）拟人类比法　进行创造活动时，人们常常将创造的对象加以"拟人化"。挖土机可以模拟人体手臂的动作来进行设计。它的主臂如同人的上下臂，可以左右上下弯曲，挖土斗似人的手掌，可以插入土中，将土挖起。在机械设计中，采用这种"拟人化"的设计，可以从人体某一部分的动作中得到启发，常常会使人收到意想不到的效果。现在，这种拟人类比方法也被大量应用在科学管理中。

① 使用程序

第一步，把自己比作要解决的问题（移情），或让无生命的对象变得有生命、有意识（拟人化）。

第二步，变换角度后，你就是它，它就是你，可产生新的感受和看法。

第三步，根据上述感受提出新的解决办法。

第四步，恢复到原来的状态，评价设想的可行性。

② 运用程序举例。曾有一家工厂要改进原来生产涂料的配方，使涂料能更好地粘附在白灰墙的墙面上，但试验了许多配方都不理想。一位技术人员用亲身类比法提出了解决问题的方案。

他：我是一滴涂料，刚刚被涂到白灰墙的表面。我喜欢白灰墙的表面，因为我知道，我只能在这里为自己建造一个临时住所。但是我处于恐慌之中，因为我在跌落、跌落……我试图挤到墙里面去，我就要被杀死了！我用手去抓一个像样的支撑物，但我在滑落，越来越快！我不能抓到支撑物了……

这样的亲身类比后，他又回到了现实的自我状态中，了解了涂料需要有一双有渗透力、能"插"到白灰墙里的"手"。实际是意味着涂料里应有一种原料，它能与白灰相结合或渗透到其中去。

根据上面的思路，终于试制出一种渗透性很强的新型涂料。

（3）象征类比法　　所谓象征，是一种用具体事物来表示某种抽象概念或思想感情的表现手法。在创造性活动中，人们有时也可以赋予创造对象一定的象征性，使它们具有独特的风格，这叫类比。

象征类比应用较多的是在建筑设计中。例如：设计纪念碑、纪念馆，需要赋予它们有"宏伟""典雅""庄严"的象征格调。相反，设计咖啡馆、茶楼、音乐厅就需要赋予它们有"艺术""优雅"的象征格调。历史上许多知名的建筑，就在于它们的格调迥异，具有各自的象征意义。

① 使用程序

第一步，从具体到抽象，把要解决的具体问题用抽象的概念表达。

第二步，运用具体的事物形象或者符号形象，把两者联系在一起。

第三步，通过大量举例，发现有价值的形象对象，分析其原理。

第四步，借助其原理产生直接类比，形成新的解题方案。

② 运用程序举例。如大型运动会会徽的设计，通常用努力向上跨越的跳高运动员或向前冲刺的田径运动员，勾勒出运动会的届次，再辅以横杆或跑道，突出一种奋发向上、努力拼搏、奔向未来的精神。

图标以篆字笔画为基本形式，融合甲骨文等文字的象形意趣和现代图形简化特征，彰显运动美感和丰富文化内涵（见图 3-4）。

图 3-4　象征类比图示

（4）幻想类比法　　幻想是指在现实情况下虚无缥缈、不合情理的设想，多出现在童话、神话和科幻故事中。幻想类比是指在创造的过程中，把待解决的问题用理想的、虚构的事物类比的方法。例如，要设计能自动驾驶的汽车，人们想到神话中用咒语使地毯飞起来的故事，由此启发人们运用声电变换装置实现汽车的自动驾驶。

① 使用程序

第一步，根据要解决的问题，思考有什么幻想故事或大胆的传说。

第二步，这个故事或传说中使用了什么新奇的想法。

第三步，根据上述想法受到启发，提出新的解决办法。

第四步，评价设想的可行性。

② 运用程序举例。发明家幻想当主人离开屋子时，住宅屋门会自动关闭；在周末主人

归来时，屋门又会打开。怎样实现这个幻想呢？

郁金香因阳光作用会自动地绽开和闭合；自动化的车库大门能做到自动开启；牵线木偶也能在人的控制下做各种动作。于是，发明家想：如果有一个小人国里的人帮助自己开启门窗该有多好啊。

最后，发明家从牵线木偶借鉴灵感，使用绳索和滑轮来升降百叶板。升降体系设计成质量均等的，因此通过人体重力就可以做起屋面，屋面降低时，平台升到原位。平台的开、闭运用弹簧闩固定。

3.4.2　引申方法——模拟法

模拟是一种直接类比，把原来极不相关的一些事物联系在一起，运用其中的一点进行模仿。首先，模拟不是简单的模仿，需要一种洞察力，打破原来的旧框框，以一种全新的角度去看待旧事物；其次，它带来了解决问题的思路，可以借用被模拟的事物特点去解决眼前的事物。模拟过程中的前半段是相似联想，后半段是类推，两者结合，构成了模拟法。像飞机、雷达、电子警犬、潜水艇等科技产品都是模仿生物体的形态、结构和功能分别发明的，所以又叫形态模拟法、结构模拟法和功能模拟法。

3.4.2.1　形态模拟法

（1）形态相似　形态相似是指不同事物在形态上的相似，使人产生相似联想。形态包括颜色、形状、肌理（质感）三个方面，形态相似是形态模拟的基础。

案例分享 3-14　　　　　"水立方"的设计

为迎接 2008 年北京奥运会，国家游泳中心启动了"水立方"设计方案。设计者将水的概念深化，不仅考虑到水的装饰作用，还借鉴其独特的微观结构，基于"泡沫"理论的设计灵感，他们为"方盒子"包裹了一层建筑外膜，上面布满了酷似水分子结构的几何形状。表面覆盖的 ETFE 膜又赋予了建筑水泡状的外貌，使其具有独特的视觉效果和感受，轮廓和外观更加柔和，水的神韵在建筑中得到了完美的体现（见图 3-5）。

图 3-5　水立方

（2）形态模拟　形态模拟法是通过对事物外在形态的模拟，在造型设计中启发灵感和开拓思路的方法。形态模拟仅仅是对事物的外在形态进行模仿，而不考虑其内部成分和构成方式，因而形态模拟具有形象化和直观性的特点。形态模拟的基础是模拟的事物与被模拟的事物在形态上的相似。

自然界中的"形"概括起来可以分为几何形和有机形。几何形具有一定的数理规则，容易分类、整理与确定，像正方形、三角形、长方形、圆形、椭圆形、球体、锥体等，这些图形都可以用固定的数学公式反映出来，而且可以通过作图表现出来，是一种非常理性的形。自然界中大量存在的还是有机形，有机形则不具有数理规则性，图形不易界定，如自然界中河流的曲线、花瓣的形状、山脉的轮廓线、种子的形状等。在以往的建筑、机械、家具、工业造型等设计中，几何形用得较多，随着人们对复杂形态的认识深入和计算机辅助绘图的出现，有机形在设计中的应用越来越广泛。

3.4.2.2　结构模拟法

事物的结构是丰富多彩、千变万化的，但是各种事物间的结构又有着奇妙的相似性和规律性，看似完全不同的事物之间，有时却有着相似或相近的结构和排列方式。例如天体的旋转和水中的波纹、太阳的圆形和葵花的形态、大气的涌动和流动的集市。

（1）结构相似　结构相似是指不同事物的组成部分搭配和排列上的相像。如蚂蚁王国的社会结构与人类社会结构构成方面的相似，都是金字塔式的，都有分工。又如，豌豆和花生的荚果在结构上相似，都是由两瓣壳和夹在中间的种子组成；伞和蘑菇在结构上也具有相似性，都由一根柱（杆）支撑一个圆锥形的壳。

（2）结构模拟　结构模拟是发现相距甚远的事物之间的问题结构，然后通过联想和类比进行结构移植、结构仿生，以达到开辟新的解题思路的方法。例如电话机与人耳的结构相似。模仿人眼的构造设计的照相机，在主要结构上与人眼相似。形态模拟是对事物外部特征的模仿，结构模拟则深入到事物的内部结构。一般来讲，结构模拟的结果会产生相似的功能，也有的结构模拟自然伴随着形态上的相似。

案例分享 3-15　　　　　　　蝴蝶的启示

蝴蝶不仅给人们带来美的享受，它还给科学家以有用的启示，解决了航天领域上的一大难题。这件事说来十分有趣。卫星在太空飞行时会受到太阳光的强烈辐射，向阳的一面温度往往高达 200℃，而背阴的一面温度却下降到−200℃。这样，卫星上安装的各种精密仪器、仪表就很容易被"烤"裂或"冻"裂，科学家为此大伤脑筋。后来，他们发现了蝴蝶的鳞片有巧妙调节体温的作用。当太阳光直射时，鳞片会自动张开，以减少太阳光的辐射温度，从而可少吸收太阳光的热能；当外界气温下降时，鳞片又会自动闭合，紧贴体表，让太阳光直射身上，以便吸收到更多的热量。因此蝴蝶能使自己的体温始终保持在一个正常的范围内。

科学家们将卫星的控温系统制成了叶片正反两面辐射、散热能力相差很大的百叶窗样式。在每扇窗的转动位置安装有对温度敏感的金属丝，随温度变化可调节窗的开合，从而保持了人造卫星内部温度的恒定，解决了航天事业中的一大难题。

3.4.2.3 功能模拟法

功能模拟法是以模型之间的功能相似为基础，通过从动能到功能的方式，模拟原型功能。它不受原型外观形态的制约，不受原型材质的制约，不受原型内部结构的制约，只对功能进行模拟。所谓功能，就是指事物的功效和作用，如电脑。

3.5 列举型创新方法

列举法运用了分解和分析的方法，作为一种最基本的创造技法，应用广泛，常用于简单设想的形成与发明目标的确定。列举法的要点是将研究对象的特点、缺点、希望点罗列出来，提出改进措施，形成独创性的设想。按照所列举对象的不同，列举法可以分为属性列举法、缺点列举法、希望点列举法、成对列举法和综合列举法。

列举法具有如下一些特点。

① 列举法采用了系统分析的方法，重视需求的分析，使创造过程程序化、系统化。

② 列举法运用了分解和分析的方法，在详尽分析的基础上进行列举。

③ 列举法简单实用，是一种较为直接的创造技法，特别适用于新产品开发、旧产品改造的创造性发问过程。

④ 列举法不仅是创造性发问的主要技法，而且为创造性解决问题提供了方向和思路。

3.5.1 典型方法——属性列举法

3.5.1.1 属性列举法原理

1931年，克劳福特教授提出了"属性列举法"，并首次在大学开设创造性思维课程。克劳福特认为每一个事物都是从另一个事物产生。一般创造物都是从已有的事物中加以改造得到的。所谓属性是指事物所具有的固有的特性，例如人类有性别、年龄、体重等属性。一般而言，一个事物具有许多属性，事物的每一个属性都可以被分开加以增进或改变。

属性列举法的要点为：首先针对某一事物列举出其重要部分或零件及属性等，然后就所列各项逐一思索是否有改进的必要性或可能性，促使创新产生。

3.5.1.2 使用流程

第一步，确定一个目标明确的研究对象。

第二步，了解事物现状，熟悉其基本结构、工作原理及使用场合，应用分析、分解及分类的方法对研究对象进行一些必要的结构分解。

① 名词属性（采用名词来表达的特征）。主要指事物的材料、结构、整体等。

② 形容词属性（采用形容词来表达的特征）。如视觉（色泽、大小、形状）。

③ 动词属性（采用动词来表达的特征）。主要指事物的功能方面的特性。

④ 量词属性（采用数量词来表达的特征）。数量、使用寿命、保质期等。

第三步，从需要出发，对列出的属性进行分析、抽象、与其他物品对比，通过提问方式来诱发创新思想，采用替代的方法对原属性进行改造。

第四步，应用综合的方法将原属性与新属性进行综合，寻求功能与属性的替代与更新完善，提出新设想。

3.5.1.3　运用流程举例

电风扇的创新设计：

（1）组成、性能、工作原理及外观特点等。

（2）特性列举

① 名词属性。

整体：落地式电风扇；

部件：电机、扇叶、底座、网罩、立柱、控制器；

材料：钢、铝合金、铸铁；

制造方法：铸造、机械加工、手工装配。

② 形容词属性。

外观：圆形网罩、圆形截面立柱、圆形底座；

颜色：米黄、浅蓝、象牙白。

③ 动词属性。

功能：扇风、调速、摇头、升降。

（3）提出改进，新设想

① 针对名词属性进行思考。

·扇叶能否再增加一个？即换用两头有轴的电动机，前后轴上装相同的两个扇叶，组成"双叶电风扇"，再使电动机座能旋转 $180°$，从而使送风面达 $360°$。

·扇叶的材料是否改变？比如用檀香木制成扇叶，再在特配的中药浸剂中加压浸泡，制成含保健元素的"保健风扇"。

·能不能加上微电脑，使电风扇智能化？改成遥控式可不可以？若能这样，"遥控风扇""智能风扇"便脱颖而出。

② 针对形容词属性进行思考。

·网罩的外形是否多样化？克服清一色的圆形有无可能？椭圆形、菱形、方形、动物造型？

·电风扇的外表涂色能否多样化？将单色变彩色，让其有个性化特点，可能更吸引消费者。如果能采用变色材料，开发一种"迷幻式电风扇"，也能给人以新的感受。

③ 针对动词属性进行思考。

·使电风扇具有驱赶蚊子的功能。

·冷热两用扇，夏扇凉风，冬出热风。

·消毒电风扇，能定时喷洒空气净化剂，消除空气中的有害病毒，尤其适合大众流通场合及医院。

3.5.2　引申方法——缺点列举法等

3.5.2.1　缺点列举法原理

缺点列举法就是通过发现、发掘现有事物的缺陷，把它的具体缺点一一列举出来，然后针对发现的缺点，有的放矢地设想改革方案，从而确定创新目标，获得创新发明成果的一种创新方法。

案例分享 3-16　　　　　　　　　　**球拍的改进**

日本美津浓公司原来是生产体育用品的一家小厂，为了产品畅销世界各国，厂里的开发人员到市场上去调查。在调查中发现，初学网球者在打球时不是打不到球，就是打"触框球"。美津浓公司就专门做了一些球拍面积比标准大 30％的初学者球拍。后来他们又了解到初学者打网球时，手腕容易发生一种皮炎，这种病被人们称为"网球腕"。他们最初采用发泡聚氨酯为材料，但是经过试验，发现打起球来软塌塌的，很容易疲劳。于是又重新做了试验，终于制成了著名的"减震球拍"。

（1）改良型缺点列举法　改良型缺点列举法，是针对已有一定完善程度的事物的某些特征缺陷或不足之处进行列举，在保持其原有基本状态的前提下，着手进行改进和完善，使其达到满意的创作目标的创新方法。

案例分享 3-17　　　　　　　　　　**狮王牌牙刷**

日本狮王公司的职员加藤信三，每天早起，他都感觉睡眠不足，头晕目眩，一刷牙，牙龈就出血，这在以前也曾有过好几次。

他想了许多种解决牙龈出血的方法：牙刷改为较柔软的毛；使用前，先把牙刷泡在温水里，让它变得柔软一些；多用一些牙膏；慢慢刷牙。这些方法仍不管用。

后来，加藤信三又想：牙刷毛的顶端是不是像针一样尖呢？他用放大镜观察一番，发现与他的估计居然相反，毛的顶端是四角形的。

于是，加藤信三进一步开动脑筋：如果把毛的顶端磨成圆形，那么用起来一定不会再出血了吧。加藤信三把不满意变成一项相当有价值的创意，试验结果相当理想。于是，他就把新创意向公司提出来，公司欣然采用。改善后的狮王牌牙刷销路极佳。

（2）再创型缺点列举法　再创型缺点列举法是指从工作和生活需要角度出发，发现现有事物具有较大的缺陷，不方便、不安全，从而彻底改变事物原有的结构或重新构想，创造一种与原有事物有本质不同的事物的创新方法。

案例分享 3-18　　　　　　　　　　**电炉的发明**

人们家庭生活中普遍使用的电炉，是美国记者休斯发明的。一天，休斯应邀到朋友家吃饭。当他吃菜时，感到菜里有一股很浓的煤油味，想吐，但碍于情面和礼貌，只好把口中的菜咽下去。休斯边吃边想：做饭是家庭主妇最基本的一项工作，如能发明出一种用电的炉子，岂不既省事又能避免使用煤油炉时不小心把煤油滴入菜中的缺点吗？休斯回家后，立即从事电炉的研究工作。经过坚持不懈的努力，终于在 1904 年获得了成功，创造出一种新型的家用电器——电炉。后来，休斯又研制出了电壶、电锅等家用电器，成了一名"家用电器大王"。

3.5.2.2　希望点列举法

希望点列举法就是发明者根据人们提出来的种种希望，经过归纳，沿着所提出的希望达到的目的，进行创造发明的方法。

希望点列举法提出的希望有些是从缺点直接转化而来的，对事物某方面的不满，转变为对此改进的希望。但与缺点列举法相比，它能从积极、正面的因素出发考虑问题，不受现有事物的约束，可以把旧事物整个看成缺点，易产生大的突破，能够在更大程度上开阔思考问题的空间。

（1）功能型希望列举法　功能型希望列举法是在不改变原事物基本作用原理的前提下，针对事物不具备而又有所希望的方面，将希望点一一罗列，进行变换和创新的一种创新方法。

在日常生活中，人们希望夜间上下楼梯时，灯能自动亮、自动灭，于是发明了声光控开关；人们希望打电话时能看到对方的形象，于是发明了可视电话；人们希望洗手后不用毛巾擦也能干手，于是发明了电热干手机，等等。

案例分享 3-19　　　　　　派克笔的发明

美国有个叫派克的人，最初只开了个自来水笔的小铺子，后来，他却以生产"派克笔"而闻名于世。

有一天他忽然想：为什么不把作为一个整体的自来水笔分成若干零散的部分来考虑呢？于是，他将自来水笔分成笔尖、笔帽、笔杆等部分，再对各个部分逐一加以思考。这样一来，许多以往想不到的好想法如泉水般从脑海里涌了出来。

例如，设想制成可画粗线和细线的不同笔尖；设想用 14K 金、18K 金、白金等不同材料做成的不同笔尖；设想制作螺纹式笔帽、插入式笔帽；设想制作流线型笔杆、彩色笔杆等。

派克首先选用流线型笔杆和插入式笔帽这两个设想加以深入研究，终于制成了誉满全球的派克钢笔，并由此获得了大量财富。之后派克钢笔又经过许多改进，可以称得上是笔中之王。

（2）原理型希望列举法　原理型希望列举法是针对现有事物的某些不足列举出希望点，并根据希望或理想，打破原事物概念的束缚，从全新的角度进行再创造的一种创新方法。

案例分享 3-20　　瞬时显像照相机——"拍立得"的发明

　　美国拍立得公司经理埃德蒙·兰德有一次给他的爱女拍照，小姑娘不耐烦地问："爸爸，我们什么时候才能看到照片？"这句话触动了兰德，引起了他的深思：是啊，为什么照一次相需要几个小时甚至几天才能看到照片呢？如果照相机也像电视机等产品一样，通上电，一按开关就能看到结果，那将会进一步扩大市场。

　　兰德决心生产一种几分钟之内就能看到照片的新型相机。目标确立后，兰德夜以继日地工作，不到半年时间，就研制出了瞬时显像照相机，取名为"拍立得"相机。它能在 60 秒内洗出照片，所以又称"60 秒相机"。该相机投入市场后，受到了人们的热烈欢迎。拍立得公司的销售额从 1984 年的 150 万美元猛涨到 1995 年的 6500 万美元，10年中增长 40 多倍。

3.5.2.3　成对列举法

　　研究目标的确定是创造活动的起点，当人们想要创造发明，却又找不到题目时，可以利用成对列举法得到启发，从而找到好题目。

　　成对列举法是通过列举两种不同事物的属性，并在这些属性间进行组合，通过相互启发而发现发明目标的方法。

　　（1）成对列举法与属性列举法的比较　属性列举法先是列出研究对象自身的特征，然后分析这些特征，再找出新特征，引出新产品的设想，其过程与其他事物无关。

　　成对列举法是同时列出两个事物的属性，并在列举的基础上进行事物属性间的各种组合，从而获得发明设想的方法。

　　（2）使用流程

　　① 确定两个事物为研究对象。

　　② 分别列出两个事物的属性。

　　③ 将两事物的属性一一进行强制组合，如图 3-6 所示。

　　④ 分析、筛选可行的组合，形成新的设想。

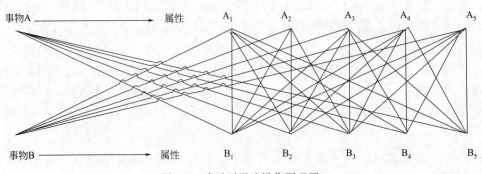

图 3-6　成对列举法操作原理图

　　（3）运用流程举例　利用成对列举法设计一种新型的灯。

　　① 确定灯为 A 事物，为了设计新颖，选择猫为 B 事物。

② 分别列出灯和猫的属性：

灯　灯泡　灯罩　灯座　开关

猫　猫头　尾巴　耳朵　爪子

③ 将灯和猫的属性强制组合，如表 3-3 所示。

④ 提出新型灯的设想。

将表 3-3 的各种设想进行分析、综合，提出新型灯的方案如下。

- 灯泡。多个小灯管，上下串行排列。
- 灯罩。长筒形猫头图案灯罩，可以收缩调整筒的直径，上面有两个耳形透光孔。
- 灯座。爪子形状的灯座，可以随意弯曲，调节长短。
- 开关。触摸式开关。

表 3-3　灯和猫的属性强制组合表

猫头形状的灯泡	猫头图案的灯罩	猫头形状的灯座	猫头形状的开关
可以随意变换角度的细灯管	长筒形灯罩	可以随意弯曲、调节长短的灯座	尾巴形状的开关
双灯泡	灯罩上面有两个耳形透光孔	耳朵形状的灯座	声控开关
多个小灯管	可以收缩调整的灯罩	爪子形状的灯座	触摸式开关

3.5.2.4　综合列举法

属性列举法、缺点列举法和希望点列举法都只偏重于某一方面来开展创造性思维，因此在一定程度上也给创造带来了一定的束缚。

从根本上讲，创造应该是没有任何限制的，因此，我们在开展发散型创造思维的时候，可以综合运用上述方法，这就是综合列举法。

综合列举法是针对所确定的研究对象，从属性、缺点、希望点或其他任意创造思路出发，列举出尽可能多的思路方向，对每一个思路方向开展充分的发散思维，最后进行筛选，寻找最佳的创新思路的创造技法。使用流程如下。

① 确定研究对象。

② 对研究对象应用属性列举法进行分析和分解，列举各项属性。

③ 运用缺点列举法和希望点列举法的方法对逐项属性进行分析。

④ 综合缺点与希望点对事物原特征进行替换，综合事物的新老特征，提出创造性设想。

案例分享 3-21　　　新型智能手环

新型智能手环是综合列举法的经典案例，其综合了属性列举、缺点列举和希望点列举，从 2013 年问世至今，当前智能手环设计的主要功能定义、应用场景等都发生了很大的变化。如下表所示。

新型智能手环的综合列举

创意设计物品	新型智能手环			
	结构特性	材质特性	外观特性	功能特性
属性列举	液晶显示屏、表环、集成电路电池板	塑料材质、金属硅芯片、锂电池、玻璃	环状、圆滑的、不耐磨	导航、运动的脉搏和血压等记录、卡路里记录、听音乐、上网、分享动态等
缺点列举	液晶显示屏小、电池不耐用、内存过小、CPU易发热	玻璃易碎、塑料不耐磨、金属加重重量	外观不够时尚、样式单调、不方便	人体测量不准确、定位不准确、音乐质量差、上网速度慢
希望点列举	增大液晶显示屏、增大电池容量、处理好散热问题、增大内存	多使用合成材料使其变轻、增加耐磨和防滑材料的使用	造型多样、涉及多种外观和大小、便于操作使用	测量更为准确、改善硬件、给广大用户带来更好的上网和音乐体验
综合列举方案	运动类智能手环　　医疗类智能手环　　监护类智能手环			

目前，按照产品的应用产品划分，智能手环可以大致划分为运动类、医疗类、监护类三大类别。

运动类智能手环设计注重产品的户外运动功能，包括心率、步数、卡路里、距离、海拔、气压等众多功能在内，其定位为一种时尚的运动伴侣式的电子穿戴设备。

医疗类智能手环设计更为注重的是健康体征数据的收集，并通过云端运算，给使用者提供一些有利于自身健康的建议和提醒。这一类型的功能包括心率、血压、血氧、HRV 监测、吃药提醒等。

监护类智能手环设计的目标人群，通常是老人和儿童。其中老人智能手环比较注重防走失（定位技术）、一键紧急呼叫 SOS、吃药提醒等；儿童智能手环比较注重的是儿童用户之间的交互功能（如小天才儿童手表的交朋友功能），以及便于父母或其他监护人掌握儿童行踪的定位、电话、监听等功能。

3.6　组分型创新方法

案例分享 3-22　　　　　**曲别针的用途**

1983 年 7 月，中国创造学会第一届学术讨论会在南宁召开。会上除了国内诸多学者、名流参加外，还请了日本专家村上幸雄与会。村上先生给大家做了精彩演讲。演讲中，他突然拿出一枚曲别针说："请大家想一想，尽量放开思路，曲别针有多少种用途？"与会代表七嘴八舌讨论开了："曲别针可以用来别东西——别相片、别稿纸、别床单、别衣服。"有人想得要奇特一点："可将曲别针磨尖，去钓鱼。"归纳起来，大家说了 20 多种用途。在大家议论的时候，有代表问村上："先生，那你能讲出多少种？"村上故作神秘地一笑，然后伸出三个指头。代表问："30种?"村上自豪地说："不! 300种!"人们一下子愣住了。村上先生拿出早已准备好的幻灯片，展示了曲别针的诸多用途。

与会代表许国泰看着村上先生颇为自负的神态，心中泛起了涟漪：在硬件方面，也许我们暂时还赶不上你们，但是，在软件上——在思维能力上，咱们倒可以一试高低! 与会期间，他对村上先生说："对曲别针的用途，我能说出3000种、30000种!"人们惊诧了："这不是吹牛吗?"许国泰登上讲台，在黑板上画出了图，然后他指着图说："村上先生讲的用途可用'钩''挂''别''联'4个字概括，要突破这种格局，就要借助一种新的思维工具——信息标与信息反应场。"他首先把曲别针的若干信息加以排序，如材质、质量、体积、长度、颜色、弹性、截面、韧性、硬度、直边、弧等，这些信息组成了信息标X轴。然后，他又把与曲别针相关的人类实践加以排序，如数学、物理、化学、文字、音乐、美术等，并将它们也连成信息表Y轴。两轴相交并垂直延伸，就组成了"信息反应场"。现在只要将两轴各点上的要素依次"相交合"，就会产生出人们意想不到的无数的新信息。比如，将Y轴的数学点，与X轴上的材质点相交，曲别针可弯成"1、2、3、4、5、6……＋、－、×、÷"等数字和符号，用来进行四则运算。同理，Y轴上的文字点与X轴上的材质、直边、弧等点相交，曲别针可做成英、俄、法等各国字母。再比如，Y轴上的物理与X轴上的长度相交，曲别针就可以变成开关、导线、铁绳等。

除了形态分析法这一典型方法，组分型创新方法还有许多引申方法，如信息交合法、同类组合法、异类组合法、主体附加组合法等。

3.6.1 信息交合法

（1）信息交合法概述 信息交合法就是一种在信息交合中进行创新的思维技巧，即把物体的总体信息分解成两种或两种以上的要素，然后再将这些要素进一步分解成信息因子，把每一种要素及其信息因子以信息标的形式呈现，若干条信息标相交，构成"信息反应场"，每个轴上各点的信息因子可以依次与另一轴上的信息因子交合（或者与其他物体分解出的信息标交合），从而产生新信息的方法。

（2）信息交合法实施步骤 信息交合法的实施，一般分为四步。

① 首先，确定一个中心，即确定原点。比如以杯子为中心。

② 列出标线（信息标），即根据需要将中心对象分解成两个或两个以上的信息因素。如将杯子分成功能、材料、形态结构三条信息标，如图3-7所示。

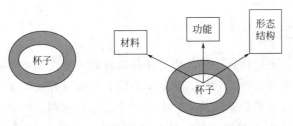

图3-7 以杯子为中心的三条信息标

③ 在信息标上注明信息因子，尽可能将每一条信息标上的信息因子罗列清楚。因为信息标是一个有方向的矢量，可以将信息因子按照一定的顺序（重要性、等级、时空等）有序地排列在信息标上。

可以继续将信息标上的信息点细化，产生更多的信息，以便产生更多的信息交合。如将形态结构这条信息标上的信息进行细化，如图 3-8 所示。

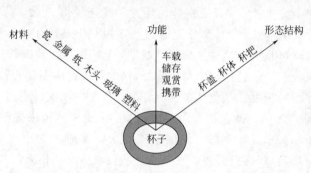

图 3-8   杯子的信息因子

④ 若干信息标及信息标上的信息点形成信息反应场，信息在信息反应场中交合，引出新信息。

比如，将杯把和储存两个信息交合在一起，可以产生开发一种杯把中放置茶包、汤匙等物件的杯子的想法，把纸和观赏交合在一起，可以联想到能否在杯子上加一些有用的信息，比如地图或数学公式，又或者直接将杯子和便笺结合在一起，做一个有记录功能的杯子。可以两个信息交合，也可多个信息交合，比如将携带、玻璃、杯体交合在一起，可以联想到能否开发一种具有玻璃内壁、塑料外壁的既透明、便携又安全、环保的杯子。信息之间可以随意交合，通过交合可以产生大量的信息。交合的结果有时是因人而异的，同一组信息交合产生的结果可以是多样的，其关键就在于通过信息交合使思路连续畅通，不致枯竭。

通过以上四步，人们可以将某些看来似乎是孤立、零散的信息，通过相似、接近、因果、对比等联想手段整合在一起。信息的引入和变换会引出系统的信息组合。只有这种新的组合，才能打破旧习惯，改变旧结构，创造新结构。这是不同信息之间相互制约、相互渗透、互为因果的反应过程，也是对人的潜意识能力的开发。

与二维的形态分析法相比，多维的信息交合法对非逻辑思维要求更高，是逻辑思维与非逻辑思维共同作用的一种创新方法。列出标线及标注每条标线上的信息因子运用的是逻辑思维，而在信息反应场中运用信息交合产生新事物则需借助一定的非逻辑思维，尤其是要借助想象、联想等方式产生新信息。

3.6.2　同类组合法

（1）同类组合法的创造原理　同类组合是指两种或两种以上相同或相近事物的组合，其特点是参与组合的对象与组合前相比，其基本性质和结构没有发生变化，只是通过数量的变化来弥补功能上的不足或得到新的功能。由于组合的形式不同、角度不同、方法不同、目的不同，产生的结果也就不尽相同。最简单的同类组合，如装在一只精巧礼品盒中的两支钢笔、两块手表，还有带锯的刀、多头多色圆珠笔、鸳鸯宝剑、双插座等。

（2）同类组合法的运用步骤

① 思考同类组合的效果。任何事物都可以自组，但自组后的效果很不一样。在运用同类组合时，主要追求的是量变引起的质变。

② 解决同类组合的结构问题。同类组合过程中，参加组合的对象与组合前相比，其工作原理和基本结构没有什么变化，并在组合中具有结构上的对称性。因此，同类组合在连接上是比较容易的。但是对某些创造性较强的同物自组（如组合型的 USB 接口，如图 3-9 所示），可能在结构设计时还会碰到技术难题。这时，同类组合能否成功取决于创造者解决技术问题的能力。

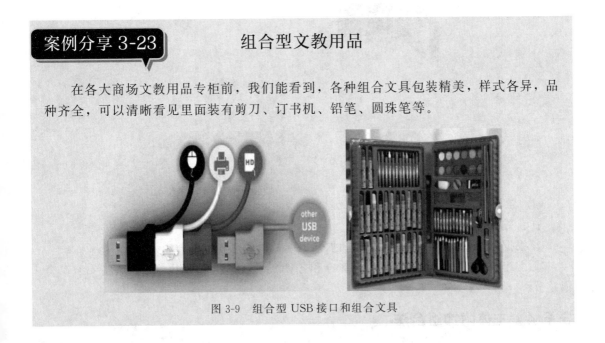

案例分享 3-23　　组合型文教用品

在各大商场文教用品专柜前，我们能看到，各种组合文具包装精美，样式各异，品种齐全，可以清晰看见里面装有剪刀、订书机、铅笔、圆珠笔等。

图 3-9　组合型 USB 接口和组合文具

3.6.3　异类组合法

（1）异类组合法概述　异类组合法又称异物组合法，是指将两种或两种以上的不同种类的事物组合，产生新事物的技法。这种技法是将研究对象的各个方面、各个部分和各种要素联系起来加以考虑，从而在整体上把握事物的本质和规律，体现了综合就是创造的原理。

异类组合法具有如下特点：第一，组合对象（设想和物品）来自不同的方面，一般无明显的主次关系；第二，组合过程中，参与组合的对象从意义、原理、构造、成分、功能等方面可以互补和相互渗透，产生 $1+1>2$ 的价值，整体变化显著；第三，异类组合是异类求同，所以创造性较强。使用异类组合法的例子很多，例如多功能工具机床，一个机床集合了车、镗、刨、铣、磨、钻等切削功能，功能多样集中，节省设备投资，特别适合于小型工厂或个人用户的需要。又如机电一体化技术，就是融机械、微电子、控制等技术为一体。它能集合动力机、计算机、驱动机构、执行机构、控制系统等，可完成驱动、运算、控制、检测等一系列功能。

案例分享3-24　　　　　电视凳

　　有一款很有趣的概念设计——电视凳，就是异类组合的产物。这里的电视凳可不是看电视时坐的凳子，它其实是一款内置有电视的凳子。它在凳子的底面设计有一个电视，平时可以像普通凳子一样使用，要看电视的时候将凳子翻过来即可，如图 3-10 所示。

图 3-10　电视凳

　　（2）异类组合法的运用步骤

　　① 首先要确定一个基础组合元素。

　　② 根据发明创造的目的进行联想和扩散思维，以确定其他组合元素。

　　③ 把组合元素的各个方面、各个部分和各种要素联系起来加以考虑，这些要素没有主次之分。

3.6.4　主体附加组合法

　　（1）主体附加组合法及其特点　主体附加组合法指在原有的物品基础上补充新的内容或在原有的物品上增添新的功能附件，从而使新的物品性能更好、功能更强的组合技法。它以一种"锦上添花"的方式，在原本已为人们所熟悉的事物上利用现有的其他产品或添加若干新的功能来改进原有产品，使产品更具生命力。如有人对普通手杖进行主体附加改装，使其具有拄杖助行、照明、按摩、磁疗、报警、健身、防卫等多项功能。

　　主体附加组合法的特点为：一是不改变主体的任何结构，只是在主体上连接某种附加要素。如在奶瓶上附加温度计，在铅笔上附加橡皮头等。二是要对主体的内部结构做适当的改变，以使主体与附加物能协调运作，实现整体功能。如为了减少照相机的体积，有人将闪光灯移至照相机腔体内。这种组合不是将闪光灯与照相机主体简单地联系在一起，而是将两种功能赋予一种新的结构形式——内藏闪光灯的照相机。目前，市面中运用组分型方法而发明的产品正被广泛应用，如图 3-11 所示。

　　（2）主体附加组合法的运用步骤

　　① 有目的、有选择地确定要附加的主体。

　　② 分析主体存在的缺点或对主体提出新的希望和功能要求。

　　③ 根据实际需要确定附加物及组合的方案。

图 3-11　组分型创新方法案例

3.7　TRIZ 理论及应用案例

俗话说"萝卜青菜，各有所爱"。在一定面积的土地上应该种植萝卜，还是种植青菜？一般的解决办法就是折中——萝卜、青菜各种一半。事实上，这样的处理方法往往不能很好地满足我们对萝卜或青菜的种植需求。那么有没有一种办法可以帮助我们得到更优的解决方案呢？

我们知道萝卜有价值的是地下的根茎，而青菜有价值的是地上的菜叶。如果我们可以将有用的部分结合起来，将无用的部分去除，也就是说种植一种兼具萝卜根和青菜叶的蔬菜，那么种萝卜和种青菜这两个需求均可达到最大化。图 3-12 是武汉生物工程学院生命科学与技术学院郭书奎老师在 2015 年时培育出的"冬宝儿"，这种蔬菜土地上长的是白菜叶，根部却长着萝卜。其实，"将有用的部分结合，将无用的部分去除"就应用了 TRIZ 理论中的发明原理。

下面，我们来一起了解 TRIZ（发明问题解决理论）吧。

图 3-12　郭书奎老师和他的"冬宝儿"

3.7.1　TRIZ 理论概述

TRIZ 理论是由根里奇·阿奇舒勒（G. S. Altshuller，1926—1998）在 1946 年创立的。阿奇舒勒是苏联一位天才发明家、创造创新学家、科幻小说家，被尊称为 TRIZ 之父。他 14 岁时发明了从过氧化氢水溶液中提取氧的技术并用于海军潜艇的逃生装置，15 岁时申请到了第一项专利。1946 年从军事专科学院毕业后，由于其出色的发明才能，年仅 20 岁的阿奇舒勒被苏联海军专利局录用成为一名专利审查员，这为他之后开始长达半个世纪的 TRIZ 研究创造了极好的条件。

在梳理世界各国著名的发明专利过程中，阿奇舒勒发现任何领域的产品改进、技术变革与创新和生物系统一样都会经历产生、生长、成熟、衰老到灭亡的过程，是有规律可循的，是遵循一定的客观规律的。人们如果掌握了这些规律，就可以能动地进行产品设计并预测产品的未来趋势。在创立 TRIZ 理论时，阿奇舒勒明确指出：一旦我们对大量的好的专利进行分析，提炼出问题的解决模式，我们就能够学习这些模式，从而创造性地解决问题。基于这一思想，在他的带领下，苏联的大学、研究机构、企业组成 TRIZ 的研究团体，对世界近 250 万份高水平的发明专利进行收集、研究、整理、归纳、提炼，总结出各种技术发展进化遵循的规律模式以及解决各种技术矛盾和物理矛盾的创新原理和法则，建立了一整套体系化的、实用的解决发明问题的理论方法体系，这即为 TRIZ 的来源，如图 3-13 所示。

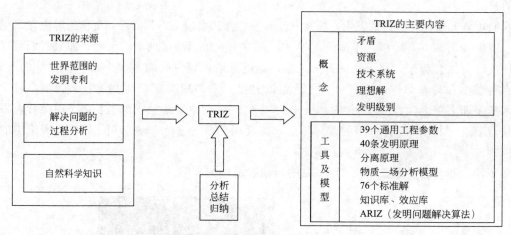

图 3-13   TRIZ 的来源与内容

TRIZ 是俄文单词（теории решения изобрет-ательских задач，俄语缩写 "ТРИЗ"）按照 ISO/R9♯1968E 规定，转换成拉丁文（Teoriya Resheniya Izobretatelskikh Zadatch）的首字母缩写，其英文同义词为 "Theory of Inventive Problem Solving"，所以在欧美国家也缩写为 "TIPS"。因此，TRIZ 是一个特殊的缩写语，既不是俄文，也不是英文，其实际含义就是 "发明问题解决理论"，是一种依据技术进化理论，指导人们进行发明创新、解决工程问题的系统化的方法学体系。TRIZ 表面强调解决实际问题，特别是发明问题；隐含意思是由解决发明问题而最终实现技术或管理创新，因为解决问题就是要实现发明的实用化，这也符合对创新的基本定义。

国际著名 TRIZ 专家 Savransky 对 TRIZ 给出了如下的定义：TRIZ 是基于知识的、面向人的解决发明问题的系统化方法学，这也是目前专业领域内给出的最系统、最简洁的定义，得到了众多专家学者的肯定。该定义包含如下几点含义。

（1）基于知识　包括解决发明问题启发式的知识，这些知识是对全世界范围 250 万件专利的抽象，在抽象过程中采用了为数不多的基于产品进化理论的客观启发式方法；自然科学及工程技术中的效应知识；出现技术问题领域的知识，包括技术本身、与该技术相似或相反的技术或环境、过程、发展和进化等。

（2）面向人而不是面向机器 TRIZ 理论本身是基于将某系统分解为子系统、区分有利和有害功能的实践，这些分解取决于人对问题和环境的认识，其本身具有随机性。而如计算机等机器虽为处理这些随机问题的设计者们提供了一定的工具和方法，但仅起到支持的作用，不能完全代替人的作用，因而人的中心地位得到完全肯定。

（3）系统化的方法 在 TRIZ 中，问题的分析采用了通用详细的模型，该模型中问题的系统化知识非常重要，解决问题的过程系统化和结构化，可以方便应用已有的知识，所以说运用 TRIZ 解决问题的过程就是一个系统化的、方便应用已有知识的过程。

（4）TRIZ 是发明问题解决理论 TRIZ 研究了人类进行发明创造、解决难题过程中所遵循的科学原理和法则，并将这些原理和法则用于解决实际设计工作中遇到的新问题，提供了解决工程技术问题的结构化步骤。

由于 TRIZ 的来源是对高水平发明专利的分析，因此被认为更适合于解决技术领域里的发明问题。但是现在，TRIZ 已逐渐由原来擅长的工程技术领域向自然科学、社会科学、管理科学、生物科学等多个领域渗透，尝试解决这些领域所遇到的各种问题。据统计，应用 TRIZ 理论与方法，可以使新产品开发过程缩短 50% 的新产品上市时间，提升 60%～70% 的新产品开发效率，增加 80%～100% 的专利数量并提高专利的质量。

3.7.2 TRIZ 理论的体系结构

通俗地讲，创新就是创造性地发现问题和创造性地解决问题的过程，TRIZ 理论的强大作用正好在于为人们的创新提供了系统的理论和方法工具。经过发展，TRIZ 理论已经成为一套解决新产品开发实际问题的成熟的经典理论体系。TRIZ 的理论体系如图 3-14 所示，该理论体系以辩证法、系统论和认识论为哲学指导，以自然科学、系统科学及思维科学的分析与研究成果为支柱；以技术系统进化法则为核心思想；以技术系统或技术过程、解决矛盾的资源、进化中的矛盾、进化的理想化方向为四大基本概念，同时包括了解决工程矛盾和复杂发明问题所需的各种分析方法、解决工具和算法流程。

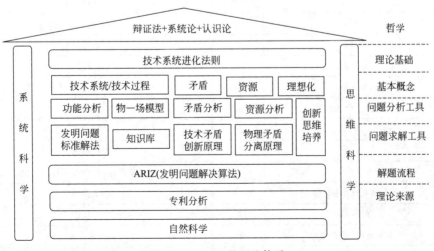

图 3-14 TRIZ 的理论体系

3.7.2.1　技术系统八大进化法则

阿奇舒勒的技术系统进化论与达尔文生物进化论和斯宾塞的社会达尔文主义齐肩，被称为三大进化论。TRIZ 的技术系统八大进化法则分别是：技术系统的 S 曲线进化法则、提高理想度法则、子系统的不均衡进化法则、动态性和可控性进化法则、增加集成度再进行简化法则、子系统协调性进化法则；向微观级和场的应用进化法则、减少人工进入的进化法则。利用八大进化法则可以分析确认当前产品的技术状态，预测未来发展趋势，开发具有竞争力的新产品。

3.7.2.2　最终理想解（IFR）

TRIZ 理论在解决问题之初，首先抛开各种客观限制条件，通过理想化来定义问题的最终理想解（Ideal Final Result，IFR），以明确理想解所在的方向和位置，保证在问题解决过程中沿着此目标前进并获得最终理想解，从而避免了传统创新设计方法中缺乏目标的弊端，提升了创新设计的效率。如果将创造性解决问题的方法比作通向胜利的桥梁，那么最终理想解就是这座桥梁的桥墩。IFR 具有以下特点：保持了原系统的优点；消除了原系统的不足；没有使系统变得更复杂；没有引入新的缺陷等。

3.7.2.3　40 个发明原理

阿奇舒勒对大量的专利做了研究、分析和总结，提炼出了 TRIZ 中最重要、具有普遍用途的 40 个发明原理。40 个发明原理是用于解决冲突问题的行之有效的方法，开启了一扇解决发明问题的天窗，将发明从魔术推向科学，让那些似乎只有天才才能从事的发明工作，成为一种人人都可以从事的职业，使原来认为不可能解决的问题可以获得突破性的解决。现在这些发明原理已经从传统的工程领域扩展到了微电子、医学、管理、文化教育等各领域，随着发明原理的广泛应用，产生了大量的发明专利，强有力地推动着人类文明的进展。表 3-4 给出了 40 个发明原理的序号、内容及使用率排序。表 3-5 给出了 40 个发明原理所阐明的同一规则。

表 3-4　40 个发明原理及其使用率排序

序号	发明原理	使用率%	序号	发明原理	使用率%
1	分割	3	14	曲面化(曲率增加)	21
2	抽取	5	15	动态特性	6
3	局部质量	12	16	不足或超额行动	16
4	非对称	24	17	空间维数变化(一维变多维)	19
5	组合(合并)	33	18	机械振动	8
6	多用性(多功能性、广泛性)	20	19	周期性作用	7
7	嵌套	34	20	有效作用的连续性	40
8	重量补偿	32	21	快速通过(减少有害作业时间)	35
9	预先反作用	39	22	变害为利	22
10	预先作用	2	23	反馈	36
11	事先防范(预补偿)	29	24	中介物	18
12	等势	37	25	自服务	28
13	反向作用	10	26	复制	11

续表

序号	发明原理	使用率%	序号	发明原理	使用率%
27	廉价替代品	13	34	抛弃或再生	15
28	机械系统替代	4	35	物理/化学状态变化	1
29	气压和液压结构	14	36	相变	26
30	柔性壳体或薄膜	25	37	热膨胀	27
31	多孔材料	30	38	强氧化剂	31
32	改变颜色	9	39	惰性环境	23
33	同质性(均质性)	38	40	复合材料	17

表 3-5　40 个发明原理所阐明的同一规则

编号及发明原理	实现属性转换的规则
1.分割	产生新的属性(包含空间、时间、物质的分割)
2.抽取	抽取出有用的属性,去除有害的属性
3.局部质量	局部具有特殊的属性,确保相互作用中产生所需要的功能
4.非对称	形状属性最佳化
5.组合(合并)	运用多种效应、属性组合成创新产品
6.多用性(多功能性、广泛性)	一物具有多种属性,运用不同的属性产生组合的功能
7.嵌套	协调运用空间属性资源
8.重量补偿	施加反向属性力,抵消重力
9.预先反作用	产生需要的反向属性
10 预先作用	形成方便操作的属性
11.事先防范(预补偿)	预防产生不需要的属性
12.等势	在重力属性场中稳定高度不变
13.反向作用	运用反向属性实现需要的功能
14.曲面化(曲率增加)	运用曲面形状的各种属性
15.动态特性	利用刚性→单铰接→多铰接→柔性→液→粉→气→场等的特有属性实现功能,提高灵活性
16.不足或超额行动	属性量值的选择性最佳化
17.空间维数变化(一维变多维)	空间属性的协调转换
18.机械振动	振动属性的运用
19.周期性作用	时间属性的协调转换
20.有效作用的连续性	属性在时间维度上的稳定协调作用
21.快速通过(减少有害作业时间)	属性在时间维度上的急剧协调作用
22.变害为利	运用有害的属性实现有用的功能
23.反馈	信息属性作用的利用,时间属性和时间流的作用
24.中介物	运用中介物的特有属性作用实现功能
25.自服务	运用物质自身的属性完成补充、修复的功能
26.复制	运用廉价的复制属性资源替代各种资源
27.廉价替代品	运行物质特有的廉价的属性,确保一次性执行所需的功能
28.机械系统替代	运用光、声、电、磁、人的感官等新的替代属性,高效率地执行所需的功能
29.气压和液压结构	运用液压、气动属性实现里的传递

续表

编号及发明原理	实现属性转换的规则
30. 柔性壳体或薄膜	运用柔性壳体和薄膜的特有属性作用实现功能
31. 多孔材料	运用多孔材料具有比重轻、绝热性等特有属性
32. 改变颜色	提高物质颜色属性的运用
33. 同质性（均质性）	运用相同的某个特定的属性
34. 抛弃或再生	使物质随着某一功能完成而消失，或是获得再生
35. 物理/化学状态变化	运用变、增、减、稳、测改变物质的各种属性，高效率地执行所需的功能
36. 相变	运用物质相变时形成的某些特征属性的作用实现功能
37. 热膨胀	运用物质的热膨胀属性实现功能
38. 强氧化剂	运用强氧化的化学属性作用实现功能
39. 惰性环境	运用化学惰性气体的特有属性改变环境
40. 复合材料	组合不同属性的物质，形成具有优良属性的物质实现功能

3.7.2.4　39个工程参数及阿奇舒勒矛盾矩阵

通过对大量专利的详细研究，总结提炼出了工程领域内常用的表述系统性能的39个通用工程参数，这39个工程参数在彼此相对改善和恶化，而这些专利都是在不同的领域解决这些工程参数的冲突与矛盾，这些矛盾不断地出现，又不断地被解决。尽管现在有很多学者对参数进行了补充拓展，达到了50多个，但本书只介绍核心的39个通用工程参数，其中常用到的静止物体指自身或借助于外力不能使其在空间内运动的物体。运动物体指自身或借助于外力能使其在空间内运动的物体（39个通用工程参数及具体含义见附录）。阿奇舒勒将工程参数的矛盾和解决冲突矛盾的40个发明原理组成了一个39×39的矩阵以便使用者查找。这个由39个改善参数与39个恶化参数构成的矩阵被称为阿奇舒勒矛盾矩阵。矩阵的横轴表示希望得到改善的参数，纵轴表示某技术特性改善引起恶化的参数，横纵轴各参数交叉处的数字表示用来解决系统矛盾时所使用创新原理的编号。阿奇舒勒矛盾矩阵为问题解决者提供了一个可以根据系统中产生矛盾的两个工程参数，从矩阵表中直接查找化解该矛盾的发明原理来解决问题。

3.7.2.5　物理矛盾和四大分离原理

物理矛盾所存在的子系统就是系统的关键子系统，应该具有为满足某个需求的参数特性，但另一个需求要求系统或关键子系统又不能具有这样的参数特性，也就是说当一个技术系统的工程参数具有相反需求时，便出现了物理矛盾。例如，要求系统的某个参数既要出现又不存在，或既要高又要低，或既要大又要小，等等。相对于技术矛盾而言，物理矛盾是一种更加尖锐的矛盾，因此创新中需要加以解决。分离原理是为解决物理矛盾而提出的，共有11种方法，可归纳概括为空间分离、时间分离、条件分离和系统级别分离四大原理。

3.7.2.6　物—场模型分析

物—场模型分析是TRIZ理论中的一种分析工具，用于建立与已存在的系统或新技术系统问题相联系的功能模型。每一个技术系统都可由许多功能不同的子系统所组成，每个子系统都可进一步细分，直到分子、原子、质子与电子等微观层次。无论大系统、子系统还是微观层次都具有功能，所有的功能都可分解三元素——2种物质和1种场。其中，物质是指某种物体或过程，可以是整个系统，也可以是系统内的子系统或单个的物体，甚至可以是环境，取决于实际情况；场是指完成某种功能所需的手法或手段，通常是一些能量形式，如电能、热能、化学能、磁场、重力场、声能、光能等。

3.7.2.7　发明问题的标准解法

标准解法是阿奇舒勒后期进行 TRIZ 理论研究的最重要的课题，同时也是 TRIZ 高级理论的精华，由阿奇舒勒于 1985 年创立，共有 76 个，分成 5 级。各级中解法的先后顺序反映了技术系统必然的进化过程和进化方向，标准解法可以将标准问题在一两步中快速进行解决。标准解法也是解决非标准问题的基础。非标准问题主要应用发明问题解决算法（ARIZ）来进行解决，而 ARIZ 的主要思路是将非标准问题通过各种方法进行变化，转化为标准问题，然后应用标准解法来获得解决方案。

3.7.2.8　发明问题解决算法（ARIZ）

ARIZ 是基于技术系统进化法则的一套解决问题的程序，是经多次改善才形成比较完善的理论体系，主要包括分析问题、分析问题模型、陈述 IFR 和物理矛盾、动用物—场资源、应用知识库、转化或替代问题、分析解决物理矛盾的方法、利用解法概念、分析问题解决的过程九大步骤。ARIZ 是发明问题解决过程中应遵循的理论方法和步骤，是基于技术系统进化法则的一套完整问题解决的程序，是针对非标准问题而提出的一套解决算法，其理论基础由以下 3 条原则构成。

① ARIZ 是通过确定和解决引起问题的技术矛盾。

② 问题解决者一旦采用了 ARIZ 来解决问题，其惯性思维因素必须被加以控制。

③ ARIZ 也不断地获得广泛的、最新的知识基础的支持。

3.7.2.9　科学效应和现象知识库

科学原理，尤其是科学效应和现象的应用，对发明问题的解决具有超乎想象的、强有力的帮助。解决发明问题时会经常遇到需要实现的 30 种功能，这些功能的实现经常要用到 100 个科学效应和现象。应用科学效应和现象应遵循以下 5 个步骤。

① 根据要解决的问题，确定解决此问题所要实现的功能。

② 根据功能代码表，确定此功能相对应的代码。

③ 从科学效应和现象清单查找此功能代码下所推荐的科学效应和现象，获得科学效应和现象名称。

④ 筛选所推荐的每个科学效应和现象，优选适合解决本问题的科学效应和现象。

⑤ 查找优选出来的每个科学效应和现象的详细解释，并应用于问题的解决，形成解决方案。

3.7.3　TRIZ 原理的应用案例分析

3.7.3.1　"1. 分割原理"的应用

分割原理可以用来建立新的或有用的系统特性。该原理可应用于从纳米级到星级的所有不同的量级。下面通过实例来说明"1. 分割原理"的应用。

① 利用分割原理 A 将一个物体分成相互独立的部分。冰箱可以利用每个独立的部分单独存放食物；书架可以利用不同的区域分类存放书籍，如图 3-15 所示。

② 利用分割原理 B 将物体分解成容易拆卸和组装的部分。可将大的家具拆分成小的部

(a)　　　　　　　　　　　　(b)

图 3-15　　"1.分割原理 A"应用示例

件，当到达目的地时，再将小的部件组装起来。采用先拆分再组装的方式，便于运输，如图 3-16 所示。

(a)　　　　　　　　　　　　(b)

图 3-16　　"1.分割原理 B"应用示例

③ 利用分割原理 C 增加物体分割的程度。多弹头导弹带有多个弹头并能将它们分别导向不同目标，有效打击多个目标的同时还可以避免敌方拦截，如图 3-17 所示。

(a)　　　　　　　　　　　　(b)

图 3-17　　"1.分割原理 C"应用示例

3.7.3.2　物理矛盾与分离原理的应用

有一个神话故事，说有一次土地爷外出，临行前嘱咐他的儿子们留在土地庙"当值"，并且一定要将祈祷者的话记下来。后来，来了 4 个祈祷者做祈祷：船夫祈祷赶快刮风，果农祈祷别刮风，农夫祈祷赶紧下雨，商人祈祷千万别下雨。这下子可难住了土地爷的儿子们，他们不知该怎么办，便将船夫、果农、农夫和商人的祈祷原封不动地记录下来。土地爷回来后，看了儿子们的记录，便在上面批了四句话：刮风莫利果树园，刮到河边好行船；白天天晴好走路，夜晚下雨润良田。如此一来，4 个不同的祈祷者都如愿以偿、皆大欢喜。

对上述 4 个祈祷者分析可知：船夫祈祷赶快刮风，以便行船省力；果农祈祷别刮风，以免成熟的果子都被吹落下来；农夫祈祷赶紧下雨，以免天旱耽误播种；商人祈祷千万别下雨，是为了能够带着货物顺利赶路。土地爷的儿子遇到的棘手问题——既想刮风又不能刮风，既想下雨又不能下雨，这就是物理矛盾，体现的是同一个物理参数之间的矛盾。土地爷所写的"刮风莫利果树园，刮到河边好行船"，风不要刮到果园，要刮到河边，则利用了风的空间分离，即在不同的空间实现对同一个参数的不同要求或局部达到最佳化；"白天天晴好走路，夜晚下雨润良田"则利用了时间分离，即在不同的时间实现对同一个参数的不同要求或不同时间有不同的性质。

3.7.3.3　创新原理在时间分离中的应用

当汽车发生碰撞时，怎么能最大限度地保护车内人员的安全呢？当然是采用安全气囊，如图 3-18 所示。下面就此问题来说明如何在分离方法中应用创新原理。

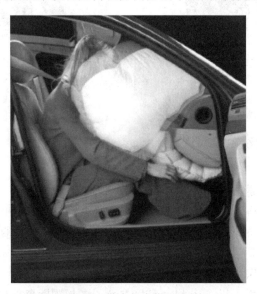

图 3-18　安全气囊作用效果

（1）描述问题　若安全气囊充气压力不足，对车内人员不能起到有效的保护；反之，若安全气囊的充气压力过大，又会对车内人员造成伤害。

（2）定义理想解　安全气囊在发生碰撞时，能恰到好处地将气囊充到合适的压力，以保护车内人员的安全。

（3）定义物理矛盾

① 第一步：定义物理矛盾。参数：压力。要求 1：大；要求 2：小（不能太大）。

② 第二步：如果想实现技术系统的理想状态，"压力"这个参数在什么时间需要满足什么要求。时间 1：达到一定压力前；时间 2：达到一定压力后。

③ 第三步：以上两个时间段是否交叉。否 ☑ 应用时间分离；是 ☐ 尝试其他分离方法。

（4）选择创新原理 时间分离原理可以利用发明原理 9、发明原理 10、发明原理 11、发明原理 15、发明原理 16、发明原理 18、发明原理 19、发明原理 20、发明原理 21、发明原理 29、发明原理 34 及发明原理 37，解决与时间分离有关的物理矛盾。

（5）拟订方案 受"发明原理 16 不足或超额行动"启发，首先可以迅速使气囊膨胀到一定压力值，保证在最短的时间内达到保护车内人员的气压。在气囊上开一些微小的孔，当气囊压力值超过阈值后，微小的孔将张开，使得气囊的压力不再升高，从而解决了气囊压力既要大，又不能太大的矛盾问题，解决方案如图 3-19 所示。

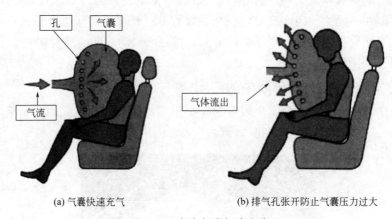

(a) 气囊快速充气   (b) 排气孔张开防止气囊压力过大

图 3-19 安全气囊解决方案

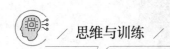 **思维与训练**

1. 头脑风暴法训练

现在发生海难，一艘游艇上有八名游客等待救援，但是现在直升机每次只能够救一个人，游艇已坏，不停漏水。寒冷的冬天，刺骨的海水。游客情况：

（1）将军，男，69 岁，身经百战；

（2）外科医生，女，41 岁，医术高明，医德高尚；

（3）大学生，男，19 岁，家境贫寒，参加国际奥数比赛获奖；

（4）大学教授，男，50 岁，正主持一个科学领域的研究项目；

（5）运动员，女，23 岁，奥运金牌获得者；

（6）经理人，男，35 岁，擅长管理，曾使一大型企业扭亏为盈；

（7）小学校长，男，53 岁，劳动模范，五一劳动奖章获得者；

（8）中学教师，女，47 岁，桃李满天下，教学经验丰富。

请将这八名游客按照营救的先后顺序排序。

（2 分钟的读题时间，16 分钟的小组讨论，2 分钟的总结陈词）

2.组合型创新方法训练

如果把办公室里的物品分为两类，写成两栏，每栏各有 6 种物品，请采用掷骰子的方法来确定组合方式，以激发新的创想。

第一栏	第二栏
1.公文柜	1.书架
2.桌子	2.太阳镜
3.咖啡杯	3.电灯
4.电话	4.闹钟
5.地毯	5.椅子
6.订书器	6.电灯开关

3.缺点列举法训练

请用缺点列举法来设计一种新型的体温计。

提示：

（1）列出水银体温计的缺点；

（2）针对所列缺点进行分析，按照功能、安全性、使用、造型四个方面将缺点进行分类，并按照对产品的影响程度进行排序；

（3）分析水银体温计产生所列缺点的主要原因；

（4）运用材料替代等方法提出新型体温计的设计思路。

4.TRIZ 理论的核心思想是什么？

5.TRIZ 理论体系中包含哪些工具？

6.请列举出发明原理在日常生活中的一些应用实例。

第4章 创业者与创业团队

引导案例 创业者汪滔——7年时间做到无人机销量占全球一半

汪滔，大疆创新公司创始人兼 CEO，2003 年到香港科技大学攻读电子与计算机工程学。他对天空的痴迷从小学开始，在读了一本讲述红色直升机探险故事的漫画书之后，他开始对天空充满了想象。汪滔上小学时，将大部分课外时间花在与航模有关的读物上面——相比中等的学习成绩，这种业余爱好给他带来了更多的慰藉。

汪滔梦想着拥有自己的"小精灵"——一种搭载摄像机跟在他身后飞行的设备。在汪滔 16 岁的时候，他考试得了高分，父母为此奖励了他一架梦寐以求的遥控直升机。然而，他不久便将这个复杂的东西弄坏了，几个月后才收到从香港发来的用于更换的零部件。

由于成绩并不出类拔萃，汪滔考取美国一流大学的梦想也破灭了。当时，汪滔最想上的大学是麻省理工学院和斯坦福大学，但在申请遭到拒绝后，他只好退而求其次，选择了香港科技大学，在那里学习电子与计算机工程专业。在上大学的头三年，汪滔一直没找到自己的人生目标，但在大四的时候他开发了一套直升机飞行控制系统，他的人生由此改变。

为了这个小组项目，汪滔可谓付出了一切，甚至不惜逃课，还经常熬夜到凌晨 5 点。虽然他开发的这个机载计算机的悬停功能在班级展示前一晚出了问题，但他付出的心血并没有白费。香港科技大学机器人技术系教授李泽湘慧眼识珠，发现了汪滔的领导才能以及对技术的理解能力。于是，在他的引荐下，这个性格倔强的学生上了研究生。"汪滔是否比别人更聪明，这我倒是不清楚。"李泽湘说，"但是，学习成绩优异的人不见得在工作中就表现得非常突出。"

汪滔最初在大学寝室中制造飞行控制器的原型。2006 年，他和自己的两位同学来到了中国制造业中心——深圳。他们在一套三居室的公寓中办公，汪滔将他在大学获得的奖学金的剩余部分全部拿出来搞研究。大疆科技向中国高校和国有电力公司等客户售出了价值 6000 美元的零部件，这些产品的销售可以让汪滔养活一个小团队，而他和香港科技大学的几个同学则依靠他们剩余的大学奖学金生活。汪滔回忆说："我当时也不知道市场规模究竟会有多大。我们的想法也很简单，开发一款产品，能养活一个 10～20 人的团队就行了。"

由于缺乏早期愿景，加之汪滔个性很强，最终导致大疆科技内部纷争不断。大疆科技开始不断流失员工，有些人觉得老板很苛刻，在股权分配上太小气。在创立两年后，大疆科技创始团队的所有成员几乎全部离开了。汪滔坦言，他可能是一个"不招人待见的完美主义者""当时也让员工们伤透了心"。

虽然一路走来很艰辛，最初每个月只能销售大约 20 台飞行控制系统，但由于汪滔家族的世交陆迪的慷慨解囊，大疆科技最终还是渡过了难关。2006 年晚些时候，陆迪向大疆科技投了大约 90000 美元。汪滔说，这是大疆科技历史上唯一一次需要外部资金的时刻。

拿到融资之后，汪滔继续开发产品，并开始向国外业余爱好者销售，这些人从德国和新西兰等国家给他发来电子邮件。到 2011 年，飞行控制器的制造成本已从 2006 年的 2000 美元降到不足 400 美元。

2012 年晚些时候，大疆科技已经拥有了一款完整无人机所需要的一切元素：软件、螺旋桨、支架、平衡环以及遥控器。最终，该公司在 2013 年 1 月份发布"幻影"，这是第一款随时可以起飞的预装四旋翼飞行器：它在开箱一小时内就能飞行，而且第一次坠落不会造成解体。得益于简洁和易用的特性，"幻影"撬动了非专业无人机市场。"幻影"无人机不久就成为大疆科技最畅销的产品，令公司的收入增长了 4 倍，而且这一成绩还是在几乎没有任何市场投入的情况下取得的。

更为重要的是，这款产品还被销往全世界——这种趋势还延续到今天。在大疆科技的总营收当中，美国、欧洲和亚洲三个地区各占 30%，剩余 10% 则由拉美和非洲地区贡献。

目前，无人机正在向农业、建筑业和地图等商业应用领域扩展，但汪滔并不想与他人分享天空，他下定决心要保持大疆科技的市场主导地位。他说："我们当前面临的主要发展瓶颈是如何快速解决各类技术难题，不能满足于眼前的成绩！"

2013~2017 年，大疆公司的经营业绩迅猛增长。2013 年，大疆营收仅为 8.2 亿元，至 2017 年达到了 175.7 亿元，营收增加了百倍。据大疆董事会预计，2022 年大疆营收可达 1700 亿元。大疆产品占据了全球超 80% 的市场份额，国内超 70%，在全球民用无人机企业中排名第一，被誉为中国科技行业的骄傲。2020 年 1 月 19 日，工信部公布 2019 年（第 18 届）中国软件业务收入前百家企业名单，大疆公司位列第 50 位。其最新一轮融资的估值也达到了 100 亿美元，而随着大疆的成功，持有公司约 45% 股份的汪滔，在 2019 年 10 月 28 日发布的《2019 胡润 80 后白手起家富豪榜》，以 470 亿元排名第三。

4.1　创业者概述

所谓创业者，就是善于发现和把握机会并由此创造出新颖的产品或服务以满足社会需要和实现其潜在价值的人。创业者是一种主导劳动方式的领导者，是一种需要具有使命、荣誉、责任能力的人，是一种组织和运用服务、技术、器物来进行作业的人，是一种具有思考、推理、判断能力的人，是一种能使人追随并在追随的过程中获得利益的人，是一种具有完全权利能力和行为能力的人。在创业过程中，创业者必须付出努力、时间、精力和金钱，勇于承担物质上、精神上的风险，当然也能够获得物质上的回报、心理上的享受和自我价值的实现。创业者可以开创新的职业，提供新的社会服务，创造新的就业岗位，实现个人价值。比如，电子商务、网站运营等新兴行业、职业的兴起，便为信息化社会人们的社会经济生活提供了新的选择和更多便利，由此也成就了一批新兴行业的成功创业人士。

4.1.1　创业者的内涵

4.1.1.1　创业者的概念

创业者英文为 entrepreneur，和企业家为同一词，指的是在没有拥有多少资源的情况下，锐意创新，发掘并实现潜在机会的价值的个体。创业者是指"将经济资源从生产力和产业较低的领域转移到较高领域"的人，不只包括那些已经成功创业或正在创业的一般意义上的创业者，而且还包括那些具有创新精神的潜在的创业者。

（1）狭义的创业者　关于狭义的创业者概念，目前有两个被广泛接受的观点，一是创业者并不等于企业家，因为大多数创业者并不具备企业家的眼界、格局和个人品质，从创业者转变为企业家，需要一个逐步成长和完善的过程；二是狭义的创业者是指参与创业活动的核心人员，而不仅限于企业的法人代表或领导者、组织者。因为在当今的创业活动中，高新技术企业、合伙制企业所占的比例越来越大，离开了核心技术专家和主要合伙人，很多创业活动根本无法进行，所以核心技术专家与主要合伙人也应该被视为创业者。

那么，什么样的人能称为狭义的创业者呢？在对古今中外创业者进行研究的基础上，我们从创业者所承担的责任、义务的角度，将称为狭义的创业者的基本条件概括为：愿意承担创业过程中的所有不确定性和风险，并有激情和勇气克服创业中的各种困难，持之以恒地为实现自己的创业目标努力奋斗的人。

（2）广义的创业者　关于广义的创业者概念，主要有两种界定方式。

一种是从人们在工作中所扮演的角色的角度，将创业者界定为参与创业活动的全部人员。在这种界定方式下，创业活动的发起者、领导者与创业活动的跟随者，都被视为创业者。

另一种是从人们所从事的工作的性质的角度，将创业者定义为主动寻求变化，对变化做出反应，并将变化视为机会的人，这种界定方式打破了传统的创业概念，将其外延扩大为所有主动寻求变化并对变化做出反应的活动。在这种界定方式下，企业创办者、企业内创业者、个体劳动者、自由职业者、项目合作者等以各种身份从事具有创新性活动的人，都可以称为创业者。

4.1.1.2　创业者的类型

创业者是创业的主体，既可以是一个单独的个体，也可以是一个团队；既是新创企业的意志主体，又是行为主体。

（1）按创业内容划分　创业者涉及各行各业，他们创业的动机也千差万别。我们按照其创业内容进行划分，可以划分为生产型、管理型、市场型、科技型和金融型五种类型。

生产型创业者是指通过创办企业推出产品的创业者。这种产品通常科技含量较高，例如，小米的创业是因为雷军看到智能手机能够打开中国乃至世界手机市场的大门，而毅然投入这项事业的开发，充分利用各种资源，建立了一套非常有竞争力的经营模式，很快打开了市场。

管理型创业者是指综合能力较强的创业者，他们对专业知识并不十分精通，但能够通过各种有效的管理手段带动企业前进，例如，钢铁大王卡内基，最初对钢铁生产知识知之甚少，但他看准了钢铁制造业的发展前景，迅速网罗人才进行创业，打造了自己的钢铁帝国。

这类创业者的一个重要特点就是注重市场，善于把握机会。中国改革开放以来涌现出大批的市场型创业者，比如，海尔集团总裁张瑞敏，正是抓住了市场转型期的大好机遇，将海尔发展壮大。

科技型创业者多与高校和科研机构相关联，以高科技为依托创办企业。20 世纪 80 年代后，为了鼓励科技成果转化为生产力，国家推出了一系列鼓励高等院校创办企业的措施。当今许多知名的高科技企业，前身就是原来的"校办企业"和科研院所的"所办企业"，比如，北大方正、清华同方等。

金融型创业者实际上就是一种风险投资家，他们向企业提供的不仅仅是资金，还有专业特长和管理经验。他们不仅参与企业经营方针的制定，还参与企业的营销战略的制定、资本运营，乃至人力资源管理。

（2）按创业动机划分　创业者的创业动机很多，有的希望获得丰厚的物质报酬，有的希望拥有一份属于自己的事业，有的希望满足自己的兴趣，有的希望获得个人的独立和自主。根据创业动机的不同，可以将创业者分为以下四种类型。

① 物质追求型创业者。物质资料是人类赖以生存的基础，而生存是人类的最基本需要，在物质资料极度短缺，劳动就业竞争十分激烈的情况下，许多人为了谋生混口饭吃，被逼上梁山，不得不自己创业，创业者中的城镇下岗工人、失去土地的农民、毕业后找不到工作的大学生，多数都属于这种类型。另外，人们对物质追求的程度是有很大差异的，许多人在满足了基本的生存需要后，还会有很强的物质追求，甚至是对奢侈生活的追求。在今天的物质追求型创业者中，也有相当一部分属于这种情况。

② 事业追求型创业者。马斯洛认为，开创一番事业，实现人生价值，是人类最高层次的需要，任何社会都有一些具有崇高理想和远大抱负的人，这种人以事业追求、改造社会、造福人类为己任，把对社会的奉献，作为实现自我人生价值的目标。这种人在自己的生存有了基本保障之后，就会谋求自我实现的需要。改革开放以来，在党、政、军、行政、事业单位或国有企业中，有人毅然选择辞职创业；一些科研人员、大学生放弃安稳的职业，带着自己的专利和梦想创业，便都属于事业追求型创业者。

③ 尊重满足型创业者。赢得尊重的需要也是人类的基本需要。在人们的物质需要获得满足后，就会转向追求精神方面的需要，赢得尊重的需要就属于这种需要。赢得尊重的方式虽然有很多种，但最常见的还是获得让人羡慕的社会地位和做出让人佩服的事情。关于大学生的创业动机调查表明，有近 30％的同学想创业，是因为在他们看来通过创业致富是最有面子的事，钱来得光明正大，自己花着潇洒，还有能力去帮助亲友和社会，从而获得亲友和社会的尊重。

④ 独立自主型创业者。每个人由于遗传和环境影响的不同，都具有不同的人格特征，很多创业者特别向往独立和自由，不愿意过受人控制的生活，喜欢自己当家做主。

当然，以上创业者的类型划分，仅仅是从创业内容和创业动机的角度所进行的粗略分类，不可能涵盖所有的创业者。另外，人们的创业动机是十分复杂的，有些人之所以选择创业，既考虑了物质方面的因素，也考虑了精神方面的因素；既有独立自主的需要，也有获得尊重的需要。我们在这里之所以从创业动机这个角度对创业者进行分类，就是要提醒同学们想清楚自己为什么要创业，自己到底想过一种什么样的生活。因为从某种意义上说，选择了一种工作方式，也就意味着选择了一种生活方式，而且大多数选择都会有利有弊，很难十全十美。例如，选择做独立创业者，虽然可以在一定条件下可充分发挥自己的想象力、创造力，可以主宰自己的工作内容和工作节奏，并按照个人意愿追求自身价值。但是，独立创业的难度和风险很大，工作压力和挑战性也很大，在企业发展到一定规模之前，创业者会经常加班加点，很难过上正常人的生活。所以，在选择是否创业和以什么方式创业之前，一定了解清楚各种创业方式对创业者的要求，并想明白自己到底想过一种什么样的生活。

4.1.2　创业者的特征

在我们身边有着数不胜数的成功创业的经典案例，我们常常会剖析他们的创业环境和背景，分析他们身上的性格特质，深入挖掘他们成功的因素，试图找到成功的秘诀。但这也使得很多人陷入一个思想误区，认为创业者是天生的，也许是某些基因主导，使得特定的人群能够创业，能够成功，而自己并不在这些人中，因而还未尝试就已经打了退堂鼓。著名管理学家、创业教育创始人之一彼得·德鲁克说过："创业不是魔法，也不神秘，它与基因没有任何关系。创业是一种训练，人们可以通过学习掌握它。"成功的人有相似点，但并不是说将这些相似点简单地堆加成一个公式，只要符合这些条条框框的人就一定会成功，而稍有偏差便与创业无缘。既然如此，我们又为什么要探究创业者具备的种种特性呢？那是因为很多人面对未知的创业，充满了好奇与恐惧。我们将创业者通常具备的心理、行为、知识、能力四个维度的特征做出归纳总结后，方便人们参照，通俗点说，是让人心里有个"谱"，能够更好地认识自己。那么，要想取得创业成功，创业者除了要勇于创业、有所担当之外，还必须具备相应的心理特征、行为特征、知识特征，以及能力特征。

4.1.2.1　创业者的心理特征

（1）创业激情　对于一个创业者来说，首先要具备的是对创业这件事情怀揣的热情。类似于现在很多家长对于孩子的教育。一些家长总是困惑为什么上同样的特长班，自己的小孩总是不如其他孩子优秀，是自己的小孩笨吗？好像也不是。那是什么原因呢？其实问题很好解决，关键取决于是你要求他去学，还是他自己感兴趣。人们都有望子成龙、望女成凤的心理，但却经常忽略兴趣才是最好的老师。只有保持兴趣，你才会主动去探索，去求知，去渴望体验一次次的实践。创业也是如此，你只有对创业饱含兴趣，才会萌生观念与想法，才有继续探索下去的热情，才会展开无限的可能。创业的激情不是一时的，它伴随你整个创业过程。在漫长且艰辛的创业之路上，不是所有人都会一帆风顺，当你困惑迷茫时，回想当初是什么动力促使你创业，你会拨开云雾，重见光明。

（2）敏感好奇　创业者在对创业项目进行选择时，要有新奇点和侧重点，而这两点便取决于创业者的好奇心与洞察力，以及能否适时寻找机会、抓住机会，对商业机会做出快速反应。机会是留给有准备的人的，但对创业者来说，机会是留给敏感好奇的创业者的。很多时候，商机就摆在眼前，而我们往往视而不见，将别人眼中的平淡无奇变为自己的无限商机，是一个合格的创业者应具备的特质。

（3）情绪稳定　创业过程就是一次冒险过程，没人能预料未来会发生什么，也没人能预料未来你的公司会走多远。即使是创立于1850年、身为美国第四大投资银行的雷曼兄弟公司，在2000年还被《商业周刊》评为全球最佳投资公司，而在2008年金融危机中却不得不宣告破产。面对创业路上充满的种种不确定性，保证良好的心态和稳定的情绪显得尤为重要。古人云："不以物喜，不以己悲。"说的便是这个道理。创业需要极大的心理承受能力，如果你天生心理承受能力不足，是不适合创业的。罗永浩认为，创业过程中需要承受的压力和恐惧是超出想象的，它会让大部分抗压能力正常的人崩溃，所以说创业者在心理承受能力方面是要优于常人的。

（4）敢于承担 每个现实生活中的人都扮演着不同的角色，每个角色又承担着相应的责任。抚养孩童是父母的责任，赡养老人是子女的责任，遵纪守法是每个公民的责任。同样，对于一个创业者而言，合理合法地创办企业，保障企业和员工的生存，做出合理正确的决策等，这些都是创业者的责任。作为一个勇于冒险、敢于担当的创业者，责任和义务是要时刻铭记于心的，不能一味地索取、获利，权利和义务永远是对等的。同时，敢于承担也不仅仅是承担应尽的责任和义务，还包括对于决策后果的承担，无论公司发展如何千变万化，要敢于面对现实，敢于接受现实，不自暴自弃，有勇有谋有担当，才是一位合格的创业者。

4.1.2.2 创业者的行为特征

（1）诚实守信 自古以来，诚信作为重要的美德之一，一直被后人传承，可以说小到个人、家庭，大到整个社会、国家，诚信都起着至关重要的作用。

《论语·为政》中写道："人而无信，不知其可也。"说的是一个人如果失去了信用，那么便无立足之地。《吕氏春秋》中写道："君臣不信，则百姓诽谤，社稷不宁；处官不信，则少不畏长，贵贱相轻；赏罚不信，则民易犯法，不可使令；交友不信，则离散郁怨，不能相亲；百工不信，则器械苦伪，丹漆染色不贞。"

作为商人，丢掉了诚信就会寸步难行。不仅导致顾客利益受损，同时也会丧失客流，在诚信的同行面前更是毫无竞争力，结局注定是死路一条。因而诚实守信是每一个创业者的第一要义。

（2）勤奋好学 关于勤奋的名言警句多到可以出书，勤奋好学走向成功的典例更是举不胜举。前辈们告诫我们，一分耕耘，一分收获。这是为什么呢？因为并不是每个人生来就注定会成为天才，生来就一定会成功，就连伟大的发明家爱迪生也是在千百次的实验失败后才发明了灯泡。成功的人总是不断学习、不断进步的，他们知道，只有用勤奋的钥匙才能打开进阶的大门，只有不断与时俱进，才能把握机会、实现价值。

（3）吃苦耐劳 如果一个创业者只将创业挂在嘴边，那么他将会是一个失败的创业者。只有他付诸行动，他才会感受到创业路上的艰辛。万千世界，唯有适者才能生存。创业也是如此，敢打敢拼敢吃苦，不轻言放弃的人便是竞争中的适者。坚忍不拔的意志会是助他穿梭于河流中的小舟；反之，他会很容易迷失于沼泽中，半途而废。

（4）随机应变 创业任重而道远，同样创业路上也布满了荆棘。没有人敢说自己的创业不会出现一点点意外，一切都是在预计的轨道上运行的。一个好的创业者，一定要具备灵活应变的能力来应对企业面临的各种变数。要脚踏实地，从实际出发，保持清醒的头脑来面对不同的挑战，切勿一条巷子走到黑。

4.1.2.3 创业者的知识特征

创业者的知识特征对创业起着举足轻重的作用。在商业竞争日益激烈的今天，单凭热情、勇气、经验或只有单一专业知识，要想取得创业成功是十分困难的。有关调查结果表明，不同学历层次的创业成功者所占比例分别是：初中学历占 24.5%，高中学历占 39.7%，专科学历占 22.3%，本科学历占 7.8%，研究生学历占 1%。这一调查结果虽然不一定具有普遍性，但至少说明两个问题：一是即使最简单的创业，也需要最基本的初中学历；二是并非学历越高取得创业成功的概率越大。创业不是搞学术研究，它需要的是能解决实际问题的知识或能力。

（1）扎实的基础知识　这类知识主要涉及商业常识、社会常识和管理常识。具体说，商业常识有助于创业者了解经济发展的基本规律，遵守商业活动的基本规则，维护企业自身的正常运行。社会常识有助于创业者理解自身的社会角色，了解和满足消费者的个性化需求，理解和更好地运用国家的政策，维护自己的合法权益。管理常识有助于创业者理解人类的特性和行为方式，了解科学的经营管理知识和方法，提高管理水平。

（2）丰富的社会阅历及实战经历　这类知识主要涉及商业经验、社会经验和管理经验。这里说的经验是指通过亲身实践所获得的经验，因为创业活动所需要的以上经验，只有通过自己亲身实践、亲身体验，才能真正领会。有些同学说，我看过很多创业成功者的故事，有很"丰富"的经验了。但是过来人都知道，不经过亲身实战经历，这些成功者的经验是没有办法变成你的个人经验的，书读得再多也没有用！因为创业的成功是不可以直接复制的。

（3）精湛的专业知识　这类知识主要涉及与创业活动密切相关的具有较强专业性的知识。创业是开创一番事业。这个事业无论规模如何，都需要从事它的人比其他人做得更好、更专业，而要做到这一点，创业者必须具备从事这个事业所需要的专业性知识。在创业界有个不成文的规定——"不熟不做"。为什么"不熟不做"？因为各行各业都有一些特殊的地方，如果对它不熟悉，不具备从事这个行当所必须具备的专业知识，就很难把它做好。

4.1.2.4　创业者的能力特征

对于从事创业活动而言，能力比知识和素质更重要。因为知识和素质都是潜在的，它们只有转化为能力才能变成从事创业活动和实现创业目标所必须具备的本领，才能在创业实践中真正发挥作用。创业者所需要的能力虽然是多种多样的，但从总体上说，它主要包括如下五个方面的能力，即机会捕捉能力、决策能力、执行力、经营管理能力、交往协调能力。

（1）机会捕捉能力　创业机会是创业的切入点和出发点，是否能够发现一个好的创业机会是创业能否成功最为关键的因素。纵观古今中外的创业成功案例可以发现，绝大多数创业成功者具有非常强的机会捕捉能力。他们能够看到日常生活中被人忽略的细节，并在反常现象中抓住问题的关键；他们有爱问问题和重新界定问题的习惯，能够从不同角度看问题，并善于挖掘隐藏在偶然事件中的必然规律。

（2）决策能力　决策能力是创业者根据主客观条件正确地确定创业的发展方向、目标、战略以及选择具体实施方案的能力。创业者的决策能力，具体包括分析能力和判断能力两项基础能力。即能够在错综复杂的现象中，通过分析厘清事物之间的联系，通过判断把握事物的发展方向。从某种意义上说，创业者的决策能力就是良好的分析能力加上果断的判断能力。

（3）执行力　好的决策必须有好的执行力才能变成现实。创业者与梦想者的最大区别就在于创业者不但有发现商业机会的眼光，而且能够果断决策和坚定不移地执行。好的执行力是一种行动能力，不能光想、光说，但不去做，而是有了想法就马上去做，心动不如行动。好的执行力还是一种能够克服重重困难、执行到位的能力，遇到困难就放弃不是好的执行，执行不到位等于没有执行。

（4）经营管理能力　成功的创业者不仅要眼光锐利、决策果断、执行到位，而且还必须善于经营管理。经营管理能力是较高层次的综合能力，是运筹性能力。它不但涉及人员的选择、使用、组合和优化，也涉及资金聚集、核算、分配和使用等。经营管理也是生产力，它不仅会影响创业活动的效率，甚至会决定创业的成败。

（5）交往协调能力　在社会分工日益细化的今天，创业者很难靠单打独斗取得成功，因此必须具备交往协调能力。交往协调能力既包括能够妥善处理与政府部门、新闻媒体和客户之间的关系的能力，也包括能够平等地与下属交往和善于协调下属部门各成员之间关系的能力。企业与外界的接触越多，企业的规模越大，对创业者交往协调能力的要求就越高。

4.1.3　创业者的基本要素

4.1.3.1　欲望

欲望列在中国创业者素质的首位。创业者的欲望和普通人的欲望的不同之处在于，他们的欲望往往超出现实，往往需要打破现在的立足点，打破眼前的樊笼，才能够实现。所以，创业者的欲望往往伴随着强大的行为和冒险精神。

一个真正的创业者一定具有强烈的欲望。有人一谈起这些就觉得很庸俗，甚至一些成功者亦不愿提起这样的话题，特别是涉及金钱，便变得很敏感、有禁忌。其实完全不必如此，创业者完全可以轰轰烈烈、堂堂正正地追求自己正当的利益。

因为欲望，而不甘心，进而创业、行动，这是大多数白手起家的创业者走过的共同道路。

4.1.3.2　忍耐

忍耐是创业者必须具备的素质。古语里有两句话："艰难困苦，玉汝于成""筚路蓝缕，以启山林"，都在说创业不易。创业者首先要忍受肉体和精神上的折磨。肉体上的折磨还好办一些，挺一挺就过去了，而精神上的折磨往往是常人难以忍受的。《孟子·告子》中有："故天将降大任于是人也，必先苦其心志，劳其筋骨，饿其体肤，空乏其身，行拂乱其所为，所以动心忍性，曾益其所不能。"可见，肉体上和精神上的折磨是创业者成功路上的必修课，可以"曾益其所不能"，创业者一定要有一种坚忍不拔、宠辱不惊的定力与意志。

4.1.3.3　眼界

对于创业者来说，必须见多识广，广博的见识、开阔的眼界，可以有效拉近自己与成功之间的距离，使创业活动少走弯路，眼界决定了创业者的创业思路。一般而言，创业者的创业思路有几个共同来源：一是职业；二是阅读；三是行路；四是交友。

4.1.3.4　明势

明势是指创业者一定要跟对形势，研究政策，这是大势。在政策方面，国家鼓励发展什么，限制发展什么，对创业的成败有莫大的影响。做对了方向，顺着国家鼓励的层面努力，可能事半功倍；做反了方向，可能会鸡飞蛋打。

4.1.3.5　敏感

创业者的敏感指的是对外界环境变化的敏感，尤其是对商业机会的快速反应。

4.1.3.6　人脉

创业不是引无源之水，栽无本之木。创业需要资源，而其中最重要的是人脉资源，即创业者构建其人际关系网或社会网络的能力。一个创业者如果不能在最短的时间内建立起自己最广泛的人际网络，那么他的创业一定会十分艰难，即使其初期能够依靠领先技术，或者自身素质，如吃苦耐劳或精打细算，获得某种程度上的成功，我们也可以断言他的事业一定做不大，正所谓有钱比不过"有人"。创业者的人脉资源，第一是同学资源，第二是职业资源，第三是朋友资源。

4.1.3.7　谋略

商场如战场，在产品同质化严重、市场有限、竞争激烈的情况下，创业者的智谋将在很大程度上决定其创业成败。谋略，其实就是一种思维方式，一种处理问题和解决问题的方法。对于创业者来说，智慧是不分等级的，它没有好坏、高明不高明的区别，只有好用不好用、适用不适用的问题。

4.1.3.8　胆量

创业本身就是一项冒险活动，一定伴随风险，因而创业需要强大的心理承受能力，需要胆量、胆识。当年史玉柱在深圳开发 M-6401 桌面排版印刷系统，他的身上只剩下了 4000元，他却向《计算机世界》定下了一个 8400 元的广告版面，唯一要求就是先刊登广告后付钱，他的期限只有 15 天，前 12 天分文未进，第 13 天他收到了 3 笔汇款，总共是 15820 元，两个月以后，他赚到了 10 万元。史玉柱将 10 万元又全部投入做广告，4 个月后，史玉柱成了百万富翁。这个故事至今仍被人们津津乐道。但仔细想一想，要是当时 15 天过去，史玉柱收来的钱不够付广告费用呢？要是之后《计算机世界》再在报纸上发一个向史玉柱讨债的声明呢？我们大概永远也不会看到一个轰轰烈烈、"赌性"十足的史玉柱了。

创业需要胆量和冒险。冒险精神是创业家精神的一个重要组成部分，但创业毕竟不是赌博。冒险是这样一种东西，你经过努力，有可能得到，而且那东西值得你努力；否则，你只是冒进，"死了"也不值得同情。创业者一定要分清冒险与冒进的区别，无知的冒进是鲁莽和愚蠢，你的行为将变得毫无意义，并且惹人耻笑。

4.1.3.9　分享

作为创业者，一定要懂得与他人分享。一个不懂得与他人分享的创业者，不可能将事业做大、做强，甚至创业尚未成功就"财聚人散"了。分享不是慷慨，对创业者来说，分享是明智的。

案例分享 4-1　　　　懂得与人分享

居里夫人（玛丽·居里）已具备了漂亮这一资本，但是，她却没有利用这一资本，她战胜自我也恰恰就是从这一点开始的。为了做科学研究，她甘愿让酸碱腐蚀她柔美的双手，让呛人的烟气吹皱她秀美的额头。

为了提炼纯净的镭，居里夫妇搞到一吨可能含镭的工业废渣。他们在院子里支起了一口锅，一锅一锅地进行冶炼，然后再送到化验室溶解、沉淀、分析。而所谓的化验室只是一个废弃的、曾停放解剖用的尸体的破棚子。玛丽终日在烟熏火燎中搅拌着锅里的矿渣，她的衣裙上、双手上，留下了酸碱的点点烧痕。然而，她的努力不是徒劳的，最终，她发现了天然放射性元素——镭。

她本来可以在发现镭后申请专利，从而获得大笔财富，可是，她没有这样做，而是毫不犹豫地将镭的提纯方法公之于众。

4.1.3.10 自省

自省其实是一种学习能力。创业既然是一个不断摸索的过程，创业者就难免在此过程中不断犯错。自省，正是认识错误、改正错误的前提。对创业者来说，自省的过程就是学习的过程、进步的过程。成功的创业者有一个共同之处，就是都非常善于学习，非常勇于进行自我反省。

作为一个创业者，遭遇挫折、碰上低潮都是常有的事，在这种时候，反省能力和自我反省精神能够很好地帮助你渡过难关。"吾日三省吾身"，对创业者来说，不是一日三省吾身，而是应该时时刻刻警醒，反省自己，唯有如此，才能时刻保持清醒。

4.1.4 创业者必备的能力

4.1.4.1 领导能力

创业者要想成功，必须具备一定的领导能力，具备把握企业的使命及动员创业团队成员围绕这个使命努力奋斗的能力。特别是创业团队里的核心人物，能够根据市场需求制定企业短期、中期、长期发展目标；有较强的人格魅力，既能够很好地协调企业内部员工的利益，又能妥善处理与合伙人、客户、供应商等多方的关系。创业者领导能力强，有利于团队团结一致、趋于稳定，决策程序相对简单，从而组织效率较高。

4.1.4.2 创新能力

Funley's Delicious 健康食品公司创始人肖恩·孟德尔鼓励将脑子里的"伟大的想法"改变和革新，他曾说："你的想法很好，但你要明白，在实现的过程中它可能会变得很不一样，它既不会和你的初始想法一样，也不会和第二个版本相像，可能会是无数次听取意见和学习之后的第三个想法，这才是成功可能来临的地方。"创新精神对于创业者创业成功是非常重要的。在初创阶段，市场发展迅速，如何让创业者的想法、产品在激烈的竞争中脱颖而出？创新是关键。新创企业通常会比较混乱，各种各样的问题随时可能发生，这就需要创业者创造性地去解决问题。在企业成长阶段，要想使企业蓬勃发展，同样需要创新，要敢于从常规做法、经验中进行变革，充分发挥潜能，开创新的局面。

4.1.4.3 管理能力

创业者的经营管理能力是创业成功与否的关键因素。经营管理能力包括对团队人员、资金的管理能力，其中涉及人员的聘用、组合及优化，也涉及资金聚集、分配、使用、流动等。要善于发挥创业团队各成员的特点与优势，形成优劣互补，最大限度调动人员的主观能动性。要善于为创业项目寻找资金，并有效利用资金，从而为创业成功提供强有力的保障。

创业者的资源整合能力是创业成功与否的关键因素。创业者是否能够成功地抓住发展机会，关键在于他们掌握和能整合到的资源，以及对资源的利用能力。特别是创造性地整合和运用资源，尤其是那种能够创造竞争优势，并带来持续竞争优势的战略资源。整合企业内外资源、个体资源与组织资源、横向资源与纵向资源等，充分发挥这些资源的效能，从而提升企业的竞争力。

创业者的危机管理能力是创业成功与否的关键因素。马云指出："对所有创业者来说，永远告诉自己一句话：从创业的第一天起，你每天必须要面对的是困难和失败，而不是成功。我最困难的时候还没有到，但有一天一定会到。"创业之路，布满荆棘，创业者对突发事件、危机事件的管理关乎企业存亡。当突发事件、危机事件发生时，如果创业者能及时应对与处理，使损害降到最低，企业便可绝处逢生，甚至可以转危为机，化危机为商机。特别是在"互联网＋"时代，消息传播迅速，创业者在企业面临危机时采取的态度和方法，将会直接影响企业的形象。

4.1.4.4 自省能力

自省能力包括自我评价、自我反省、自我批评、自我调控、自我教育等。创业的成功不是一蹴而就的，创业者在创业过程中不断探索，难免会犯错和遇到挫折。关键在于及时并且不断反思创业活动，总结失败的教训和成功的经验，从而果断调整战略和行动。取得成绩时不骄不躁，遇到挫折时冷静面对，才能让创业者在艰辛的创业路上最终获得成功。

4.1.4.5 学习能力

当代著名管理大师彼得·圣吉认为："未来竞争唯一的优势来自于比竞争对手学习得更快的能力。"创业面对的是多变的市场和激烈的竞争，创业涉及管理、技术、人际交往、资源整合、营销、财务、法律等方方面面，这就要求创业者通过不断学习来解决创业过程中遇到的各种问题。创业者及其团队要懂得"在干中学""在学中干"，既要学习创业相关的理论知识，运用到创业实践中，也要在实践中不断完善知识体系。要有终身学习的意识，只有具备较强的学习能力，才能通过不断学习来修炼和提升自身综合素质。

4.1.4.6 心理适应与平衡能力

选择创业之路，创业者大多会面临资金缺乏、团队不完善、家人不支持等困扰因素，再加上市场竞争激烈，存在很多未知和不确定因素，这些会让创业者产生低落、彷徨、焦虑、无助、患得患失等不良情绪。尤其是在企业面临危机时，创业者更容易出现消极的心理阻碍。因此，创业者必须具备较强的心理适应与平衡能力，培养乐观的心态，掌握心理调适的技巧，当面对困难、挫折时，能通过自身及时调整情绪和状态，积极思考，做出理智的判断，并采取措施解决问题。

4.2　创业团队概述

4.2.1　创业团队的内涵与特征

4.2.1.1　创业团队的概念

创业团队是指由两个或两个以上具有一定利益关系、共同承担创建新企业责任的人组成的工作团队。创业团队是团队而不是群体。团队与群体的差别在于，团队成员具有共同的目标、相互之间有利益关系，并且遵守共同的行为准则和规范，但是群体则没有这些特征。例如，军队是团队，而火车上的旅客是群体。军队有保卫祖国的共同目标和使命，有严明的纪律，军队中的每个成员都将密切合作，分别担任哨兵、侦察兵、狙击手等不同的角色，某个军事任务的成功与否取决于所有成员的共同努力。而同在一列火车上的旅客们，他们没有共同的目标，相互之间也没有利益关系，更不需要密切合作去完成特定的任务。

创业团队按其成员构成的不同，可以分为狭义的创业团队和广义的创业团队。狭义的创业团队是一群才能互补（分工）、责任共担、愿为共同的创业目标而奋斗，并能做到利益让渡的合伙人团队。合伙人团队是由创业初期投资并参与创业的多个个体组成，是创业团队的核心部分。是否拥有较高的受教育程度、前期的创业经历、相关的产业经验，以及广泛的社会关系网络等是合伙人团队能否取得日后成功的重要决定因素。广义的创业团队既包含狭义的创业团队，也包含创业过程中的切身利益相关者，如风险投资机构、董事会成员和专家顾问等。

4.2.1.2 创业团队的五个要素（5P）

（1）目标（Purpose） 创业团队应该有一个既定的共同目标，为团队成员导航，让他们知道要去向何处。没有目标，这个团队就没有存在的价值。创业团队应将目标分为长期目标与短期目标。长期目标即公司的愿景，短期目标则是长期目标的分解。比如巨人集团的创业团队在创业初期的共同目标就是建立一家极具实力的计算机企业。

（2）人（People） 人是构成创业团队最核心的元素，在一个创业团队中，人力资源是所有创业资源中最活跃、最重要的资源。充分调动创业者的各种资源和能力，将人力进一步转化为人力资源是非常重要的。在一个团队中，不仅需要有人出主意，有人制订计划，也需要有人部署实施计划，有人协调团队成员间的关系，还得有人监督创业团队工作的进展，评价创业团队最终的贡献。不同的人通过分工来共同完成创业团队的目标，因此在人员选择时要考虑人员的能力、技能、经验等诸多因素。如果处理不当，就会造成人才的流失，这是创业过程中的普遍现象之一。

（3）定位（Place） 创业团队的定位包含两层意思：一是创业团队在企业中的定位，是指团队在企业中所扮演的角色以及团队内部的决策力和执行力；二是个体（创业者）的定位，是指团队成员在团队中扮演的角色及团队内部决策的制定和执行。

（4）权限（Power） 权限是指新企业中职、责、权的划分与管理。一般来说，团队的权限与企业的大小、正规程度有关。在新企业的团队中，核心领导者的权力很大；随着团队的成熟，核心领导者的权限会降低，这是一个团队成熟的表现。

（5）计划（Plan） 计划有两层含义：一方面是为保证目标的实现而制订的具体实施方案；另一方面，计划在实施中又会分解出细节性的计划，需要团队共同努力完成。

案例分享 4-2 **"饿了么"大学生创业团队的故事**

"饿了么"作为一个订餐服务平台，在 2009 年获得上海市党群大学生创业基金 10 万元人民币的资助，2011 年又得到了来自美国硅谷的 100 万美元风险投资，由此，团队带头人、上海交通大学研究生张旭豪也将企业带入了发展的快车道。

① 创意来源。最初，张旭豪和几位同学仅仅是因为玩游戏玩到半夜 12 点，饿了，无处叫餐。"为什么晚上没有地方叫外卖呢？"这一未被满足的需求就被他们发现了。经过大家一阵热烈的讨论之后，有人说：我们来包个外卖吧！没想到，创业激情从此被点燃了。

② 观察市场。他们先是暗访一家家饭店，观察它们午间、晚间到底接多少外卖电话、送多少外卖，发现市场需求确实很大。于是他们承揽下订餐和送餐的业务。几个月下来，竟然有 17 家饭店的外卖被他们包了下来。于是，他们印广告、接电话、订餐、送餐，忙得不亦乐乎。从午间到晚间，他们就有 150～200 张订单，但是问题出现了：他们实在是忙不过来了。

③ 开发平台。在业务越来越多时，张旭豪开始考虑 C2C 模式，就是客户订餐以后，由饭店直接送餐。为了让顾客可以在任意地方实现"搜到周边饭店—进行订餐—饭店客户端收到订单—饭店送餐"这个流程，他和他的团队整整花了半年的时间开发平台，又用了两年的时间，"饿了么"网站终于上线了。网站上线以后，加盟店迅速达到了 30 家，每天的订单也增加到 500～600 份，同时也获得了各类创业大赛的奖励和基金的扶持。

④ 积累客户。"饿了么"创业团队拿下上海交通大学所在的闵行区客户之后，又开始进军华东师范大学。每开发一个市场，他们的诀窍就是"扫街"，一家家饭店去谈，一家家签约，有时拿下一个合同竟然谈了 40 多个回合！就这样一点点积累客户，"饿了么"团队完成了从量变到质变的过程，在 2011 年得到了来自美国硅谷的风险投资，开始向全国市场进军。

"做餐饮业的淘宝！"这就是张旭豪创业团队的雄心。

4.2.1.3　创业团队的特征

(1) 团队有明确的目标　团队目标既是团队发展的航标，也是团队前进的动力。远大的目标能统一团队成员的认识并激发成员的团队精神和创造力。团队的目标必须以团队成员的认可为基础，只有团队成员对目标的意义和价值有了清楚的认识和接纳，才能激励团队成员把个人目标升华为团队目标，同时产生前进的动力和信念。1990 年，沃尔玛的远大目标是到 2000 年销售额达到 1250 亿美元；1915 年，花旗银行的远大目标是成为最大和服务最好的世界性金融机构。

案例分享 4-3　　　　　　新生活从方向选择开始

在撒哈拉沙漠，有一个叫比塞尔的小村庄。有一个探险家到了这个村子，他用手语询问当地人为什么没有人能够走出去，村里的每个人都这样答："你从这儿朝任何一个方向走，最后你还是会转回原来出发的地方。"

为了求证这个说法，这位探险家雇用了一个当地人，要他带路，他想亲自看看到底是怎么回事。他们带上指南针和可以维持半个月的水，骑着两只骆驼出发了。

经过 10 天，他们大概走了 800 英里。在第 11 天的早上，他们发现自己果然又转回比塞尔村。

探险家经过思索和观察，发现了当地人走不出沙漠的原因，那就是村民们根本不认识哪个是北斗星，每次都是凭借前人的足迹、死去的树木上的纹路以及蚂蚁的洞穴来判断方向。可是，在风沙和岁月的侵蚀下，这些东西提供的信息往往是模糊的、混乱不堪的，甚至是相互矛盾的。因此，他们每次走都是凭借自己的感觉，走到哪儿算哪儿。没有任何参照物，又不认识北斗星，也没有指南针，走出沙漠确实是不可能的。

后来，一个村里的青年按照这个探险家告诉他的方法，白天休息，晚上朝北斗星方向走，最终从沙漠走了出去，成为比塞尔村的开拓者。村民们在村庄的广场上给他竖了一个铜像，铜像底座上刻着：新生活从方向选择开始。

（2）团队以协作为基础　互助协作是优秀团队不可缺少的精髓，是一个团队能否发挥最强力量的关键要素，也是团队保持稳定的关键要素。团队作用的发挥，强调的不仅仅是个体的力量，而更多强调的是团队的整体力量和团队成员的互助协作。团队协作可以激发出团队成员最大的潜力，让每个成员都能发挥出最高的水平。在工作中，团队协作往往是建立在相互信任的基础之上，团队成员互相包容、互相鼓励、互相交流，以团队成员间的友善激发团队的活力。

案例分享 4-4　　　　　海尔公司的团队协作

1994 年 4 月 5 日，下午两点，海尔公司接到一位德国经销商打来的电话，要求海尔公司必须在两天内发货，否则就取消订单。这意味着当天下午德国经销商所要货物必须装船，而 4 月 5 日正好是星期五，海关、商检等部门是下午五点下班，给海尔公司的时间只有三个小时。如果按一般程序，几乎是不可能完成这一切的。

怎么办？如何完成这个看似不可能完成的任务？此时，海尔人靠它优秀的团队创造了奇迹。他们用齐头并进的方式，负责调货的调货，负责报关的报关，负责联系船期的联系船期，每个团队成员都把身心倾注到工作中，争夺每一分每一秒，确保每个环节都能顺利通过。4 月 5 日下午五点半，这位德国经销商接到了海尔公司已将货物发出的消息，他很吃惊，也非常感激，特地写了一封感谢信给海尔公司。

（3）团队有共同的规范　团队为了实现目标，往往都会有准则制约团队成员的思想、信念与行为。这种准则即为团队规范。团队规范是一个团队价值观、团队精神的重要体现，好的团队规范往往都是团队成员认可的、拥护的，是团队成员行动的指南。一般来说，团队规范包括奖惩、培训、组织制度等，是对团队成员权利和义务的保障。团队规范通常是不断发展、变化的，随着团队战略的变化，团队规范会不断调整和革新，使之与团队战略相适应。

（4）团队有很强的互补性　团队应该具备互补型的结构。创建团队，考虑的不仅仅是个体成员的能力与素质，还要考虑成员之间在能力或技术上的互补性，包括能力、性格、技术专长、经验等的互补。对个体成员来说，每个人都有自己的长处，但每个人也都有自己的劣势，团队组建的重要目的之一就是要实现个体成员之间的优劣互补，取长补短，凸显个体成员"合体"的完美性。

案例分享 4-5　　　　　NBA 最有凝聚力的团队

圣安东尼奥马刺队是美国得克萨斯州圣安东尼奥市的一支职业篮球队。在 2014～2015 赛季，马刺队队员年龄平均达到 28 岁，是 NBA 球队中年龄偏大的球队。球队中邓肯、帕克、吉诺比利三人被称为"马刺三巨头"，他们为球队效力的时间已经分别长达 17 年、13 年、12 年。波波维奇教练执掌球队也已经达 14 年之久。在当时来说，马刺是 NBA 最有凝聚力的团队。虽然他们的年龄偏大，但是他们的团队配合、团队成员间的互补性很强。

邓肯是团队的基石，他技术全面，靠"低位单打"成名，得分能力强，球风稳重，防守能力一流，配合意识也强；帕克有"法国跑车"之称，速度快，突破能力强，有惊人的内线杀伤力，关键时刻还能在外围投篮命中；素有"妖刀"之称的吉诺比利，身体动作让人匪夷所思，投射、抢分能力很强，命中率奇高，尤其是三分球的命中率。邓肯、帕克、吉诺比利，三人内外结合，高快相配，内外串联，发挥了绝佳的团队配合。马刺队5次拿到NBA总冠军，他们团队成员的互补性、团队的凝聚力起了关键作用。

4.2.2　创业团队的作用和意义

4.2.2.1　创业团队的作用

创业团队的作用在于创业者不用孤军奋战，可以集众人所长，避己之短，形成优势互补，强强联合。在当今网络时代，信息爆炸，瞬间万变。创业者面对的是一个环境迅速变化的市场，仅靠一人之力难以同时做到更新技术、分析同行竞争，也没有足够的时间做到调整学习。创业团队能够在有限的时间里面发挥各类人才的专长和凝聚多人的智慧，提升创业成功率，降低风险，获得更广阔的市场空间。因此，与个体创业相比，团队创业具有整合资源能力强、抗风险能力强和发展后劲大等优势，能在创业过程中发挥如下关键作用。

（1）有助于新创企业克服创业过程中的资源约束　一个企业刚刚诞生的时候，往往面临着众多的资源约束，处于"没钱、没人、没客户"的三无境地，克服这些资源约束是新创企业必须解决的问题。由于一个人的能力、资金、关系网络毕竟有限，所以解决这一问题的过程往往漫长而艰辛。相比个体创业来说，创业团队由其成员具有不同的经验、能力和关系网络，其整合资源的能力会成倍增加，这无疑会有助于新创企业克服创业过程中的资源约束，实现快速成长。

（2）有助于提升新创企业的决策质量　创业活动面临高度的不确定性很高，据不完全统计，我国大学生创业成功的概率仅为2%～3%。而在导致创业失败的诸多因素中，决策失误高居榜首。创业团队由于其成员具有不同的教育背景、知识经验和个性特征，决策的速度会比个人慢，看问题的角度也会更加多元，这不但会降低决策失误的概率，而且会有助于使用创新的方式解决复杂性问题，从而提高新创企业的决策质量，降低新创企业的失败概率。

（3）有助于获取风险投资和银行贷款　风险投资商对于新创企业的发展具有重要的推动作用。风险投资商不仅能够带给新创企业发展所需要的资金，还能够带来具有国际视野的管理经验、渠道和网络。美国的一项研究表明，风险投资商投资的新创企业的存活率要高于全国的平均水平。对风险投资商来说，投资新创企业的最大风险来自创业者和创业团队的管理风险。由于团队创业在决策质量和工作绩效方面往往优于个人创业，所以风险投资商投资的大多数都是具有良好创业团队的项目。

4.2.2.2　大学生创业团队建设的意义

（1）大学生创业团队有利于激发创造力　创造力对创业活动至关重要。朝气蓬勃的大学生具有较强的创新意识，容易接受新事物。创业团队的形式使得一群志同道合的不同专业的大学生围绕创业目标相互合作，在沟通交流合作中迸发智慧的火花。即使是看似天马行空的想法，创业团队成员也可以通过发挥各自专业特长逐步实现创造性的构想。特别是现在处于"互联网+"时代，创业团队成员可以通过网络形式随时随地联系、沟通、交流、合作，共享知识和信息，不断创造出新的创业成果。

（2）大学生创业团队有利于实现优势互补　组建创业团队，成员之间可以共享信息、技术，发挥各成员在营销、管理、技术、财务、法律、交际、资源整合等方面的优势，弥补个人的短板，在创业全过程中互相支持、帮助，从而加强团队成员之间的信任，共享创业成果。当团队成员真正做到在知识、技能、资源等方面互补时，就可以充分发挥"1+1＞2"的作用。

（3）大学生创业团队有利于提升综合素质　大学生社会经验较少，创业团队成员的领导、组织、管理、营销、交际、专业技术、心理调适等方面的能力有待进一步加强。特别是当代大学生大多数是独生子女，独立性不够强，抗压能力较弱容易受挫。在激烈的市场竞争中，创业遇到困难和挫折在所难免。以团队的形式创业，有利于成员之间互相帮助，同舟共济，互相勉励，在团队合作中逐步完善自身不足，共同提升各方面能力和素质，提升创业成效。

4.3　创业团队的组建

4.3.1　创业团队的组建原则

组建创业团队有以下四大原则。

4.3.1.1　共同价值观原则

所谓价值观，指的是一个人对周围的客观事物（包括人、事、物）的意义、重要性的总评价和总看法。价值观存在于人的潜意识里，一般不易从表面看出来，但是人的价值观一旦形成，往往很难改变。所以，我们在组建团队时，就要选择价值观相同的人，而不要去试图改变其价值观以求一致。团队成员有共同的目标、相同的价值观是相当重要的。好的团队应该像"罗马军团"一样，单个作战并不出众，团队合作却能出奇制胜。

4.3.1.2　利益均衡原则

利益均衡原则包含两层含义：其一，在创业团队成员之间形成合理的利益分配机制，这种分配机制最好在创业开始时就予以明确；其二，在初始创业团队和其他团队成员之间制定一种利益均衡机制，创业企业的全部股份最好不要在初始创业团队中全部分配完毕，给日后加入的关键团队成员或企业急需的技术骨干等预留部分股份。利益均衡原则意味着创业者在进行利益分配时，应该坚持"有利于凝结创业团队，有利于获取创业需要但自己未直接掌握的关键资源，有利于关键人员掌握企业剩余的控制权和索取权，有利于提高创业活动的效率"的理念。

4.3.1.3　互补性原则

互补性是指创业团队成员在资源、能力、知识、经验和个性等方面具有互补性。创业者之所以寻求团队合作，最为重要的原因是为了弥补创业目标与自身资源和能力间的差距。只有当创业团队成员在知识、技能、经验等方面具有互补性时，双方才有可能通过相互协作发挥出"1+1＞2"的协同效应。

4.3.1.4　动态性原则

动态性是指为适应新建企业的发展变化，创业团队成员的构成也要具有动态性。创业过程是一个充满不确定性的过程，创业团队中因为能力、观念等，会不断有人离开，也不断有人要求加入，在这种情况下创业团队成员就是动态变化的。另外，企业在不同发展阶段，对人才的需求和吸引力也是不一样的，只有保持一定的动态性和开放性，才能使真正适合企业发展需要的人才被吸纳到创业团队中来。

4.3.2　创业团队的组建过程

在创业初期，尤其是大学生创业的过程中，创业团队的组建存在各种各样的情况，可能是先有了团队之后才去创业，也可能是一个人先有了创业的想法然后再组建创业团队等。创业团队的组建是一个相当复杂的过程，一般创业团队的组建过程如下。

4.3.2.1　明确创业目标

创业团队的总目标就是通过完成创业阶段的技术、市场、规划、组织、管理等工作，实现企业的从无到有、从起步到成熟。总目标确定之后，为了推动团队实现最终的创业目标，再将总目标加以分解，设定若干可行的、阶段性的子目标。

4.3.2.2　制订创业计划

在确定了总目标以及阶段性子目标之后，紧接着就要研究如何实现这些目标，这就需要制订周密的创业计划。创业计划是在对创业目标进行具体分解的基础上，以团队为整体来考虑的计划。创业计划确定了在不同的创业阶段需要完成的阶段性任务，通过逐步实现这些阶段性目标，来实现最终的创业目标。

4.3.2.3　招募合适的人员

招募合适的人员是创业团队组建最关键的一步。关于创业团队成员的招募，主要应考虑两个方面：一是考虑互补性，即考虑其能否与其他成员在能力或技术上形成互补，这种互补性既有助于强化团队成员之间的彼此合作，又能保证整个团队的战斗力，更好地发挥团队的作用。一般来说，创业团队至少需要管理、技术和营销三个方面的人才；二是考虑适度规模，适度的团队规模是保证团队高效运转的重要条件。

4.3.2.4　职权划分

为了保证团队成员执行创业计划、顺利开展各项工作，必须预先在团队内部进行职权划分。创业团队的职权划分就是根据执行创业计划的需要，具体确定每个团队成员所要担负的职责以及相应享有的权限。团队成员之间的职权划分必须清晰、明确，既要避免职权的重叠和交叉，也要避免无人承担而造成工作上的疏漏。此外，由于还处于创业过程中，面临的创业环境又是动态、复杂的，会不断出现新的问题，团队成员可能不断更换，因此，创业团队成员的职权也应根据需要不断进行调整。

4.3.2.5　构建创业团队制度体系

创业团队制度体系体现了创业团队对成员的控制和激励能力，它主要包括团队的各种约束制度和激励制度。一方面，创业团队通过各种约束制度（主要包括纪律条例、组织条例、财务条例、保密条例等），保证团队的稳定秩序；另一方面，创业团队要想实现高效运作，必须制定有效的激励机制（主要包括利益分配方案、奖惩制度、考核标准、激励措施等），使团队成员能看到随着创业目标的实现自身所得的利益。

4.3.2.6　团队的调整融合

完美组合的创业团队并非自创业开始就能确立，很多是在企业创立一定时间以后，随着企业的发展而逐步形成的。随着团队的运作，团队组建时在人员匹配、制度设计、职权划分等方面的不合理之处会逐渐暴露出来，这时就需要对团队进行调整融合。由于问题的暴露需要一个过程，因此，团队的调整融合也应是一个动态持续的过程。

4.4　创业团队的管理

4.4.1　创业团队成员的激励

创业者在创业过程中始终都需要考虑的一个问题是：如何更合理地激励创业团队，这也是创业团队成员极为关注的话题。毕竟，取得合理的收益是创业收获的具体表征，能否解决好这个问题直接关系到新创企业的存亡。新创企业的报酬制度包括股票、薪金和补贴等经济报酬以及其他一些非经济报酬，如实现个人发展和个人目标、培养技能等。每个团队成员对报酬的理解不尽相同，取决于个人不同的价值观、目标和愿望。有人会追求长期的资本收益，而另外一些人可能更偏向于短期的资金安全和短期收益。

新创企业的报酬制度应该能够激发、促进管理团队的积极性，使团队成员更好地把握企业的商机。它必须贯穿于建立团队、增强创业氛围和培养团队有效性的整个过程中。是否能吸引到高素质的团队成员并留住他们，在很大程度上取决于给予他们的物质报酬和精神激励。团队成员的技能、经验、风险意识和对企业的关心等都是通过合理的报酬制度实现的。

案例分享 4-6　　　　**推特的大手笔期权计划**

推特（Twitter）在成立运营之初，由于缺少给员工发工资的现金，于是便改为发期权。等到新一轮融资进来的时候，因为其慷慨的股权激励制度，公司需要拿出新融资的一大笔钱来回购之前老员工的股票。公司迅速壮大，为了招募新的得力干将，推特又给新加入的员工发放了大笔期权，最终就这样循环下来。

事实上，在 2014 年，推特每季度都会拿出营业收入的 35%～50% 来做股权激励。在最高峰的第二季度，推特营业收入为 3.12 亿美元，将其中的 51% 作为股权激励。2015 年推特有所收敛，拿出了营业收入的 26% 做股权激励，但 2015～2016 年，推特在每季度仍会给员工发放价值超过 1.5 亿美元的期权。

股权激励是推特承诺给员工们可观的薪酬的重要组成部分。

员工持股计划（Employee Stock Option Program，ESOP），也就是所称的期权，也被称为股权激励，是将部分股份提前留出，用于激励员工（包括创始人自己、高管骨干、普通员工），是新创企业实施股权激励计划（Equity Incentive Plan）最普遍采用的形式，在欧美国家被认为是驱动新创企业发展必要的关键要素之一。

世界 500 强企业几乎全部使用股权激励，世界上任何耳熟能详的企业几乎都实行了股权激励，包括微软、谷歌、IBM、苹果。乔布斯甚至是"1 元 CEO"，年薪仅 1 美元，但是他手中有苹果的股票期权。因此他卖力工作，企业发展的同时，他也成了亿万富豪。

在考虑创业团队激励和制定相应报酬的时候，需要对各团队成员的贡献大小进行衡量。由于贡献在性质、程度和时机上都会因人而异，故在进行绩效评价的时候可以重点考虑以下5 个方面。

4.4.1.1　创业思路

创业思路提出者的贡献应当予以充分考虑。尤其是提供对原型产品或服务极为重要的商业机密特定技术，或是对产品、市场进行了调研的当事者。

4.4.1.2　创业计划书准备

制定一份优秀的创业计划书往往需要花费很多的时间、资金和精力，因此创业计划书制定者的贡献也要适当考虑。

4.4.1.3　敬业精神和风险

一个把大部分个人资产投入到企业的团队成员，不仅会在企业失败时承担巨大的风险，还将牺牲一定的个人利益、投入大量的时间和精力并接受较低的报酬，因此应充分考虑员工的敬业精神和所承担的风险。

4.4.1.4　工作技能、经验、业绩记录或社会关系

团队成员可能给企业带来工作技能、经验、良好的业绩记录或是在营销、金融或技术等方面的社会关系。如果这些对于新创企业而言是至关重要的而且是来之不易的，那么就必须予以考虑。

4.4.1.5　岗位职责

团队成员在不同的岗位上为企业做贡献，而岗位所需技能和工作强度各不相同，应该考虑为不同的岗位分配不同的权重。

在衡量每一位团队成员的贡献时，需要充分考虑上面列举的各项因素，团队成员不仅要自己协商，达成对各项贡献价值的意见，还应该保持充分的灵活性，以适应今后的变化。

4.4.2　创业团队的冲突管理

4.4.2.1　冲突类型

创业团队的成员在创业过程中总会发生矛盾。总的来说，由此引发的冲突可以分成两大类。

（1）认知性冲突　主要是指团队成员对有关企业经营管理过程中出现的意见、观点和看法所产生的不一致性。对于一个有效的团队，成员之间就经营管理过程的相关问题存在分歧是正常的。尤其在数字时代，第三场景办公或在家办公的趋势直线上升。团队成员通过屏幕和语音传递信息、观点，很容易产生歧义和理解上的偏差，在团队沟通上很多问题隔着屏幕也无法得到有效解决，可能带来更多的摩擦。但在一般情况下，认知性冲突将有助于改善团队决策质量和提高组织绩效，也能够促进决策本身在团队成员中的接受程度。

（2）情感性冲突　基于人格化、关系到个人导向的不一致性往往会破坏团队整体绩效。冲突理论研究者把这类不一致性称为情感性冲突。情感性冲突会阻止人们参与影响团队有效性的关键活动，团队成员普遍不愿意就问题背后的假设进行探讨，从而降低了团队绩效。情感性冲突将导致冷嘲热讽、不信任和回避，因此，将会阻碍开放的沟通和联合程度。

在创业中，发生冲突几乎是必然的。发生冲突的原因有很多：员工个性差异，信息沟通

不畅，利益分配不均，个人价值观与企业价值观不协调，等等。过多的冲突会破坏组织功能，过少的冲突则使组织僵化，而不同的冲突对于企业的发展影响也会不同。研究表明，在新创企业中，适当的认知性冲突对企业绩效会产生正面的影响，而情感性冲突大都是负面的影响，因此，有必要对冲突进行科学有效的管理。

4.4.2.2　冲突管理

由于群体和个人在价值观、个人目标和需求上并不都是完全一致的，因此冲突是无法避免的。但是冲突并不一定是坏事，它也可能是由企业发展和改革引起的，发挥着创造性的作用。面对这种冲突，只要以理性、客观的态度进行观点交换和方案修改就能够获得新的突破。但是如果冲突是源于个性上的不合，就需要通过其他的方法进行解决。因此，冲突管理主要涉及群体间的冲突管理和人际冲突管理。

（1）群体间的冲突管理　处理好群体间冲突的基本原则有三个：

① 和平共处。和平共处的目的在于营造出一种友好的氛围，鼓励团队成员消除分歧，学会共处。和平共处是一种相对理想的状态，但是在大多数情况下都难以实现。这种方法需要管理者改进沟通方式和技巧，洞悉员工的心理。但是如果管理者不能获悉员工的真实想法，这种方法只能暂时平息冲突，矛盾有可能再次爆发。

② 达成和解。和解是一种妥协，即通过谈判来解决问题。双方都不能够实现自己最满意的目的，实质上是一种消极的方式。这种方式并没有最优选择，达成和解是为了调解分歧，而不是真正解决矛盾。

③ 解决问题。找到真正的根源问题并提出解决方法，而不是调和不同观点的矛盾，是解决问题的主要目的。它需要由最终实施方案的成员共同进行，并共同承担解决冲突的责任。

首先，创业团队成员应当明确问题出在哪里，并且达成共同解决问题的意愿。其次，团队成员提出若干解决方案，并反复讨论各个方案的优缺点。最后，团队成员就最佳解决问题方案以及实施方式达成一致意见。

（2）人际冲突管理　处理团队中的人际关系要比处理群体间的关系更加复杂，因为其掺杂了强烈的个人情感色彩。处理人际冲突的方式主要包括以下两种。

① 控制冲突。控制冲突的方法有一个共同点，即通过妥协让步等弱化矛盾的方式暂时性地解决冲突。控制冲突的方法主要包括让步和调解。

让步往往意味着做出让步的一方被迫进行妥协，让对方占据上风。如果双方都愿意做出让步，则需要通过讨价还价来实现，以达成双方都可以接受的解决方案。但是前一种解决方式只能够暂时性地解决表面冲突，做出让步的成员通常会心有不甘，矛盾会再次爆发。

调解通常由第三方介入，致力于释放冲突双方的紧张情绪，并鼓励团队成员积极处理冲突。调解本身并不关注问题所在，而是关注冲突双方的反应，并不能够指出冲突的本质。

② 建设性对抗。建设性对抗是从根本上解决冲突的最优选择，指的是由第三方营造出探索性和和谐性的环境，将冲突双方聚在一起，去理解对方的观点与感受。这是一种进行换位思考、产生理解与认同，能够实现双赢的方式。

冲突双方在第三方的帮助下，以较合作的态度直面冲突，并对当下的形势进行探讨。这种建设性对抗往往是根据具体事件和客观行为来判断，较少关注动机。但是在建设性对抗的过程中，第三方角色的难度很大，需要使冲突双方就进行探讨的基本原则达成共识，并减少敌对行为，鼓励冲突双方提出问题出现的原因并产生解决问题的一致愿望。第三方必须尽量保持公平公正，避免表现出更支持或亲近某一方。

第三方可以采取以下方式：积极聆听；仔细观察；提出开放性问题；允许冲突双方自由表达；鼓励冲突双方自己解决问题，并制订备选方案；适当提供建议和指导。

 思维与训练

1.试列举成功的创业者应该具备的素质，谈谈你应该怎样去培养自己的这些素质。

2.数字经济时代，创业者需要培养哪些新的素质或者能力？

3.为什么创业需要组建创业团队？谈一谈你有哪些管理创业团队的好办法。

第5章 创业机会与创业风险

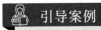 **引导案例** 　　　　　**用积极的心态去发现创业机会**

　　经常听到一些想创业的朋友这样抱怨："别人机遇好，我运气不好，没有机遇。""我要是早几年做就好了，现在做什么都难了。"这都是误解，其实机遇无处不在，就看你能不能识别它。

　　大家都知道牛仔裤的发明人是美国的李维斯。当年他跟着一大批人去西部淘金，途中一条大河拦住了去路，许多人感到愤怒，但李维斯却说"棒极了"。他设法租了一条船给想过河的人摆渡，结果赚了不少钱。不久摆渡的生意被人抢走了，李维斯又说"棒极了"。因为采矿容易出汗，饮用水很紧张，于是别人采矿他卖水，又赚了不少钱。后来卖水的生意又被抢走了，李维斯又说"棒极了"。因为采矿时工人跪在地上，裤子的膝盖部分特别容易磨破，而矿区里却有很多被人丢弃的帆布帐篷，李维斯就把这些旧帐篷收集起来洗干净，做成裤子，销量很好，"牛仔裤"就是这样诞生的。李维斯将问题当作机会，最终实现了致富梦想，得益于他有一种乐观、开朗的积极心态及细致的观察力。

　　著名成功学大师拿破仑·希尔说："一切成功，一切财富，始于意念。"所有想创业的朋友，如果你暂时还没发现机会或抓住机会，不要怨天怨地怨人，先想一想自己的态度是否积极，思想观念、思维方式是否正确。

5.1　创业机会概述

5.1.1　创业机会的概念及特征

5.1.1.1　创业机会的概念

　　创业是建立在机会的基础上。顾名思义，机会即恰好的时候、时机。创业机会，又称商业机会或者市场机会，通常，创业机会有以下几种常见定义。

　　① 创业机会是指可以为购买者或使用者创造或增加价值的产品或服务，它具有吸引力、持久性和适时性。

　　② 创业机会是可以引入新产品、新服务、新原材料和新组织方式，并且能以高于成本价出售的情况。

　　③ 创业机会是一种新的"目的—手段"关系，它能为经济活动引入新产品、新服务、新原材料、新市场或新组织方式。

　　④ 创业机会是指具有较强吸引力的、较为持久的有利于创业的商业机会，创业者据此

可以为客户提供有价值的产品或服务，并同时使创业者自身获取利益。综上所述，对于创业机会我们可以得出较为全面的概念：创业机会，是指在市场经济条件下，社会的经济活动过程中形成和产生的一种有利于企业经营成功的因素，是一种带有偶然性并能够被经营者认识和利用的契机。

大多数创业者都是把握了商业机会从而成功创业。例如，蒙牛的牛根生看到了乳业市场的商机；好利来的罗红看到了蛋糕市场的商机。在现实生活中，这样的例子不胜枚举。但是，仅有少数创业者能够把握创业机会从而成功创业，一旦创业成功，不仅会改变人们的生活和休闲方式，甚至能创造出新的产业。随着人们对创业机会价值潜力的探索，会逐渐衍生出一系列的商业机会，滋生出更多的创业活动，例如互联网创业的例子。

5.1.1.2　创业机会的特征

创业机会如同沙中的黄金，其稀缺性和难以捕捉性显而易见，需用独特的创业视角和方法才能发现，创业机会具有如下特征。

（1）模糊性　创业机会永远是"浑水"中的鱼，是隐藏于模糊环境中尚未清晰显现的市场需求，一旦清晰，商机也就不存在了。商机的模糊性隐藏着商机的风险性，创业机会与创业风险只有一步之遥。

（2）适度风险性　创业机会中的利益与风险永远是对等的。创业者通过承担风险获得剩余价值，而工人通过转嫁风险获得工资。适度挑战风险但不做冒险家、看重结果而不计较损失，善于捕获那些祈求太平的人们称之为"铤而走险"的机会而获得高价值收入，是创业家的三大人格特征。所有的创业机会均具有风险性。

（3）适时性　创业机会产生在一个特定时间，同时，在特定的时间才有效用，所以要善于在有效的机会实效内抓住和利用机会。

（4）普遍性　凡是有市场、有经营的地方，客观上就存在着创业机会。创业机会普遍存在于各种经营活动过程之中。

（5）较高回报性　商机是一种潜在的高价值回报的市场需求。商机所蕴含的潜在的高价值是令人激动的，对商机高价值的发现和期待是激情创业的主要原因和原动力。

（6）潜在增长性　创业机会是外部环境因素中一种尚未明显的，具有足够潜在增长空间的正向市场需求趋势。

（7）存在于未被发现和未被满足的市场需求中　商业机会是未被发现和未被满足的市场需求，它往往隐藏于市场的夹缝中。创业活动不仅仅会满足市场的需求，还会创造市场的需求。如人们有通信的需求，E-mail、微信则创造了不同的方式来满足这个需求。

5.1.2　创业机会的来源及类型

创业机会来源于环境的变化及其他各种各样的因素，其根源在于事物的变化（包括产品、服务、市场等方面）。下面从理论上对我国的创业机会的来源进行详述。

5.1.2.1　创业机会的来源

我国学者在学习和借鉴国外研究成果的基础上，总结了我国的创业实践，认为当今我国创业机会来源主要有以下七个方面。

（1）顾客需求　创业的根本目的是满足顾客需求，而顾客需求在没有满足前就是问题。例如，大学生难以处理不用的书籍，于是有了二手书市场；一位大学生发现学生放假时有交通难的问题，于是创办了一家客运公司，专做大学生的生意。这些都是从"负面"寻找机会的例子，寻找创业机会的重要途径是善于发现和体会人们在需求方面的问题或生活中的难处。在顾客需求没有满足前是问题，把"问题"解决了，就可转化为创业的机会。

菲利普·科特勒教授提出："市场营销的一个根本前提就是分析市场需求，然后基于市场需求生产制造出自己的产品。"创业能否成功，就在于能不能发现潜在需求，并将满意和愉悦及时奉送给有这些需求的人。找出盲点，需要敏锐的眼光和创新的灵感。找出热点中的热点，财富就离你不远了。

（2）市场变化　市场上，唯一不变的规律就是变化。创业的机会大都产生于不断变化的市场环境中，环境变化了，市场需求、市场结构必然发生变化。创业者应当积极寻找这种变化，把它转化为商机。世界著名的管理学大师彼得·德鲁克将创业人定义为那些能够寻找变化并积极反应，把它当作机会并充分利用的人。例如，居民收入水平提高，私人轿车的拥有量将不断增加，这就会派生出汽车销售、修理、配件、清洁、装潢、二手车交易、陪驾等诸多创业机会。

案例分享 5-1　　　两厘米的商机

1998 年，互联网公布了欧元的有关信息：

5 欧元纸币——为灰色，长、宽分别为 120 毫米和 62 毫米；

10 欧元纸币——为红色，长、宽分别为 127 毫米和 67 毫米；

20 欧元纸币——为蓝色，长、宽分别为 133 毫米和 72 毫米；

50 欧元纸币——为橘色，长、宽分别为 140 毫米和 77 毫米。

很多人是从猎奇、好玩、休闲的视角看待这些公众信息的，可是精明的浙江商人却以他们独有的商业视角，在这些公众的信息中警觉地发现：欧元的尺寸大于欧洲各国货币——欧洲人的钱夹小了。

于是，海宁商人沈阿瑟迅速调集资金，抓紧开发了 40 多款共 230 万只欧元专用票夹，及时投放欧洲市场，很快一销而空。由于价廉物美，适销对路，大批欧元专用票夹的订单接踵而来，每天都有上万只欧元专用票夹经过上海口岸漂洋出口到意大利米兰。耐人寻味的是，记者同时采访了上海好几家著名箱包票夹生产销售企业，得到的回答是，欧元至今还没有看到过，不知道尺寸到底是多少。

而在皮件行业滚打摸爬了十几年、原本在市场激烈竞争中艰难求生的沈阿瑟毫无疑问地获得了"欧元钱包之父"的称号。

（3）他人经验　从别人的成功经验中寻找创业灵感，往往能找到不一样的商机。虽然成功者的经验不能放之四海而皆准，但一个人的成功必然是诸多因素集结而成的，借鉴其中的长处，必然比毫无头绪、乱闯乱撞要可行得多。学习成功者的长处和优点，可使创业者的视野更加开阔，思路更为清晰明了。

（4）创造发明　知识经济的一个重要特征就是信息爆炸，技术不断更新换代，这些都蕴藏着大量的商机。我们可以通过"知本＋资本"的方式发展企业，知本是指大学生创业者所具备的某一专业、技术特长或成功研制的一项新产品、新工艺；资本指的是投资者的风险投资。这种创业方式主要集中于电子信息、生物技术、高科技农业等技术含量高、知识密集型的行业。比如，有个大学生回家乡创业养鱼，他发现养鱼的一个重要工作是喂食，人工喂食工作很辛苦，效果也不好。于是，他利用自己所学的专业知识，发明了一款全自动喂食机，最终这款机器实现了产业化。

（5）细节　在被别人忽略的细节中，通常蕴含着创业机会，如果你时刻留心，你就会比别人更容易成功。任何一项事物都不可能完美无缺，而任何一项新奇的事物都是一扇创业的大门。想要从不起眼的小事中挖掘出重要的商机，你需要耐心、细心并敢于联想。例如，有个大学生发现每年大学开学，一年级的学生都要参加军训，军训结束后，大量的军训服都会被遗弃。于是，他成立了一家专门回收军训服的公司，通过低价买进军训服，然后卖给一些农民工、建筑工等，赚取差价，取得了不错的效益。

（6）市场竞争　如果你通过市场调研，看出了同行业竞争对手的问题，并能弥补竞争对手的缺陷和不足，这就将成为你的创业机会。因此，平时要做个有心人，多了解周围竞争对手的情况，分析与你有相同服务的竞争对手的优点和缺点。好的要学习和再提高，不好的就要在自己的项目中弥补这些不足，同时看看自己能否做得更好，能否提供更优质的产品，能否提供更周全的服务，如果可以，你可能就找到了创业机会。

（7）新知识、新技术的产生　一些新知识和新技术的产生，也为创业者提供了创业的机会。例如，现在的手机不仅能打电话，短信、彩铃、上网、照相等功能相继出现，这些功能的市场需求，就给拥有这种技术的人提供了市场创业机会，于是就有了利用短信、彩铃、上网等功能来创业的人，有人把它称为"拇指经济"，这一切都来源于新知识和新技术的产生。例如，南京的几个大学生，在手机平台上开发出一款找厕所的软件，该软件最核心的部分就是制作城市厕所地图，这给一些外地人带来了便利。

新知识、新技术的出现已经大大改变了企业间的竞争手段和模式，也使得拥有新知识、新技术的人发现和利用机会的能力大幅度提高，从而激增了创业机会。近年来，移动互联网、3D打印、云计算、纳米技术等新技术带来了无限的创业机会。

案例分享 5-2　　20秒充满一部手机的"超级充电器"

据英国《每日邮报》报道，来自加州林布鲁克中学的 18 岁女中学生伊莎·卡瑞，凭借自己发明的"超级充电器"，获得 2013 年度"英特尔国际科学工程大奖赛"5 万美金奖励。

这一体型小巧的"超级充电器"使用了纳米技术，充满一部手机仅需 20 秒左右，且电量能长时间保存。该电容设备还具有超长的使用寿命，能够循环充电使用上万次，而且非常柔韧，可以放在服装织物等其他物品当中，比普通电池拥有更多优点和用处。

伊莎小小年纪就取得了如此了不起的成就，不仅为相关产业领域提供了潜在的创业机会，也给她自己带来了机遇。虽然目前该充电器只在发光二极管上使用过，但伊莎认为，未来这一发明可以广泛用于手机、电动汽车等使用重复充电电池的设备。谷歌公司也开始与伊莎进行积极接触，双方有望展开紧密合作。

5.1.2.2　创业机会的主要类型

当我们发现一个潜在的创业机会后，需要进一步明确这个创业机会的类型。对于同一个问题，因为创业机会的类型不同，需要的资源、知识产权保护方式、产品研发投入、承担的风险也不同。重要的是，了解创业机会的类型，能够帮助人们准确分析这个机会是不是真正的商机，是不是真正值得投资。创业机会主要包括以下几种类型。

（1）复制型创业机会　复制型创业机会是在市场和产品都很明确的情况下，复制已有的创业模式。这样的企业都有成功的案例，有迹可循。这样的创业机会比较容易识别，属于一种显性的创业机会。看到了这样的问题，也就找到了创业机会。所以，必须找到供需之间确实存在问题的行业，才能够营利和持久。主要的复制型创业机会包括网店、连锁店、加盟店等。

（2）模仿型创业机会　模仿型创业机会是指对一种已经成功的创业模式进行改良，从一个市场移植到新的市场，或者从一个地方移植到另一个地方，所以这样的机会也称移植型机会。比如，QQ 最初模仿了国外的 ICQ，再结合中国人的习惯和市场进行改进和完善。其他类似的例子包括搜索引擎、网上支付、电商平台、电视广告、手机叫车等大都是复制后进行一定的改进。

（3）增值型创业机会　增值型创业机会是通过一种全新的或者大幅度改进的产品来满足已知的用户需求的创业方式。创新的产品会比原有的旧产品提供更高价值或更高性价比。以教学为例，很多初创企业提供全新的教学用品，甚至是突破性或者破坏性的创新产品，来满足教学的要求。例如：白板替代了黑板，PPT 配合投影仪又替代了白板，而慕课（大型网络公开课）大有可能替代现有的 PPT 加投影仪的教学模式。增值型创业机会主要依靠新产品的开发，这样的创业机会有时候是解决现有的问题。出租车行业作为传统行业已经有较长的历史，但似乎只有复制型创业的例子，这个行业已经基本饱和，然而在高峰期仍然有很多人打不到出租车。手机叫车软件发现了这个问题和需求，并提供了方便快捷的打车和支付方式，给传统的出租车行业带来冲击。增值型创业机会既需要坚实的专业技术知识和创新能力，也需要敏锐的观察力和发现所在市场的各种问题和需求的能力。

（4）风险型创业机会　风险型创业机会往往是利用某种技术或社会发展趋势带来的创业机遇而创造出全新的产品、全新的市场甚至全新的行业。风险型创业机会是借助新趋势而开拓的新的创业机会。这样的趋势包括技术变革、政治和制度变革、社会变革、人口结构变化和产业结构变革等。风险型创业机会的市场、产品都是不确定和高度创新的，所以风险高，失败机会大。风险型创业必须借助一个大的趋势，不然很难达到一定的规模。所以关注某个领域的重大进步，深入学习和参与某个行业的技术发展，关注新闻和时事报道，有利于发现潜在的创业机会。例如中国新城镇发展、老龄化、纳米技术、航天技术、新能源技术等都可能带来新的创业机会。

四种创业机会的比较如表 5-1 所示。

表 5-1　四种创业机会的比较

项目机会类型	复制型创业机会	模仿型创业机会	增值型创业机会	风险型创业机会
机会特征	高度显性	中度显性	中度隐性	高度隐性
识别难度	低	较低	较高	很高
创业风险	低	较低	较高	很高
自主创新程度	很低	较低	较高	比较高

5.1.3　识别创业机会

创业机会识别是创业领域的关键问题之一。从创业过程角度来看，它是创业的起点。创业过程就是围绕着机会进行识别、开发、利用的过程。识别正确的创业机会是创业者应当具备的重要技能。创业机会以不同形式出现在不同时期。在机会识别阶段，创业者需要弄清楚机会在哪里和怎样去寻找。对创业者来说，在现有的市场中发现创业机会，是很自然和较经济的选择。一方面，它与我们的生活息息相关，能真实地感觉到市场机会的存在；另一方面，由于总有尚未全部满足的需求，在现有市场中创业，能减少机会的搜索成本，降低创业风险，有利于成功创业。现有的创业机会存在于不完全竞争下的市场空隙、规模经济下的市场空间、企业集群下的市场空缺等。

5.1.3.1　有价值的创业机会的基本特征

一般说来，有价值的创业机会有以下特征。

① 在前景市场中，前五年中的市场需求会稳步增长。

② 创业者能够获得利用该机会所需的关键资源。

③ 创业者不会被锁定在"刚性的创业路径"上，而是可以从中途调整创业的"技术路径"。

④ 创业者有可能创造新的市场需求。

⑤ 特定机会的商业风险是明朗的，且至少有部分创业者能够承受相应风险。

5.1.3.2　创业机会的识别过程

创业者从复杂和梦幻般的创意中选择了其心目中的创业机会，接下来是组织资源着力开发这一机会，直至最终收获成功。这一过程中，机会的潜在预期价值以及创业者的自身能力得到反复的权衡，创业者对创业机会的战略定位也越来越明确，这一过程称为机会的识别过程。创业机会的识别是创业领域的关键问题之一。从创业者的角度讲，它是创业的起点，创业机会识别过程是一个不断调整、反复均衡的过程。它可分为三个阶段：机会搜寻阶段、机会识别阶段、机会评价阶段（见图5-1）。

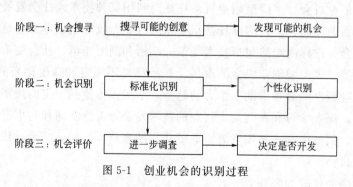

图 5-1　创业机会的识别过程

5.1.4　创业机会的识别方法

5.1.4.1　通过市场调研发现机会

多数创业机会都可以通过市场调研分析得以发现。借助市场调研，对企业的微观环境（顾客、供应商、竞争对手等）和宏观环境（政治、法律、技术、人口等）进行分析，寻找机会。例如，中小学生的校外培训教育需求，社会老龄化产生的老年人消费需求，食品安全问题引发的绿色食品需求，下岗失业问题产生的就业需求等。

5.1.4.2　通过问题分析和顾客建议发现机会

问题分析就是要找出个人或组织面临的问题并由此产生的需求，进而找出解决方法。对创业者来说，一个有效并能产生回报的解决方法就是识别机会的基础。顾客最清楚自己需要什么，一个新的机会有可能由他们识别出来，顾客会提出一些诸如"能那样的话肯定会更好"之类的非正式建议。留意这些意见，有助于发现创业机会。

5.1.4.3　通过创新获得机会

在新技术行业中此种方法最为常见，它可能始于某项新技术的发明，进而发展新技术的商业应用价值，也可能始于拟满足的市场需求，从而积极探索相应的新技术和新方法。通过创新获得机会的方式难度最大，风险也更高。一旦成功，其回报也更大。比如当当网、亚马逊等成功将互联网技术引入图书销售，艺龙旅行网和携程网成功将互联网技术引入旅客咨询服务并形成广阔的应用和开发前景。

5.2　创业机会的评价

所有的创业行为都来自绝佳的创业机会，创业团队与投资者均对创业前景有极高的期待，创业家更是对创业机会在未来所能带来的丰厚利润满怀信心。不过我们都知道，几乎九成以上的创业梦想最后都会落空。事实上，新创业获得成功的概率大约不到1%。成功与失败之间，除了不可控制的因素之外，显然有很多创业机会在刚开始的时候就可能已经是注定失败的命运。创业本身是一种高风险行为，但是即使失败也可能成为下一次创业成功的基础。不过，对于一些先天条件不好、市场进入时机不对，或者具有致命瑕疵的创业构想，创业者如果能先以较客观的方式进行评估，那么许多悲剧式的结局就不至于一再发生，创业成功的概率也可以大幅度提升。因此创业者需要借助"机会选择漏斗"，经过一层又一层的筛选，在众多机会中筛选出真正适合自己的创业机会。所以创业机会评价是创业的重要环节。

5.2.1　创业机会评价的内容

创业机会评价的内容包括以下几个方面。

5.2.1.1　行业和市场

一个关键的评价标准就是创业想法是否有市场。这个市场由有购买力及愿意并能够购买你的产品或者服务的消费者组成。因此，满足消费者的需求还要考虑合适的价格、地点和时间。想要成为创业者就需要收集这些信息，收集渠道包括图书馆、政府部门、大学、互联网、报纸等。

5.2.1.2　机会窗的大小

机会经常被称为一扇窗户。也就是说，机会是真实存在的，但不是永远都敞开的。随着时间的推移，市场以不同的速度在增长，市场变得越大，确定市场的难度就越大，因此时机的选择很重要。另外一个问题是要了解窗户打开的时间长度，在窗户关闭之前把握住机会。

5.2.1.3　创业者的个人目标和能力

对于任何投资创业的人，是否愿意承担风险是一个重要的问题。个人的动机是成功创业者的本质特征。因此，除非一个人真的想要创办一个企业，否则他是不愿意承担风险的。另一个问题就是潜在的创业者是否具备创业必需的能力（包括知识、技能和特质）。如不具备，他们是否能够学习并提高这些能力。这对于创业成功非常重要。

5.2.1.4　团队管理

在许多风险投资尤其是涉及大量资金、高风险、成熟的市场、激烈的竞争等特点的投资中，管理团队是一个衡量投资吸引力的重要指标。该团队在相同或者相关行业和市场中的技能和经验通常决定了企业的成败。

5.2.1.5　竞争

一个吸引人的机会必须具备某些竞争优势。比如，与市场中同类产品相比成本更低或者质量更好。另外，进入市场的壁垒问题，如需要大量的资金投入、保护（专利权）、合同优势等，是决定投资与否的重要因素。

5.2.1.6　资源

掌握可用的资金、技术和其他必需的资源将决定是否可以利用某个机会。一般规则是，如果某个想法、产品或服务在某个地区有一定的市场，条件越难满足，企业越有吸引力。

5.2.1.7　环境

企业的外部环境对于机会的吸引力有着非常大的影响。我们谈及的环境不仅仅包括自然环境，而且还包括政治、经济、地理、法律等社会环境。

5.2.1.8　可行性研究和创业计划

投资者和贷款人都要考虑到以上相关问题并以创业计划书的形式展现出来。一个市场论证严格、文字表述清晰、内容简洁有效的创业计划书也在评估范围内。

5.2.2　创业机会的评价准则

针对创业机会的市场与效益，评价准则有以下两种。

5.2.2.1　市场评价准则

市场评价准则包括六个方面。

（1）**市场定位**　包括市场定位是否明确、顾客需求分析是否清晰、顾客接触通道是否流畅、产品是否持续衍生等，以此来判断创业机会可能创造的市场价值。

（2）**市场结构**　对创业机会的市场结构需要进行六项分析：进入障碍、供货商、顾客、经销商的谈判力量、替代产品的威胁和市场内部竞争对手的反击程度。

（3）**市场规模**　市场规模大，进入障碍相对较低，市场竞争激烈程度也会略微下降。若要进入的是一个十分成熟的市场，那么利润空间会很小，不值得进入；若是一个成长中的市场，只要时机正确，必然会有获利空间。

（4）**市场渗透力**　对于一个具有巨大市场潜力的创业机会，市场渗透力评价将是非常重要的。应该选择在最佳的时机进入市场，即在市场需求正要大幅增长之际。

（5）**市场占有率**　一般而言，要成为市场的领导者，至少需要拥有 20% 以上的市场占有率，若市场占有率低于 5%，则这个企业市场竞争力不高，不具有投资价值。

（6）**产品的成本结构**　从物料与人工成本所占比重之高低、变动成本与固定成本的比重以及经营规模的大小，可以判断企业创造附加价值的幅度以及未来可能的获利空间。

5.2.2.2　效益评价准则

效益评价准则包括以下四点。

（1）合理的税后净利　一般而言，具有吸引力的创业机会，至少需要能够创造 15% 以上的税后净利。如果创业预期的税后净利是在 5% 以下，那么这就不是个很好的投资机会。

（2）达到损益平衡所需时间　合理的损益平衡时间应该在两年之内，如果三年还达不到盈亏平衡，通常评价为不值得投资项目。

（3）投资回报率　考虑到创业面临的各种风险，合理的投资回报率应该在 25% 以上，而 15% 以下的投资回报率通常评价为不值得投资项目。

（4）资本需求　资本需求量较低的创业机会，投资者一般会比较欢迎。通常，知识越密集的创业机会，对资金的需求量越低，投资回报反而越高。

5.2.3　创业机会的评价方法

如果创业机会难以衡量或评价，那么创业机会的研究就会停留在概念层面，很难真正深入研究机会与创业过程中其他因素的关系与作用机制。在创业机会开发过程的各阶段，创业者会对潜在的市场或资源进行非正式的研究，对机会做出多次评价，这些评价会使创业者识别出其他的新机会或调整其最初的看法。通过循环反复的"识别—评价—开发—识别"步骤，一个最初的商业概念或创意就会逐步完善起来。创业机会的主要评价方法如下所述。

5.2.3.1　定量分析方法

著名的创业学家蒂蒙斯总结概括了一个评价创业机会的框架体系。其中涉及八大类分项指标的创业机会评价模型，该模型是目前包含评价指标比较完全的一个体系。通过一种量化的方法，创业者可以利用这个体系模型对行业与市场、竞争优势、经济结构和收获、管理团队、致命缺陷问题做出判断，以及评价这些要素加起来是否可以组成一个有足够吸引力的商机。一些风险投资商和创业大赛都是借用该模型对创业项目进行评价的。

指标评述：

① 创业企业行业与市场表现评价指标。从竞争者角度来看，包括以下评价指标：是新兴行业，竞争不完善；竞争者生产能力几乎饱和；在 5 年内能占据市场领导地位，达到 20% 以上；技术优势、成本优势或者销售网络优势；供应商角度，包括同竞争者比，拥有低成本供应商；供应商的议价能力强；产品角度，包含产品的利润空间高；产品的不可替代性高，市场影响力大；产品的生命周期长；产品的技术要求高，进入门槛严格；针对消费者角度，包括市场是否容易识别；客户对企业提供的服务的满意度是否高；市场规模大小；市场成长率在 30% 或者更高。

② 对于企业所面临的经济因素，蒂蒙斯模型考察了以下几个内容：创业企业达到盈亏平衡点的时间、企业的投资回报率、项目的融资能力、年销售额的增长率、良好的现金流能力、企业的毛利润等。

③ 对于企业的收获条件，包括项目附加值的战略意义和企业现有的或可预料的退出方式。

④ 企业的竞争优势包括成本优势、专利权的优势、关系网络、管理团队。

⑤ 创业企业的管理团队指标，包括创业团队是一个优秀管理者的组合，管理者的行业和技术经验达到了行业内的最高水平，管理者的正直廉洁程度达到了很高的水平，创业团队知道自己还缺少哪方面的经验和知识。

⑥ 创业企业不存在任何致命缺陷。

⑦ 对于创业者的个人要求：个人目标与创业活动相符合，可以承受适当的风险，面对压力仍然保持良好的管理状态等。

⑧ 创业企业理想与现实的战略性差异：所创办的企业适应时代潮流，采用的技术具备突破性，时刻寻找新的机会，定价与市场领先者几乎持平，能够允许失败，在客户服务管理方面有很好的服务理念，企业具备灵活的适应能力。

以上评价因素，应该根据具体的创业机会特性选用，在评价运用时都设有机会的最高和最低吸引力，通常大多创业机会都是处于最高与最低之间，运用者根据具体情况对所运用的每一项进行打分，然后根据得分高低来判断该创业机会的潜在价值。

5.2.3.2　标准打分矩阵法

标准打分矩阵法是选择对创业机会成功有重要影响的因素，并由专家对每一个因素进行最好（3分）、好（2分）、一般（1分）3个等级的打分，最后求出每个因素在各个创业机会下的加权平均分，从而可以对不同的创业机会进行比较。表 5-2 中列出了其中 10 项主要的评价因素，在实际使用时可以根据具体情况选择其中的全部或部分因素来进行评价。

表 5-2　标准打分矩阵表

标准	专家打分			
	最好(3分)	好(2分)	一般(1分)	加权平均分
易操作性				
质量和易维护性				
市场接受性				
增加资本能力				
投资回报				
专利权状况				
市场大小				
制造的简单性				
口碑传播力				
成长潜力				

这种方法简单易懂、方便操作，主要用于不同创业机会的对比评价，其量化结果可直接用于机会的优劣排序。如果只有一个创业机会的评价，则可采用多人打分后进行加权平均，其加权平均分越高，说明该创业机会成功的可能性越大。

5.3　创业风险及防范

5.3.1　创业风险的概念与特征

5.3.1.1　创业风险的概念

创业风险是指企业在创业过程中存在的各种风险。由于创业环境的不确定性，创业机会与创业活动的复杂性，创业者、创业团队与创业投资者的能力和实力的有限性所导致的创业活动结果的不确定性，就是创业风险。

创业者不要简单地以为经过千斟万酌而确认的创业机会就不会有风险了，其实再有价值的创业机会也是有风险的，因为多数创业机会都蕴含着诸多的不确定性。

案例分享 5-3　　尽量避免风险保住本金

股神巴菲特是一个非常善于规避风险的高手。1956 年，26 岁的巴菲特靠找亲朋凑来的 10 万美元白手起家；52 年后，福布斯最新全球富豪排行榜显示，巴菲特的身价已位居全球首位。今天看来，巴菲特的故事无异于神话，但仔细分析巴菲特的成长历程就会发现，他并非那种善于制造轰动效应的人，却更像一个脚踏实地的平凡人。

在巴菲特的投资名言中，最著名的无疑是这一条："成功的秘诀有三条：第一，尽量避免风险，保住本金；第二，尽量避免风险，保住本金；第三，坚决牢记第一、第二条。"为了保证资金安全，巴菲特总是在市场最亢奋、投资人最贪的时刻保持清醒的头脑而急流勇退。1968 年 5 月，当美国股市一片狂热的时候，巴菲特却认为再也找不到有投资价值的股票了，因此他卖出了几乎所有的股票并解散了公司。结果在 1969 年 6 月，股市大跌，渐渐演变成了股灾，到 1970 年 5 月，每种股票都比上年初下降了50%，甚至更多。

巴菲特的稳健投资、绝不干"没有把握的事情"的策略使他逃避过一次次股灾，也使他能在机会来临时使其资本迅速增值。

5.3.1.2　创业风险的特征

创业风险种类繁多，贯穿并交织于整个创业过程中，但是这些风险具有一些共同的特征。

（1）客观性　创业本身就是一个识别风险和应付风险的过程，风险的出现是不以人的意志为转移的，所以创业风险的存在是客观的。

（2）不确定性　由于创业的影响因素具有不确定性，这些因素是不断变化、发展的，甚至是难以预料的，因此造成了创业风险的不确定性。

（3）双重性　创业有成功和失败两种可能性，创业风险有盈利和亏损双重性。

（4）可变性　随着影响创业因素的变化，创业风险的大小、性质和程度也会发生变化。

（5）可识别性　根据创业风险的特征和性质，创业风险是可以被识别和划分的。

（6）相关性　创业风险与创业者的行为紧密相连。同一风险，采取不同的对策，将会有不同的结果。

5.3.2　大学生创业过程中常见的风险

大学生创业过程中面临的风险主要有自身因素的原因及社会环境方面的影响。具体来说，主要包括以下几个因素。

5.3.2.1　创业心态

眼高手低、纸上谈兵是大学生最常见的创业风险。大学生长期待在校园里，对社会缺乏了解，更缺少创业经验，其创业想法往往因一时创业激情而起，大学生易把创业问题简单化、理想化，对创业过于自信，对困难估计不够，认为自己学历高、成绩好、获得过各种奖励，动手创业就能成功。还有些大学生过分夸大创业困难，过高估计创业压力，过低估计自身价值，妄自菲薄，没有信心和勇气面对创业，根本不愿意动手尝试。另外，有的大学生由于没有经受过挫折的考验，心理承受能力和自我调节能力较差，创业受挫后易产生强烈的挫折感，忧心忡忡，胆怯心虚，不能正确认识自己的创业优势，甚至把自身的长处看成短处，在创业竞争中信心不足，自我设限，错失良机，严重影响了创业的成功。

5.3.2.2　项目风险

项目风险是指在创业初期因选择的创业项目不当，导致企业无法盈利而难以生存的风险。

大学生创业激情高，但容易盲目选择项目，多数大学生没有进行前期市场调查和绩效分析，看到别人干什么自己也跟着模仿，缺乏针对自身特长及资源的调查分析。例如，加盟连锁经营型创业模式虽可以直接享受知名品牌的影响，复制他人的成功经验，并能获得资源支持，降低经营成本，但也存在着虚假宣传、交纳高额加盟费，甚至以合法形式掩盖非法目的等不良现象的风险，大学生创业者一旦被天花乱坠的宣传语所迷惑，不考虑自己的实际情况，没有收集资料，也不进行实地考察和市场分析，就盲目选择加盟连锁创业模式，那么企业发展的风险就会较大，从而影响创业的成功。

5.3.2.3　资金风险

资金风险是指因资金不能及时供应而导致创业失败的可能性。

对于新创企业，资金缺乏是最为普遍的问题，如果创业者不能及时解决这个问题，非常容易造成创业夭折。例如，巨人集团因为修建巨人大厦时 1000 万元的资金缺口而轰然崩塌；辉煌一时的新疆德隆集团，短短几年内一下子进入十几个产业，总负债高达 570 亿元，酝酿了巨大的资金风险，2004 年初，德隆集团资金链开始断裂，建造在沙滩上的堡垒顷刻间分崩瓦解。可见，资金风险对于新创企业来说往往是致命的。因此，快速、高效地筹措到资金是创业成功的重要因素。

大学生长期生活在校园里，没有资金来源，更无资金积累，再加上大学生交往对象多为处境相同的学生，社会关系简单，很少能够从同学处筹措到创业资金，并且刚出校门的大学生想轻松地从银行贷到资金也十分困难。目前，大学生创业的资金更多的是靠父母、亲戚的帮助，融资渠道单一，资金来源不稳定，资金数额较小，创业之初资金的局限性为后期的企业发展埋下了隐患。企业创办起来后，缺少发展资金极易造成企业的现金流中断，不能支持企业的正常运作，使企业发展停滞不前，甚至倒闭，从而造成创业失败。

5.3.2.4　法律风险

大学生由于社会经验不丰富，法律观念不强，维权意识淡薄，在创业开始时乃至整个过程中都有可能深陷法律陷阱，这将会对企业造成致命的打击。例如，合伙制企业投资者需要承担无限连带责任，如果企业对他人造成人身损害或财产损失，企业不但要以自身财产赔偿对方损失，在企业财产不足以赔偿对方损失时，投资合伙人还要以个人财产赔偿对方造成的损失。所以，大学生创业选择合伙制企业模式时一定要慎重考虑。再有，大学生创业者在与客户签订合同时不注意审查对方的主体资格，不调查了解对方的信用、履行合同的能力，以及还债能力等情况，往往会造成合同无效或者对方无力履行合同，甚至钱款或货物被骗等情况发生。在权利受到侵害时，大学生创业者维权意识淡薄，不是通过法律途径解决，更多的是托人情、找关系，私下解决，法律风险极大。

5.3.2.5　市场风险

市场风险是指市场主体从事经济活动所面临的盈利或亏损的可能性和不确定性。

（1）市场需求量　如果产品的市场需求量较小或者产品在短期内不能被市场接受，那么产品的市场价值就无法实现，投资就无法收回，从而造成创业失败。

（2）市场接受需要时间　对于一个全新的产品，打开市场需要一定的过程与时间，如果初创企业缺乏雄厚的财力进行营销策划，产品为市场所接受的过程就会更长，因而不可避免地出现产品销售不畅，前期投入难以收回，从而给初创企业资金周转带来极大困难。

（3）市场价格　产品价格超出了市场的承受力，就很难被市场接受，技术产品的商业化、产业化就无法实现，当然投资也就无法收回。当某种新产品逐渐被市场接受和吸纳时，其高额的利润会吸引来众多的竞争者，可能会造成供大于求的局面，导致价格下跌，从而影响高新技术产品创新的投资回报。

（4）市场战略　一项好的高新技术产品，如果没有好的市场战略规划，相反在价格定位、用户选择、上市时机、市场区域划分等方面出现失误，那么就会给产品的市场开拓造成困难，甚至功亏一篑。

5.3.2.6　管理风险

（1）管理者风险　一个优秀的创业者，可以不具备精深的技术知识，但必须具备以下素质：具有强烈的创新精神与创业意识，不墨守成规、人云亦云；具有追求成功的强烈欲望，富于冒险精神、献身精神，有忍耐力；具有敏锐的机会意识和高超的决策水平，善于发现机会、把握机会和利用机会；具有强烈的责任感和自信心，敢于在困境中奋斗，在低谷中崛起。

一些大学生创业者虽然技术水平出类拔萃，但理财、营销、沟通、管理方面的能力普遍不足。发达国家初创企业的成功经验之一，就是技术专家、管理专家、财务专家、营销专家的有机组合，形成团队的整体优势，从而为初创企业奠定坚实的组织基础。那种由技术所有者包揽一切、集众权于一身的家长式管理，往往由于管理水平、管理模式等方面的问题，导致创业失败。

（2）决策风险　无论是政治、军事还是商业，由于决策失误而造成失败的事例实在是太多了。对于大学生创业者而言，绝不可以根据自己的喜怒哀乐或不切合实际的个人偏好而做出决策。不进行科学的分析，而仅凭个人经验或运气的决策方式都可能导致惨痛的失败。

管理者决策水平的高低对初创企业的成败影响巨大，据美国兰德公司估计，世界上破产倒闭的大企业中，85％是因企业家决策失误造成的。

(3) 组织和人力资源风险　组织和人力资源风险指的是由于初创企业的团队分歧、组织结构不合理、用人不当所带来的风险。初创企业的迅速发展如果不伴随着组织结构、用人机制的相应调整，往往会成为初创企业潜在危机的根源。

现代企业越来越重视团队的力量。团队的力量越大，产生的风险也越大。一旦创业团队的核心成员在某些问题上产生分歧，不能达成统一，就极有可能会对企业造成强烈的冲击。实际上，做好团队的协作并非易事，特别是在处理与股权、利益相关联的事情时，很多初创时关系很好的伙伴都会闹得不欢而散。

中国企业家调查系统"第十届企业家成长与发展调查"对 3539 位企业经营者的问卷调查结果表明："企业经营者最容易出现的问题"中，"用人不当"仅次于排在第一位的"决策失误"。用人不当已经成为制约企业发展的重要因素。

案例分享 5-4　　　盲目合作导致创业失败

小王和小张同在一家公司上班。一天，小王在网上看到一家店的衣服很有特色，且价格不贵。正好小张经过，两人一交流，认为这是个不错的商机，便准备合伙开一家店铺，当小老板。

很快两人各投入两万元，选好了店铺，第一批货也到了。开业第一天，店里的人很多，但是没有一个人购买。第二天遇大雨，逛街的人很少，自然也没有生意。第三天人又多起来，但只有小张一人看守店铺，忙乱中收了一张 100 元假币，同时丢失两件衣服，忙了一天没赚反亏。连续过了一段时间，店里生意起起伏伏，小王仍在公司上班，很少来店里帮忙。小张则独自留在店里工作，当店里生意不好时，小张内心充满了对小王的抱怨。

不到半年，在小王和小张大吵一架后，店铺正式关门。

5.3.2.7　技术风险

技术风险是指在企业技术创新过程中，因技术因素导致创业失败的可能性。

(1) 技术成功的不确定性　创新技术从研究开发到实现产品化、产业化的过程中，任何一个环节的技术障碍，都会使产品创新前功尽弃。很多初创企业，在技术产业化实施的过程中屡试屡败，其中的原因是多方面的。当用血汗赚来的资金或以家产抵押来的资金将要耗尽，却还没有生产出合格的产品时，企业将面临极大的风险。

(2) 技术前景、技术寿命的不确定性　如果赖以创业的技术创新不能够实现产业化，或者不能在高新技术寿命期内迅速实现产业化，不能收回初始投资并取得利润，则必然造成创业失败。

(3) 技术效果的不确定性　一项高技术产品即使能成功地开发和生产，但若达不到创业前所预期的效果，也会造成大的损失，甚至创业失败。

案例分享 5-5　　　　杜邦公司产品研发的败笔

杜邦公司是全球最大的化工公司，具有 200 多年的历史，是美国历史上存在时间最长的企业之一，同时还是美国经营和管理最成功的企业之一，所经营的产品与服务项目多达 1800 多种，是世界上最大的化学纤维公司，被誉为世界革命性的商品"尼龙"，就是杜邦公司生产的。就是这样一个有着辉煌闪耀的昨天、繁荣发展的今天、前程似锦的明天的杜邦公司，也曾有其辛酸的一刻，那就是对一种称之为"Corfam"的皮革替代品的研发和销售。

Corfam 是一种新型的天然皮革替代材料，较之天然真皮，Corfam 有重量轻、透气性好、易于弯曲、不会走样、耐磨、防水等真皮没有的特性。但是它也有一个缺点：不像真皮那样具有伸缩性、能够适合脚的大小。对 Corfam 的市场销售前景进行预测时，杜邦公司采用了一项当时最先进的数学建模预测技术进行风险分析，得到的预测结果是：由于 Corfam 是一种公众从未知晓的高质量产品，因而将会对此产生巨大的需求，具有广阔的市场空间。预测的结果是鼓舞人心的，但杜邦公司还想进一步了解消费者和经销商对 Corfam 的实际感受。为此，杜邦公司用 Corfam 试制了 15000 双鞋，让消费者在通常情况下试穿，试穿结果只有 8% 的人认为这种面料穿上不舒服，而绝大多数人根本没意识到他们穿的不是皮鞋。预测和试穿的成功，使杜邦公司决策层非常乐观，他们希望 Corfam 不仅能够一帆风顺地上市，而且能像公司曾经发明的尼龙一样，成为世界性的商品，引发鞋面用料的革命，重现尼龙产品那样的辉煌！然而最终的结果却大大出乎他们的意料！

当 Corfam 正式大批上市后，原先没有预料到的问题开始显现了。

首先，产品成本预算错误。由于 Corfam 生产工艺复杂，工人操作熟练程度不高，因此在生产过程中出现了大量的废品，这导致了生产成本居高不下。其次，顾客也不像当初试穿时那么热情，在与真皮皮鞋的比较中变得犹豫起来。因为 Corfam 不像皮革那样具有持久的伸展性，尽管寿命很长，但不少顾客仍抱怨这种鞋子太紧。这简直成了它的致命弱点。再次，皮革行业随后也投入了大量精力研制新的产品。他们开发了一种新的皮革，并进行大量生产。这种皮革十分柔软，格调高档，很适合当时流行的便装。皮革的价格也开始下降，直接导致了 Corfam 的价格优势丧失，于是 Corfam 销售的增长势头开始放缓。最后，大量进口鞋的引入又对 Corfam 形成了打击。此时，从国外进口的鞋，尤其是女式鞋，由于其用料考究、做工精细、款式新颖，加之生产成本很低，卖价比以 Corfam 制作的鞋低，因而进口的鞋子数量日益增多，挤占了相当部分的 Corfam 市场。除此之外，最令杜邦公司经理们感到头痛的是，这时，皮革的另一种替代材料——乙烯基纤维也有了惊人的发展。由于乙烯基材料的外表很像皮革，生产商还能提供各种不同颜色、装饰花样，并且零售价大约只是 Corfam 的一半，因此成了许多消费者的理想选择。

1971 年 4 月 14 日，在推出 Corfam7 年后，总经理查尔斯·B. 麦科伊沉痛地对股东们宣布：杜邦公司准备放弃 Corfam。当年 6 月，杜邦公司停止了对 Corfam 的全部生产和订货，公司将价值 600 万美元的存货卖给波士顿一家皮革经纪商行乔治·纽曼公司。接着，波兰政府所辖的一家制造公司把生产透气合成革的技术和田纳西的老西科雷厂的生产设备买去，这个交易使得杜邦公司也卖掉了自己在全世界（北美和日本除外）受专利法保护的销售权。至此，杜邦公司对 Corfam 的开发最终以失败收场。

案例讨论

（1）杜邦公司的 Corfam 产品开发有哪些失误？

（2）麦科伊彻底放弃 Corfam 的做法是否正确？如果那时任命你做杜邦的总经理，你打算怎么去挽救 Corfam？

（3）在开发一个全新而有潜力的产品时，根据 Corfam 的失败教训，你认为应该先做好哪些方面的决策工作？

5.3.3　大学生创业风险防范对策

大学生创业虽存在诸多风险，但机遇和挑战并存，只有冷静地分析风险，勇敢地面对挑战，大学生创业才能防范风险，克服困难，走向创业成功。针对大学生创业过程中遇到的风险，可以从以下方面加以管控。

5.3.3.1　调整心态，做好创业准备

充分了解自己，是大学生进行创业的前提，大学生创业时要对自己的个性特征、特长等有充分的了解，选择适合自己个性特征，符合个人爱好的项目进行创业。同时创业者要掌握广博的知识，具有一专多能的知识结构，只有这样才能进行创造性思维，才可能做出正确的创业决策。大学生在创业前还要积累一些有关市场开拓、企业运营方面的经验，通过在企业打工或者实习，参加创业培训、接受专业指导，来积累创业知识，提高创业成功率。

大学生创业者还应当锻炼受挫能力，遇到挫折后应当放下心理包袱，仔细寻找失利的原因。属于主观原因的，要适当调整自己的动机、追求和行为，避免下次出现同样的错误；属于客观或社会中自己无能为力的因素的，也不要过于自责、自卑或固执，应坦然面对，灵活处理，争取新的机会。即使失败，也要振作起来，使自己始终保持昂扬的斗志和必胜的信心，直至创业成功。

5.3.3.2　审时度势，创业应有选择地量力而行

创业道路充满艰辛，绝不是一蹴而就的。因此，创业者应找到合适的切入点，选择合适的时机、项目和规模。大学生创业者大多手中资金较少，创业经验不足，可以选择起点低、启动资金少的项目进行创业。

另外，大学生创业要选择一种适合自己的企业法律形态。创业者选择个体工商户、合伙制企业的形态模式时，虽没有最低注册资本的要求，但创业者或投资人要对企业承担无限连带责任，企业如果经营不善欠下债务，股东还要对企业的债务承担继续偿还的责任，因此，创业时应慎重选择；创业时如果设立的是有限责任公司，公司具备法人资格，能够独立承担法律责任，公司如果资不抵债、宣告破产，对公司不能清偿的债务，股东仅以其出资额承担法律责任，超出的部分不承担法律责任。

同时，有些人为的因素，可能会导致合伙人之间、股东之间因价值观念、经营理念、利益分割而产生矛盾，甚至因性格发生冲突，因此，创业者在组建团队时，也应注意选择志同道合、善于沟通，以企业利益为重的合作者，这是非常重要的。

5.3.3.3　充分利用创业优惠政策，迈出坚实的第一步

支持大学生创业，已经成为各级政府的重要议事内容。近年来，相关部门陆续出台了一些优惠政策，鼓励和支持大学生创业。虽然有些优惠政策在实施过程中出现了配套措施不到位、具体操作烦琐等问题，但大学生创业者一定要充分了解这些优惠政策，并把它们充分运

用到自己的创业实践中。具体来说，高校要向大学毕业生详细宣讲政府出台的创业优惠政策，使大学生创业者对自己能享受到的优惠政策熟记在心；相关部门对这些优惠政策要出台具体实施办法及操作指引等，以方便大学生创业者操作实施，使党和政府支持大学生创业的优惠政策成为帮助大学生创业的阳光、雨露，使大学生迈出坚实的第一步。

5.3.3.4　多渠道融资，降低创业资金风险

虽然大学生创业融资渠道相对较少，但社会相关各方仍能为大学生创业提供资金。有经营项目，能够提供有稳定收入的行政、事业单位的正式职工作为担保人的，大学生创业者可以申请最高额度为 10 万元、期限为 3 年的政府贴息贷款，还可以得到各类创业基金的资金支持。目前，由中国社会福利教育基金会发起的中国大学生创业基金、由共青团中央发起的中国青年创业就业基金、由社会知名人士郑泽等人发起的中国大学生西部创业基金等，都可以帮助大学生解决部分创业资金的短缺问题。由共青团中央、中国科学技术协会、教育部和中华全国学生联合会等单位主办的"挑战杯大学生创业大赛"为冠军提供 10 万元的创业基金。大学生参加创业大赛，既可以锻炼创业能力，又可能获得高额的创业资金，是一种很好的融资途径。大学生创业者还可以引入风险投资，虽然风险投资风险高，但回报也高。风险投资者比较关注创业管理团队的构成、管理者的素质、创业者自身持续奋斗的创业精神等，只要有优秀的创业团队、独一无二的技术支撑、市场前景光明的创业项目，就有可能得到风险投资家的青睐，从而获得创业资金。例如大学生创业的成功典范——江南春创办的分众传媒，在两年内获得了近 5000 万美元的风险投资。

5.3.3.5　树立团队意识，与他人合作共赢

新东方教育集团创始人俞敏洪认为，创业除了自己成功，还要与别人一起成功。一个人的能力是有限的，创业一定要摒弃单打独斗、孤军奋战的个人英雄主义思想，牢固树立团队合作共赢的理念。大学生创业应建立一个由各方面专才组成的合作团队，大家既有共同的理想，又能有效地使技术创新与经济管理互补，保证团队形成最大合力，在市场竞争中取胜，取得创业成功。

5.3.3.6　重法治、淡人情，在法律规则中稳步发展

市场经济是法制经济，企业的诞生和发展必须在法律框架下进行，符合法律规定。虽然中国人很重视人情、关系，但如果想使企业稳步发展，把企业做大做强，大学生创业者从一开始就应该依法办事，淡化人情，让法律成为大学生创业成功的基石。具体说来，创业之初选择企业形态时要慎重，合伙制企业一定要制订合伙章程，明确合伙人之间的权利、义务，以及盈利或亏损的分配方式，最好找专业法律人士审查把关；企业形态最好选择有限责任公司的模式，分清公司责任和个人责任，降低个人风险；企业运营应严格遵守法律规定，安分守己，合法经营，千万不可为小利而做违法乱纪之事；依法为企业员工缴纳社会保险，降低企业风险；出现纠纷最好通过法律途径解决，依法维护企业的合法权益。

总之，在社会发展的汹涌大潮中，大学生创业已成为时代的选择。随着社会各方对大学生创业的理解和支持，以及大学生自身身心发展的日趋成熟，知识结构的日益完善，大学生创业遇到的风险会随之减少，创业者的风险管控能力也会更强，大学生创业必将发展到一个新阶段。

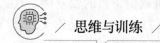

思维与训练

1. 案例分析

创业机会识别

小张是一名在校大学生，他发现许多高校为了不影响教学秩序，出台规定，禁止快递公司送快递进校园，于是他注册了一家公司，专门为住在学校内的大学生送快递，解决快递物流的"最后一公里"的问题，受到了学生的普遍欢迎。

小王是一名在校大学生，所学专业为会计学，他发现现在创办公司的大学生越来越多，需要很多会计，于是他注册了一家专门从事会计业务的公司，承接了许多创业大学生做账的业务。每到年底，公司业务不断，取得了丰厚的经济效益。

小李是一名来自西部地区的大学生，在湖北上学，他发现每次从家乡带的一些土特产都特别受同学的欢迎，于是他办起了一家零食店，专门经营西部地区的干果、葡萄干等产品，因为价廉物美，学生都非常喜欢吃。

问题：小张、小王和小李是如何发现创业机会的？你认为发现创业机会需要做好哪些准备工作？

2. 创业机会分析

创业机会无处不在、无时不在，而机会主要来自以下三个方面。

（1）问题　创业的根本目的是满足顾客需求，而顾客需求在没有满足前就是问题。寻找创业机会的一个重要途径是善于发现和体会自己和他人在需求方面的问题或生活中的难处。例如，上海有一位大学毕业生发现远在郊区的本校师生往返市区交通十分不便，于是创办了一家客运公司，就是把问题转化为创业机会的成功案例。

（2）变化　创业的机会大都来自不断变化的市场环境，环境变化了，市场需求、市场结构必然发生变化。著名管理大师彼得·德鲁克将创业者定义为那些能"寻找变化，并积极反应，把它当作机会充分利用起来的人"。这种变化主要来自产业结构的变动、消费结构的升级、城市化的加速、人口思想观念的变化、政府政策的变化、人口结构的变化、居民收入水平的提高、全球化趋势等诸多方面。比如居民收入水平提高，私人轿车的拥有量将不断增加，这就会派生出汽车销售、修理、配件、清洁、装潢、二手车交易、陪驾等诸多创业机会。

（3）创造发明　创造发明提供了新产品、新服务，更好地满足了顾客需求，同时也带来了许多创业机会。比如随着电脑的诞生，电脑维修、软件开发、电脑操作的培训、图文制作、信息服务、网上开店等创业机会随之而来。即使你不发明新的东西，你也能成为销售和推广新产品的人，从而给你带来商机。

结合实际，将下表填写完整。

商业机会分析

环境变化、顾客需求、政府政策、创造发明等	带来的商机
全面放开第二胎、第三胎	
人们追求和享受自然的生活	
互联网技术的进一步普及	
人们追求个性化的生活	
人们对环境保护的关注度越来越高	
城市化发展	

第6章　创业资源

　　　　　　　　　牛根生的资源整合

　　没有任何资源，难道就不能做事情，不能创业吗？

　　新时代，靠一个企业独立经营，单打独斗，力量是十分有限的，一定要整合各方面的资源才能把一个企业做大。

　　牛根生就是这方面的牛人，他刚开始只是伊利的一个洗碗工，凭着自己的勤奋和聪明做到生产部门的总经理。后来他出于各种原因从伊利辞职了，此时他已40多岁了，去北京找工作，人家嫌弃他年纪大。没有办法他又回到呼和浩特，邀请原来伊利几个同事，一起出来创业。人有了，但是现在面对的问题是，没有工厂，没有品牌，没有奶源，每一项都是致命的。

　　牛根生开始进行资源整合了，他通过人脉关系找到哈尔滨一家乳制品公司，这家公司设备都是新的，但是生产的乳制品质量有问题，同时营销渠道这一块也没有打通，所以产品一直滞销。牛根生马上找到这家公司的老板说："你来帮我们生产，我们这边原来都是伊利技术高层，帮忙技术把关，牛奶的销售铺货我们也承包了。"这位老板一听，马上答应下来。而且他们几个一起出来创业的伙伴也有了落脚的地方，解决了生存的问题。

　　第二个问题是，没有品牌怎么办？在乳制品行业，没有品牌很难销售，因为品牌代表着安全可靠。牛根生借势整合，打出口号："蒙牛甘居第二，向老大哥伊利学习"，口号一出，让伊利情何以堪，却又哭笑不得。一个不知名的名牌马上跻身全国前列。牛根生不只是盯着伊利，而是把自己和内蒙古的几个知名品牌联系起来，说："伊利，鄂尔多斯，宁城老窖，蒙牛为内蒙古喝彩！"因为前三个都是内蒙古数一数二的驰名商标，自己放在最后，给人感觉就是内蒙古的第四品牌。牛根生通过整合品牌资源，没有花一分钱，就让蒙牛成为知名品牌。

　　第三个问题是，没有奶源怎么解决？如果自己去买牛养，牛很贵，也没有那么多人员去照顾。于是蒙牛整合了三方面的资源，第一个是奶农，第二个是农村信用社，第三个是奶站的资源。让信用社借钱给奶农，由蒙牛担保，而且蒙牛承包销路。奶农生产出来的奶由奶站接收，蒙牛又找到奶站。蒙牛按约定把信用社的钱还了，把利润又给了奶农，并趁机喊出一个口号："一年养10头牛，过的日子比蒙牛的老板还牛。"

　　很多事情，不是自己想做就能做，即使自己做也很难做好，而且会花费太多的人力物力。这个时候，我们就要整合资源。正如牛根生说的那样："一个企业90%的资源都是整合进来的！"发挥自己的长处，整合别人的优势，用更少的成本创业，或者说零成本创业都有可能。

6.1　创业资源概述

6.1.1　创业资源的内涵

常言道："巧妇难为无米之炊。"同样，如果没有资源，创业者也只能望洋兴叹。按照资源基础理论（Resource-Based Theory，RBT）中的观点，企业是一系列异质资源的集合体。资源就是任何一个主体在向社会提供产品或服务的过程中，所拥有或者所能支配的能够实现自己目标的各种要素以及要素组合。创业资源是新创企业在创造价值的过程中所需要和运用的所有资源的总称。

6.1.2　创业资源的分类

对创业资源的分类有很多种，常用的有按资源性质的分类、按资源存在形态的分类、按资源参与程度的分类、按资源重要性的分类、按资源来源的分类等。

6.1.2.1　按资源性质分类

创业资源按性质可以分为人力资源、声誉资源、财务资源、物质资源、技术资源和组织资源等六种。

（1）人力资源　人力资源不仅包括创业者及创业团队的知识、训练和经验等，也包括创业团队所有成员的专业智慧、判断力、视野和愿景，甚至包括创业者本身的人际关系网络。创业者作为新创企业最重要的人力资源，其价值观念和信念是新创企业的基石；其拥有的人际和社会关系网络使其能够接触到大量的外部资源，降低潜在的创业风险，加强合作者之间的信任；其拥有的经营管理能力和对从事行业的了解程度对于创业成功有很大的促进作用。合适的员工也是创业人力资源的重要部分，因此，高素质人才、技术人员、销售人员和生产工人等的获取和开发，便成为企业可持续发展的关键因素。

案例分享 6-1　　六合万通的创业团队

北京六合万通微电子技术有限公司（以下简称"六合万通"）是由留学归国人员团队于 2001 年创立的一家专业从事无线通信大规模集成电路设计及系统开发的高新技术企业。

六合万通是中国宽带无线 IP 标准工作组和信息设备资源共享协调服务标准工作组（IGRS、闪联）的成员之一，独立承担国家科技部"863"项目。六合万通凭借无线通信领域的技术实力和先进的集成电路设计技术，先后与索尼、安捷伦、中国网通、冲电气、富士通、朗弗宽频微电子等国际知名企业建立了长期稳定技术战略合作关系，为宽带无线通信及 3G 通信系统提供核心芯片和系统解决方案。

六合万通创业团队成员都是留日归来的学子，有着共同的创业情结和目标。董事长寿国梁用 18 年时间在自己擅长的专业领域聚集了大量的人脉资源，公司的几位创始人都是当初寿国梁主政日本鹰山公司时招聘来的。在运作公司和技术上，大家各有所长，通过多年的学习和工作，已经走过磨合期。因此，六合万通从一开始创业，就整合到了让人羡慕的人脉资源，聚集、组合成了一个梦幻般的团队，然后依靠着聚集来的大量人脉资源，找到了资本，找到了技术与产品，也找到了渠道等各种创业资源。

（2）声誉资源　声誉资源是企业环境中的人群对企业的感觉。声誉存在于产品层面和公司层面。产品层面的声誉以品牌忠诚度的形式呈现，公司层面的声誉则表现为企业的社会形象。在当今知识经济的时代，持续不断的创新和发明大大缩短了技术更新周期，使企业的技术资源优势只能维持较短的时间，但是声誉资源却可以在相当长的时间内得以维持，给企业带来持久的竞争优势。

（3）财务资源　财务资源主要是指资金资源。它通常是创业企业向债权人、权益投资者和通过内部积累筹集的负债资金、权益资金和留存资金的数量之和。通常来讲，创业初期以不高于市场平均水平的资本成本及时筹集到足额的财务资源，是创业企业成功创办和顺利经营的前提条件。

（4）物质资源　物质资源是创业初期和企业经营所需要的有形资源，如房屋、建筑物、设施、机器和办公设备、原材料等。一些自然资源如矿山、森林等有时也会成为创业企业的物质资源。

（5）技术资源　技术资源包括关键技术、制造流程、作业系统、专用生产设备等。一般包括三方面：一是根据自然科学和生产实践经验发展而成的各种工艺流程、加工方法、劳动技能和诀窍等；二是将这些流程、方法、技能和诀窍等付诸实现的相应的生产工具和其他物资设备；三是适应现代劳动分工和生产规模等要求的对生产系统中所有资源进行有效组织和管理的知识、经验和方法。

（6）组织资源　组织资源一般指企业的正式管理系统，包括企业的组织结构、作业流程、工作规范、信息沟通、决策体系、质量系统以及正式或非正式的计划活动等。其中，组织结构是一种能够使组织区别于竞争对手的无形资源。组织资源来自创业团队对新创企业的最初设计和不断调整，同时包括对环境的适应和对成功经验的学习。

6.1.2.2　按资源存在形态分类

创业资源按其存在形态可以分为有形资源和无形资源。

（1）有形资源　有形资源是指具有物质形态、价值可用货币度量的资源，如组织赖以存在的自然资源以及机器设备、原材料、产品、资金等。

（2）无形资源　无形资源是指具有非物质形态、价值难以用货币精确度量的资源，如信息资源、人力资源、政策资源以及企业的信誉、形象等。无形资源往往是撬动有形资源的重要手段。

6.1.2.3　按资源参与程度分类

根据资源要素对企业战略规划过程的参与程度，创业资源可以分为直接资源和间接资源。

（1）直接资源　直接资源是直接参与企业战略规划的资源要素。如财务资源、管理资源、市场资源、人力资源等。

（2）间接资源　间接资源是不直接参与创业战略制定和执行的资源。如政策资源、信息资源等，它们对于创业成长的影响更多的是提供便利和支持，对于创业战略的规划起到间接作用。

6.1.2.4　按资源重要性分类

根据资源基础理论，创业资源按照其对企业核心竞争力影响的重要程度，可分为核心资源与非核心资源。

（1）核心资源　核心资源主要包括技术、管理和人力资源。这些资源涉及创业企业有别于其他企业的核心竞争力，是创业机会识别、筛选和运用三大阶段的主线。

（2）非核心资源　非核心资源主要包括资金、场地和环境资源。这些资源是创业企业成功创办和持续经营的基本资源。

6.1.2.5　按资源来源分类

创业资源按其来源可以分为自有资源和外部资源。

（1）自有资源　自有资源来自创业企业内部机会的积累，是创业者或创业团队自身所拥有的可用于创业的资源。如创业者自身拥有的可用于创业的资金、技术、创业机会信息等。

（2）外部资源　外部资源来自外部机会的发现，是创业者从外部获取的各种资源。包括从朋友、亲戚、商务伙伴或其他投资者筹集到的投资资金、经营空间、设备或其他原材料等。

6.1.3　创业资源的作用

设立、运营企业需要的不是单一资源，而是不同要素资源的组合。创业活动的贡献在于把资源从生产力低、成果小的地方转移到生产力高、成果大的地方，通过转移使资源创造更大的价值，因此，创业者实际上是在资源整合过程中获得回报，资源在创业成功中起着基础性作用。

创业资源可以从不同的角度进行分类，最基本的分类是按性质分类。如上文所述，创业资源按性质分为人力资源、声誉资源、财务资源、物质资源、技术资源和组织资源等。不同类型的创业资源具有的作用也不尽相同。

6.1.3.1　人力资源的作用

人作为创业活动的主体，在创业活动中起着根本性的决定作用。党的二十大报告中强调"人才是第一资源"。创业者及创业团队的知识、训练和经验等是成功创业最核心的资源，"一流团队比一流项目更重要"已经成为一个不争的事实。因此，高素质人才的获取和开发，是现代企业可持续发展的关键。美国钢铁大王卡耐基说："专业知识在一个人成功中的作用只占 15％，其余的 85％ 则取决于人际关系。"

6.1.3.2　声誉资源的作用

声誉资源通常具有战略性资源的特征，能够给企业带来竞争优势，而且可以维持相对较长时间，竞争对手难以通过交易、模仿等方式快速获得。产品层面的声誉资源可以使企业保留大部分老顾客、获得更多新顾客，进一步提升企业的知名度；公司层面的声誉资源则有助于企业在同等情况下比其他企业更方便地获得其他资源，以形成企业持久的竞争力。

6.1.3.3　财务资源的作用

财务资源对于任何一个企业都至关重要，对于新创企业来说，无论是进行产品研发还是生产销售，都需要大量资金，而创办初期由于市场和销售的不确定性，会使生产经营中的资金数量较少。财务资源短缺也是很多创业者遇到的普遍问题。因此，如何有效吸收财务资源是每个创业者都极为关注的问题，及时筹集到所需要的财务资源，是创业者迈出创业的非常重要的一步。

6.1.3.4　物质资源的作用

物质资源是企业创建和赖以生存的根本保障，任何企业的诞生和存续都要以物质资源为基础。物质资源对于新创企业的起步阶段尤为重要，但通常不是战略性资源，竞争对手可以通过交易的方式获取它们。对创业者来说，物质资源的获取比较容易。

6.1.3.5　技术资源的作用

技术是企业生存和发展的基石，是生产活动和生产秩序稳定的根本。企业只有不断开发新技术、新产品，建立充裕的技术储备和产品储备，才能在市场竞争中立于不败之地。在创业初期，创业资金需求基本满足的情况下，创业技术是最关键资源。因此，积极寻找、引进有商业价值的科技成果，有助于加快产品的研发速度，提高企业的核心竞争力。

6.1.3.6　组织资源的作用

人力资源需要在组织资源的支持下才能更好地发挥作用，企业文化需要在良好的组织环境中培养，而且组织资源对其他资源的利用效率和企业创新也起着决定性作用。各种不同类型的资源组合与企业所处的生命周期阶段相关，如在企业的初始阶段，人力资本和经验比较重要，但随后组织资源会处于主导地位。

6.2　创业资源的整合

6.2.1　创业资源整合的内涵

创业资源整合是创业者通过协调各种资源之间的关系，合理分配有用资源，剥离无用资源，充分发挥各种资源的作用。通过协调，能够把互补性的资源搭配在一起，弥补各自的缺陷，充分发挥资源的作用，使资源间形成一种独特的联系，创造竞争对手无法模仿的价值，同时为资源开发奠定基础。整合就是要优化资源配置，即有进、有退、有取舍，获得整体的最优。任何一个创业者都不可能把创业中所涉及的问题都解决好，把一切创业资源都备足，创业关键的一点在于资源整合。

6.2.2　创业资源整合的过程

识别、获取、开发和利用是整合创业资源的四个环节。整合到创业所需的资源非常重要，创业资源的识别、获取、开发和利用的整个过程受到诸多因素的影响，创业者需要掌握识别、获取、开发和利用创业资源的有效途径和方法，并了解这四个环节的具体过程。

6.2.2.1　创业资源的识别

创业资源的识别是指创业者根据自身资源禀赋，对企业创业所需资源进行分析、确认，并最终确定企业所需资源的过程。新创企业创业资源识别主要是围绕企业内部资源和外部资源展开。资源识别需要清楚地了解企业执行战略所需的资源，并且需要列出一个详细目录，以确定资源获得的数量、质量、时间。创业者通过评估初始资源库，决定采用何种资源和能力，并确定哪些资源需要内部开发和外取，决策下一阶段的资源获取战略。资源识别的目的不仅是识别出当前拥有的资源和所需资源，还要识别出潜在的资源供应商，为未来所需资源的获取奠定基础。

（1）创业资源识别的影响因素

① 初始资源。初始资源对资源识别过程有重要影响。新企业根据当前拥有的初始资源识别所需资源，包括识别所需资源类型、数量、质量、时间以及所需资源的来源等。

② 创业者素质。成功的创业者一般具有风险承担力、创新性思维、市场应变能力、新企业管理技能、合作精神等素质，这对于新企业资源识别至关重要。一方面，面对不断变化

的创业环境，创业者必须加强自身对市场变化的敏感度；另一方面，在企业建立初期，创业网络还不稳定，资源识别很大程度上要依赖于创业者的个人素质。创业者根据创业环境的变化、自身的异质性素质不断地调整理念、思想、行为，不断获取稀缺的、有价值的以及不可替代的资源，以保持企业的竞争优势。

③ 创业环境动态性。企业所处环境变化是不确定的，这种不确定性对于创业者进行决策时会产生影响。创业环境动态性表现为创业环境随时间不断变动的程度，以及在所处创业环境中创业者可用和需要资源的稀缺或充裕程度，具体包括顾客、增长机会、竞争者、创新的不可预测性。创业者要想获得独特的竞争优势，必须及时有效了解动态环境的变化，在动态环境下提高对关键资源的识别能力。

④ 创业网络。创业网络是初创企业获取信息、资源、社会支持以便识别和利用机会或资源的一种特殊途径，包括正式网络和非正式网络。通过创业网络，创业者可以直接将亲友等的资金、关系人的个人能力或人力资源、初创时的组成人员带进企业。很多成功的创业者，往往愿意花费更多的精力在关系的维护上，比如供应商、经销商、顾客、合作伙伴、中介机构、高校、政府等。

（2）创业资源识别的方法　　根据创业者的不同驱动因素，可将新企业的创业资源识别方法分为决策驱动型和机会驱动型两种。

① 决策驱动型创业资源识别方法。决策驱动型创业资源识别方法是指创业者首先决定创业，然后发掘创业机会，整合资源，创建企业的过程。这是一个自上而下的过程，具有计划性。创业者首先将建立企业作为创业目标，因此创业者的初始资源将决定其能够识别的创业机会。在这一过程中创业者通过对自身禀赋资源的反复评价，相应地对创业愿景进行不断的修改，这是一个反复的过程，直到找到适合自己的创业机会为止，因此，通过这一过程确定的创业机会以创业初始资源为基础。

② 机会驱动型创业资源识别方法。机会驱动型创业资源识别方法是指创业者首先发现创业机会，然后评价创业资源，创建企业的过程。与决策驱动型创业资源识别方法不同的是，这种资源识别方法是将创办企业作为机会实现的手段，目的在于提供一种产品或服务。这是一个自下而上的过程，具有一定的偶然性。在这种资源识别方法中，创业者对创业资源的识别和评价都是围绕创业机会来进行的，相对于决策驱动型创业资源识别方法来说，机会驱动型创业资源识别方法更注重机会开发所依赖的核心资源和独特能力，其他创业资源都围绕这些基础资源来识别和利用。

6.2.2.2　创业资源的获取

创业资源的获取是指在确认并识别资源的基础上，利用其他创业资源或途径得到所需资源并使之为新企业服务的过程。创业资源的获取是创业资源整合不可或缺的重要环节，获取创业资源是任何新企业在发展过程中都不可忽视的一个关键环节。

创业资源获取途径从创业资源来源上看，包括资源外部获取和资源内部积累两种，内部和外部主要是以新企业作为边界。资源外部获取主要包括资源购买、资源租赁、资本运营三种方式。资源购买即利用财务资源杠杆获取外部资源，主要包括购买专利和技术、聘请有经验的员工，以及通过外部融资获取资金等方式。资源租赁是通过租赁的方式获取需要的创业资源，但是获取的是资源的使用权而不是所有权。资本运营指通过兼并、收购和联盟的方式获取所需的资源。

资源内部积累是利用现有资源在新企业内部培育的资源，包括新企业的厂房、装置、设备，在新企业内部开发新技术，通过培训来增加员工的技能和知识，通过新企业获得市场订单、扩大销量、提高利润等自我积累获取资金，通过建设创业文化、培养员工的创业精神来积累创业资源。

6.2.2.3　创业资源的开发

在创业者识别和获取创业资源之后，并不能保证新企业的存活，创业者必须对创业资源进行开发，挖掘潜在价值。

（1）创业资源开发的途径　创业者识别、获得有价值的创业资源之后，如何进行开发，使资源发挥更大的作用和价值，这是创业者在创业过程中重点要考虑的问题。创业资源的开发途径主要包括三种："步步为营"、"杠杆效应"和"资源拼凑"。

① 步步为营。新企业成立初期往往拥有和掌握的创业资源匮乏，在此情况下，创业者要充分开发自身创业资源。创业者可分多个阶段投入创业资源并在每个阶段或决策点投入最少的创业资源，如果成功则扩大投入；如果不成功马上悬崖勒马，这样就能稳扎稳打，保证最后的成功。

创业者分多个阶段投入创业资源并在每个阶段投入最有限的资源，这种做法被称为"步步为营"。步步为营的策略首先表现为节俭，设法降低资源的使用量，降低管理成本。但过分强调降低成本，会影响产品和服务质量，甚至会制约企业发展。比如：为了求生存和发展，有的创业者不注重环境保护，或者盗用别人的知识产权，甚至以次充好。这样的创业活动尽管短期可能赚取利润，但长期而言，发展潜力有限。所以，需要"有原则地保持节俭"。

步步为营策略主要表现为自力更生，减少对外部资源的依赖，目的是降低经营风险，加强对企业的控制。很多时候，步步为营不仅是一种做事最经济的方法，也是创业者在资源受限的情况下寻找实现企业理想目的和目标的途径，更是在有限资源的约束下获取满意收益的方法。习惯于步步为营的创业者会形成一种审慎控制和管理的经营理念，这对创业企业的成长与向稳健成熟发展期的过渡尤其重要。

② 杠杆效应。新企业要想走向成功，光靠自身的资源是远远不够的，必须利用自身资源"吸引"和"撬动"更多的资源，就是物理学上的杠杆效应。杠杆效应就是"四两拨千斤"，杠杆效应的发挥是一个创造性的过程。识别一种没有被完全利用的资源，能看到一种资源怎样被运用于特殊的方面，说服那些拥有资源的人让渡使用权，这意味着创业者并不被他们当前控制的或支配的资源所限制，他们用大量创造性的方式，利用杠杆"撬动"资源，充分利用自身资源去开发更多资源。杠杆资源效应体现在以下几方面：更加延长地使用资源；更充分地利用别人没有意识到的资源；利用他人或者别的企业的资源来完成自己创业的目的；将一种资源补足另一种资源，产生更高的复合价值；利用自身已有的资源获得更多的资源。

对创业者来说，容易产生杠杆效应的资源，主要包括人力资本和社会资本等非物质资源。创业者的人力资本由一般人力资本和特殊人力资本构成，一般人力资本包括受教育背景、以往的工作经验及个性品质特征等。特殊人力资本包括产业人力资本（与特定产业相关的知识、技能和经验）与创业人力资本（如先前的创业经验或创业背景）。调查显示，特殊人力资本会直接影响资源获取，有产业相关经验和先前创业经验的创业者能够更快地整合资源，更快地实施市场交易行为。而一般人力资本使创业者具有知识、技能、资格认证、名誉等资源，也提供了同窗、校友、老师以及其他连带的社会资本。

相比之下，社会资本有别于物质资本、人力资本，是社会成员从各种不同的社会结构中获得的利益，是根植于社会关系网络中的优势。在个体分析层面，社会资本是嵌入、来自并浮现在个体关系网络之中的真实或潜在资源的总和，它有助于个体开展目的性行动，并给个体带来行为优势。外部联系人之间社会交往频繁的创业者所获取的相关商业信息更加丰裕，从而有助于提升创业者对特定商业活动的深入认识和理解，使创业者更容易识别出常规商业活动中难以被其他人发现的顾客需求，进而更容易获得财务和物质资源，这就是杠杆作用。

③ 资源拼凑。新企业获取的创业资源往往是不充分的，在资源约束条件下，创业者可以开发已经获得的创业资源或者在他人看来无用的、废弃的创业资源，通过巧妙的整合，实现自己的目的。拼凑者善于用发现的眼光洞悉身边各种资源的属性，将它们创造性地整合起来。这种整合很多时候甚至不是事前仔细计划好的，而往往是具体情况具体分析、"摸着石头过河"的产物。这也正体现了创业的不确定特性，并考验创业者的资源整合能力。

（2）创业资源开发的过程　资源的开发是配置和整合资源，获得特有的能力和功能，而非简单的资源组合，经整合后的资源应该具有新颖性和柔性。资源开发过程不单单要将获得的资源加以整合，还要将创业者的初始资源和其他资源一起转化为组织资源。因此，资源开发阶段包括资源合并和资源转化两个环节。

① 资源合并。对大部分初创企业来说，创业资源不是立即形成的，而是通过逐渐演进，经过一个时期后形成的。创业者将各种离散的产权型资源和知识型资源进行整合，形成系统的创业资源，这一开发过程依赖于对创业资源的整合过程。这一过程可以建立在现有的资源和能力基础之上，对现有能力进行提升，也可以通过吸收新的创业资源，开发新的能力，但无论哪种方式，其最终结果都实现了创业资源的整合。

② 资源转化。在对离散创业资源进行组织和整合的过程中，创业者或创业团队还必须将个人的优势资源投入新企业之中，或者将个人的能力与新企业优势相结合，产生独特的竞争优势。创业者的知识和能力是实现新企业的创业资源规模不断扩大、价值逐渐提高的必要基础。这种转化大多是通过创业资源开发过程完成的，这就要求在进行创业资源开发的过程中将个人的初始创业资源用于建立企业的竞争优势。创业者要通过个人的能力来建立新企业这个学习系统，从而开发、管理和维持整个资源基础。

6.2.2.4 创业资源的利用

新企业有了资源还远远不够，资源不会自动转化为竞争优势，还需要新企业运用自身的资源整合能力，将不同来源、不同类型、不同效用的创业资源科学合理地利用，才能形成新企业的核心竞争力。

创业资源利用就是创业者使用已经获取并经过匹配协调的各种创业资源，在市场上形成一定的能力，通过这种能力的发挥生产出产品或服务，为客户创造价值，并继续开发创业资源价值的过程。资源利用是资源整合过程的最后环节，是新企业的创业资源价值实现的过程。通常情况下，资源利用是一个动态循环过程。

（1）创业资源利用的影响因素　新企业如果不能有效配置所拥有的创业资源，价值创造就不能实现，资源转化后形成的能力只有满足市场需求，才能实现利润回报。对新企业来说，资源是稀缺的，而新企业若要生存、发展下去，只有拥有匹配当前竞争优势的能力，才能利用机会创造价值。新企业在匹配内、外部能力的过程中，通过创业资源利用形成竞争者难于观察和模仿的能力配置结构。影响新企业资源利用的关键因素包括以下方面。

① 风险偏好。风险偏好是影响新企业资源利用的关键因素。资源和能力的转换过程受外部环境的强烈影响。由于创业者对风险的态度会影响其行为，风险承担性会影响企业实现

资源向能力转化的方式选择。在不确定的情况下，具有较强风险偏好的创业者可能会选择具有较高产出潜力的产品或服务，但需要承担较高风险。而具有较低风险承担性的创业者则可能会选择承担较低风险。在能力匹配过程中，风险承担会影响匹配机制的选择。在能力配置结构实施的过程中，风险承担性强的新企业有制定风险较大但可能带来较高绩效的战略的趋向，而风险承担性弱的新企业则与之相反。

② 超前行动。超前行动是影响新企业资源利用的另一个因素。超前行动主要指新企业通过先动行为对外部环境产生积极的影响，从而引导市场变化，创造市场需求。在资源向能力转化过程中，超前行动会影响新企业进行资源利用的相对时间，有许多新企业是由于发现一个新的市场机会而创立的，其利用创业资源的行动一般在行业中是超前的，会对环境和市场产生一定影响。

③ 创业者自身的素质。创业者自身的素质也是影响资源利用的重要因素，包括创业者的受教育程度、行业认知度、社会声誉、社会关系网络和社会阅历等。创业者自身的经历和经验都会影响创业者资源的选择。从先前创业经验中转移来的知识能够提高创业者有效识别和处理创业机会的能力，有助于发现、汲取、利用创业资源。创业者对拥有和掌握的资源越是了解，他就会掌握越多的资源利用方式，从而可选择最优的使用方式。同样，创业者的社会关系网络越丰富，就会拥有越多的资源获取渠道，从而可选择最优的使用对象。

(2) 创业资源利用的途径和过程　创业资源识别和利用是创业资源有效整合的开始和结束，识别有价值的创业资源有助于创业者在创业过程中利用资源，正确选择资源利用途径可以使资源使用达到最优化。在创业过程中，创业者不但要能识别所需的各种不同效用的创业资源，还需知道如何对资源进行整合，整合过程包括绑聚、匹配以及合理利用等。资源整合是一个复杂的动态过程，是指企业对不同来源、不同层次、不同结构、不同内容的资源进行选择、获取、配置、激活及有机融合，使之更具柔性、条理性、系统性和价值性，并对其原有的资源体系进行重构，摒弃无价值的资源，以形成新的核心资源体系。新企业识别、获取、开发资源最终的目的是更好地利用资源，发挥资源"1+1>2"的增值效应。充分合理地利用资源，能够帮助新企业快速建立竞争优势，制订切实可行的战略规划，为新企业的成长打下良好的基础。

6.2.3　创业资源整合的原则

创业者能否成功地开发创业机会，进而推动创业活动向前发展，通常取决于他们所掌握和能整合到的资源。如何利用整合创业资源以获得长期持续发展的内在动力，是创业者最为迫切的责任。

6.2.3.1　识别利益相关者及其利益

资源是创造价值的重要基础，资源的交换和整合应建立在利益的基础之上，因此，要整合外部资源，就需要整合资源背后的利益机制，一定要关注有利益关系的组织和个人，这对缺乏创业资源的创业者来说尤为重要。

外部环境中受组织决策和行动影响的任何相关者都是企业的利益相关者。一般来说，利益相关者可以分为以下三个层面：资本市场的利益相关者，例如股东和债权人；产品市场的利益相关者，主要包括顾客、供应商、所在社区和工会组织；企业内部的利益相关者，如经营者和其他员工。外部资源整合时强调的利益相关者主要是前两种。创业者要更多地整合到外部资源，首先要找到尽可能多的利益相关者，利益相关者和自己以及想要做的事情利益关系越强、越直接，整合到资源的可能性就越大，这是资源整合的前提条件。

创业者整合资源的第一步是把这些利益相关者一一识别出来，把他们之间的利益关系辨析出来，甚至有的时候还需要创造出来。

一般来说，寻找利益相关者就是要寻找那些具有共同点的人，同时也需要寻找可以互补的人。这些有能力进行投资并愿意承担风险的人包括：①投资或经营多样化的利益相关者。他们更有能力提供创业所需要的初始资本。一般情况下，他们比那些单一化的人更容易向初创企业进行投资。②有丰富经验的利益相关者。因为他们积累了丰富的经验和知识，更容易向新企业投资。③有过剩资源的利益相关者。虽然他们拥有很多过剩的资源，他们不需要任何新投资，也不会带来大量的机会成本，但是，他们对自身资源如何运用的压力大大高于新创建企业资源的需求。

要想让利益相关者对企业有信心，创业者首先要对企业有信心。同时创业者也要有诚实守信的声誉，最后还要与利益相关者在利益上公平分享回报。虽然利益相关者是有利益关系的组织和个体，但有利益关系并不意味着能够实现资源整合，创业者还需要寻找利益相关者之间的利益共同点。因此，识别出利益相关者之后，创业者还需要逐一分析每一个利益相关者所关注的利益，以便寻找出他们之间的共同利益，形成一套资源整合机制。

6.2.3.2　构建双赢的机制

双赢强调双方的利益兼顾，是建立在互敬互惠基础之上的更多的机会、财富和资源。"双赢"思想鼓励我们在进行资源整合时寻找互惠互利的解决办法，分享双方或多方的资讯、力量、认可以及报酬，强调发挥双方优势，尊重参与者之间的差异，求同存异、合作互补。"双赢"的理念既适用于创业的合作伙伴，也适用于行业上下游的商业伙伴，以及同行业的竞争对手之间。

双赢的机制是指创业者在进行资源整合的时候，一定要兼顾资源提供者的利益，使资源提供和使用的双方均能获益。有了利益共同点，以及一定的资源整合机制，并不意味着就可以开展合作，而只是具备了合作的前提条件。要与外部的资源所有者进行合作，创业者还需要构建一套能够使各方利益真正实现双赢的机制，在给新创企业带来收益的同时，也给资源拥有者一定的回报，并能够使对方合理规避可能的风险。

6.2.3.3　维持信任长期合作

资源整合以利益为基础，需要以沟通和信任来维持。沟通是产生信任的前提，信任是社会资本的重要因素，是维持合作的基本条件。当信任产生的时候，资源的提供和使用双方就有了一种相互的交托，就可以开展更长期的合作。

信任可以按照不同的标准进行分类，如按照信任的基础可以分为人际信任和制度信任。人际信任建立在熟悉程度以及人与人之间情感联系的基础上，是存在于人际关系中的保障性的信任；制度信任是用外在的，诸如法律一类的惩戒式或预防式的机制来降低社会交往的复杂性，是由对外的社会机制的信任而产生的一种对人的基本信任。这两种信任共同构成了社会的信任结构。

中华儒家文化和农耕文化的交互作用，决定了中国社会关系网络的亲疏有序，形成所谓的差序格局特征。个体对以血缘关系为纽带的家族成员的信任预期是与生俱来的，是以情感认同为出发点的信任，是家族信任；对家族成员以外的其他人，在交往互动过程中也倾向于不断将与其有着地缘（如老乡）、业缘（如同事）、学缘（如同学）等联系的外部人予以"家人化"，变成"一家人不说两家话"，不断扩展信任边界，形成泛家族信任。这种泛家族信任的产生来源于两个方面：一是过去交往的经验，大量、长期的交往会形成对他人的主观预期，从而产生信任；二是基于社会的相似性，相似的社会背景往往意味着相近的行为规范，容易相互理解，在交往或交流中形成共识，从而形成信任关系。区分不同的信任关系，认识信任在资源整合中的重要作用，对于创业者来说至关重要。同时，创业者还应该尽快地从早期的家族信任过渡到泛家族信任，建立更宽泛的信任关系，以获取更大规模的社会资本。信任关系建立起来之后，要维持长期合作还需要做到以下两点：第一，给资源提供者一个明确的未来，让资源提供者看到资源投入的结果，增强其投入的信心；第二，要进行频繁的沟通，通过和资源提供者的互动，让对方了解企业资源使用的目的及方式，以便得到其进一步的支持和帮助。

6.2.4　创业资源的管理

6.2.4.1　不同类型资源的开发

（1）人脉资源的开发　人脉即人际关系、人际网络，体现为人的社会关系，是经由人际关系而形成的人际脉络。一般说来，人脉资源的开发主要有熟人介绍、参与社团、利用网络等途径。在个人创业过程中人脉资源是第一资源，有各种良好的人脉关系，可方便地找到投资、找到技术与产品、找到渠道等各种创业机会。

开发人脉资源是创业成功的基本条件，需要注意以下人脉资源的特性。

① 长期投资性。平时要注意人脉资源的积累，不要事到临头才去找人帮忙。在公司做业务也一样，现在不是你的客户，明天就可能成为你的客户，因而必须从现在开始立即联系。人脉资源的形成需要很多时间和精力，需要进行维护，这也是一种投资。

② 可维护性和可拓展性。人脉资源可以通过合作、交流、关心、帮助、友情、亲情等进行维护，并且会不断巩固。当然如果不去维护就会变得疏远，所以人脉资源需要经常性地维护，同时在维护中可以不断地发展新的人脉关系。

③ 有限性和随机性。每个人的一生能结识很多人，包括老师、同学、亲戚、同事、朋友、客户等，但每个人的人脉资源都是有限的，你的发展同样也会受到你的人脉资源的限制。同时，你所认识的人可能没有能力帮助你，有能力帮助你的人你可能不认识，所以在客观上就需要你不断认识更多的人，但是每个人的能力又是有限的，又不可能认识所有潜在的帮助者。

④ 辐射性。你的朋友帮不了你，但也许你朋友的朋友可以帮你。因此，熟人介绍是一种事半功倍的人脉资源开发的方法，可以加快人与人之间信任的速度，降低交往成本，提高合作成功的概率。

（2）人力资源的开发　创业的整个过程都需要人来推动企业运营，所以，人力资源成为创业中的关键因素。求才、爱才、育才、重才，是新创企业人力资源开发的重要内容。

新创企业的人力资源，由创业发起者、核心团队成员、管理团队与其他人力资源构成。随着新创公司发展到一定阶段，部分创业初期的核心成员的能力与精力可能会出现不能胜任的情况，这时就有必要从外部引进管理团队，推动公司管理的规范，根据企业发展战略，相应地建立起一套人才资源规划体系。

① 建立完善的激励体系，包括精神激励和物质激励，用奖惩制度去激发员工的潜能，让员工的潜能发挥到极致。

②建立培训机制，培养人才，同时也让人才在企业里发挥其最大的潜能，为企业做出贡献。

③善待员工，让员工有一种家的感觉。善待员工，是留住人才的重要法宝。这种善待，不仅是指从精神上给予人才满足感，也要适当地配以物质利益。

④要量才而用，用人的长处，控制人的短处，不要为了节省开支而凑合。

⑤分工尽可能明确，但可根据职务的重要与否适当兼职。

⑥引入外部力量，如通过培训等来协助你快速找到自己所需要的人才。

（3）信息资源的开发　新时代的创业者处于信息化的背景之下，信息资源对很多创业者来说就是成功的机遇，而机遇转瞬即逝，要善于整合把握。信息资源的开发效率主要取决于两个因素：信息存量和创业者理性程度。信息存量是指创业者掌握的相关市场信息、产品或技术信息、创新信息以及政府政策与相关法规信息等。创业者理性程度受创业警觉性、历史经验、认知能力、创造性、社会网络的影响。开发信息资源的过程，就是处理信息存量与创业者理性程度的匹配过程，在这一过程中，要做好以下三个方面的工作。

①抓住有用的信息。随着信息技术的不断发展，信息与日常生活、工作越来越密不可分，最直接的体现就是信息量陡然增大，信息流转加快；但同时也带来了一个问题，就是信息爆炸，各种信息充斥在我们周围，创业者要在最有效的时间内获得最有效的内外部信息。很多时候不是机会不出现，而是当它们出现时，能否及时发现并把握，对于创业者来说，这点至关重要。

②开发信息资源应该得到创业者的高度重视。新创企业信息化的最高层次是决策，它具有前瞻性。企业在做决策时，关心的问题是来自包括竞争对手、政府、行业、合作伙伴、客户等在内的周边环境的变化。在对变化的预测、分析的基础上尽可能制定合理的策略，这个层次上的企业信息化通常针对创业以及高层管理所遇到的问题。对创业者而言，信息是不对称的，只有了解分析包括竞争对手、政府、行业、合作伙伴、客户等在内的环境的变化信息，我们才能做到"知己知彼，百战不殆"，才能做到"有的放矢"，集中精力、财力、人力抓住转瞬即逝的成功机遇。

③进行信息资源的规划。新创企业在开发信息资源时，既要整合管理好企业外部的资源，抓住发展机遇，又要整合管理好企业内部的信息资源，进行信息资源的规划。信息资源规划是指通过建立健全企业的信息资源管理标准，根据需求分析建立集成化信息系统的功能模型、数据模型和系统体系结构模型，然后再实施通信计算机网络工程、数据库工程和应用软件工程的一个系统化的企业信息化解决方案，以使企业高质量、高效率地建立高水平的现代信息网络，实现信息化建设的跨越式发展。

（4）技术资源的开发　开发技术资源时，可以考虑整合企业外的技术资源。企业能够获得成功的核心是要有好的产品，而企业的产品必须做到专业化，而要做到产品专一，在同一领域内做到最专，技术上则要一直领先。

开发技术资源时，一定要注意以市场需求、顾客满意为导向，不能过于留恋自己开发的技术而忽视市场反应。以用户体验为中心，整合资源，创造新的产品和服务，取代那种闭门进行产品研发和对既有产品不断改进的直线思维，成为创业成功者新的成功之道。

技术资源的主要来源是人才资源，重视技术资源的整合，也就是注重人才资源的整合。技术资源的整合，不仅要整合、集聚企业内部的技术资源，还要整合外部的可被利用的技术资源。整合技术资源只是起点，技术资源整合是为了技术的不断创新。自主研发并拥有自主知识产权，才能保持技术的领先、保持市场优势地位。

（5）资金资源的开发　资金是维持企业运营的"血液"。新创企业面临的最重要的问题之一就是资金资源的短缺。开发资金资源，不仅仅是解决"钱"的问题，最为关键的是，在资金资源开发过程中，要进一步确定公司的商业模式和企业战略，并且所选择的战略投资者要与企业当前阶段的发展目标相吻合。

① 了解资金提供者的相关信息。开发资金资源时，首先要对准备引入的资金资源有整体性了解。在初步确定投资意向之后，创业企业就可以根据实际情况，在众多的意向投资者中选择钟情目标。在接触投资者前，一定要认真了解投资者的基本情况，包括资质情况、业绩情况、提供的增值服务，要看战略投资者还能给企业带来什么其他的资源，比如政府背景、行业背景、市场影响力、营销支撑等，亦即开发、整合资金资源时要充分考虑该项资源能否带来更多的其他资源。

② 设计独特的商业模式。战略层面的商业模式本质，是对能够获得竞争优势的价值创造活动的描述，而战略是通过对企业行为的谋划获取竞争优势，其竞争优势来自于企业价值链的某些环节，这些环节能够创造独特的、不可替代的、不可模仿的商业价值。从这个意义上说，战略层面的商业模式的设计是企业开发资金资源，获得融资的重要因素。

③ 克服"技术钟爱"或"产品偏执"的情结。对于技术类型的新创企业，开发资金资源时需要克服"技术钟爱"或"产品偏执"的情结，避免陷入技术和产品里面，就技术谈技术、就项目谈项目，而是要有产业眼光和商业意识，需要跳出技术和产品，学会识别战略生产要素，设计合适的商业模式。

资本市场通行的是商业法则，它不会为"技术"本身而买单，也未必要求企业当前就能实现多少利润，它青睐的是技术能够带来的产业空间和成长预期。一个能够占领未来产业空间的企业战略和一个能够现实地启动成长过程的商业模式，比先进的技术本身更能唤醒资本的兴趣。

6.2.4.2　有限创业资源的创造性利用

事实表明，绝大多数创业者早期所能获取和利用的资源都相当匮乏，但是少数创业者在创业过程中所体现出来的卓越创业技能之一，就是创造性地整合、转换和利用资源，尤其那种能够创造持续竞争优势的战略资源，并由此成功地开发创业机会、推进创业过程向前发展。

（1）资源的利用效率　经营活动的效率，是对各种资源的利用效率，但是资源的利用效率总是达不到百分之百，即企业内部总是存在未利用资源。资源的利用效率是指投入资源与产出与收益之比。资源的利用效率最终体现在财务收入上，很多财务指标可以用于衡量资源的利用效率：单位总资产与净资产的销售收入和销售利润；劳动生产率（人均收入或人均利润）；存货周转率与应收账款周转率。

（2）资源的重复利用　资源的重复利用包括对技术资源、品牌资源、制造资源、营销网络资源、管理资源的重复利用。

① 技术资源的重复利用。特定技能或技术的使用次数越多，就表示资源杠杆运用越充分，资源的利用效率越高。如夏普将本身开发成功的液晶显像技术，陆续应用于计算机、电子记事簿、迷你电视、大荧幕投射电视及膝上型电脑。

② 品牌资源的重复利用。品牌可以再生利用，利用高知名度的"企业名称"推出全新的产品，至少可以让顾客"考虑购买"大牌制造商制造的产品，和其他默默无闻的同期新产

品比起来，高知名度已经占有一项竞争优势了。

③ 制造资源的重复利用。保持制造资源的充分弹性，即迅速调整生产线，改而制造另一种产品的能力是制造资源重复利用的前提条件。在网络经济环境下，通过把高度分散的制造能力组合成必要的制造资源、以响应市场机遇的协作式伙伴关系将迅速发展。当市场机遇消失时，这些资源将同样迅速解散。

④ 营销网络资源的重复利用。对多系列产品的中小企业共用一个销售网络，可以降低营销成本，充分利用营销网络资源。

⑤ 管理资源的重复利用。包括转移工厂的作业改善经验应用于其他工厂；同一系统应用于同一产品系列；迅速广泛应用一线员工的良好构想，以改善对顾客的服务，以及暂调有经验的主管赴供应商处驻厂指导等，均是对管理资源的重复利用。

（3）资源的快速回收　加快资源回收是资源杠杆运用的重要领域，公司越快赚到钱，回收的资源就越快，就越能再次利用。如果投入的资源相同，甲公司回收利润的时间只及乙公司的一半，则表示甲公司享有两倍于乙公司的杠杆运用优势。

（4）资源的融合　通过融合不同种类的资源，各种资源的价值将随之提升。抢先进入个别科技领域，获得领导地位固然重要，但公司如拙于调和这些科技，使既有科技能力不能持续扩充，就是没有进行资源杠杆运用。因此，就算公司在许多单项科技领域领先，也无多大实质意义。在强调本位主义及专业功能的传统官僚组织中，个别功能再强，也不代表最终产量一定成功。也就是说，官僚组织可能培养出好几个分别强过竞争者的专业功能，却极可能在市场表现欠佳。只有培养出一批通才，才能对不同领域的科技进行有效整合，才能建立真正的竞争优势。

6.2.5　创业资源的开发方法

资源开发是整个创业活动的主线，初创企业可以支配的资源数量、规模决定了创业模式的选择。在创业过程的不同发展阶段，资源利用特点不同，资源控制重点不同，创业者需要采用不同的资源推进方式整合内外部资源，以获得良好的创业绩效。创业资源开发的推动方法可以归纳为寻找式资源整合、累积式资源整合、开拓式资源整合，这些方法与创造性利用创业资源的方法可以交叉、相互转化。

6.2.5.1　寻找式资源整合

对于初次创业的创业者来说，其创业存在许多共性问题，比如管理经验不足、市场的不确定性、创业资源匮乏。创业之初，创业所需资源主要依靠自身的努力来获取，但是仅仅依靠从自己的身边获取的创业资源很难维持企业的发展，要想使企业继续发展，那就不得不从外界寻找创业资源。

寻找式资源整合主要是结合创业团队的资源情况，分析资源储备存在的不足，提出整合外界资源的方案，积极寻找和整合所能利用的创业资源。这就要求创业者具备较强的预见力和洞察力。较强的预见力可以让创业者准确把握自己所在行业的发展特点和竞争焦点。洞察力是一种从不同类型的信息中获得知识的能力。创业者只有拥有较强的预见力和洞察力，才能在诸多的资源中获得对自己创业有所帮助的资源。

6.2.5.2　累积式资源整合

进入创业过程的中期，新创企业得到了一定的发展，积累了一些企业赖以生存发展的创业资源。这一阶段，企业正处于发展关键期，创业资源需要不断累积和增加。这就需要创业者掌握累积式的资源整合方法。

为了使已获得的创业资源发挥最大效能，创业者必须在初创企业的发展过程中，进一步了解创业资源的特征，以便更好地整合利用。也就是说，为了有效利用已获得的创业资源，要对其进行分析、归类。只有对已有的资源进行准确的分析定位，才能在此基础上进一步地整合利用，才能发挥资源的最大效能，不断提高企业的核心竞争力。

6.2.5.3　开拓式资源整合

企业取得初步发展之后，创业者要想使企业继续快速发展，就必须采用开拓式资源整合。

开拓式资源整合强调创新能力，当今社会的竞争，与其说是人才的竞争，不如说是人的创新创造力的竞争。创新是一个企业发展的动力和灵魂，没有创新的企业是很难成长和发展的。开拓式资源整合要求创业者不断把创新式思维注入其中，从创新的视角去寻找具有创新点的创业资源。特别是继续寻找企业的新的增长点，在新的增长点上充分开拓和整合利用资源，这一点对创业基础较为薄弱的大学生创业者来说尤为重要。

 思维与训练

创业资源整合计划

根据团队的创业项目，寻找并整合创业资源，团队讨论，共同完成下表。首先列出需要具备的所有创业资源，其中哪些是必须具备的，在相应位置写明必需原因；再分析哪些资源已经拥有，在相应位置写明获取途径；仍未具备的资源有哪些，在相应位置写明计划获取该资源的办法；最后总结上述内容，设计整合资源的策略，完成创业资源整合计划。

团队		项目	
需要具备的创业资源			
必需资源及必需原因			
已有资源及获取途径			
待寻资源及获取计划			

创业资源整合计划

第7章 创业市场

引导案例 **制鞋公司开拓"不穿鞋岛国"市场**

　　一个美国鞋业公司要把自己的产品卖给太平洋上一个小岛的土著居民。该公司首先派去了财务经理。两天后该经理回电报说:"这里的人根本不穿鞋,此地不是我们的市场。"该公司又把自己最好的推销员派到该岛上以证实这一点。一周之后,该推销员回电:"这里的居民没有一个人有鞋,这里是巨大的潜在市场,可以把我们的鞋销售到这里。"该公司最后又把自己的市场营销副经理派去考察,两周以后,他回电说:"这里的居民不穿鞋,但他们的脚有许多伤病,可以从穿鞋中得到益处。因为他们的脚普遍小且厚,所以,我们必须重新设计我们的鞋。我们要教给他们穿鞋的方法并告诉他们穿鞋的好处。我们还必须取得部落酋长的支持与合作。他们没有钱,但岛上盛产菠萝。我测算了三年内的销售收入以及我们的成本,包括把菠萝卖给欧洲的超级市场连锁集团的费用。我得出的结论是我们的资金回报率可达 30%,因而我建议公司应开辟这个市场。"这个市场营销副经理通过调查分析,发现需求并找到满足需求的办法,他为公司开发可获利的市场提供了正确方式。

7.1　市场调查

7.1.1　市场调查的内容

　　市场调查就是指运用科学的方法,有目的地、系统地收集、记录、整理有关市场营销的信息和资料,分析市场情况,了解市场现状及其发展趋势,为市场预测和营销决策提供客观的、正确的资料。市场调查的内容涉及到市场营销活动的整个过程,主要包括以下几方面内容。

7.1.1.1　市场环境调查

　　市场环境调查主要包括经济环境、政治环境、社会文化环境、科学环境和自然地理环境等。具体的调查内容包括市场的购买力水平、经济结构、国家的方针政策和法律法规、风俗习惯、科学发展动态、气候等各种影响市场营销的因素。

7.1.1.2　市场需求调查

　　市场需求调查主要包括消费者需求量调查、消费者收入调查、消费结构调查、消费者行为调查,包括消费者为什么购买、购买什么、购买数量、购买频率、购买时间、购买方式、购买习惯、购买偏好和购买后的评价等。

7.1.1.3　市场供给调查

市场供给调查主要包括产品生产能力调查、产品实体调查等。具体为某一产品市场可提供的产品数量、质量、功能、型号、品牌等，生产供应企业的情况等。

7.1.1.4　市场营销因素调查

市场营销因素调查主要包括产品、价格、渠道和促销的调查。产品的调查主要有了解市场上新产品开发的情况、设计的情况、消费者使用的情况、消费者的评价、产品生命周期阶段、产品的组合情况等。价格的调查主要有了解消费者对价格的接受情况、对价格策略的反应等。渠道的调查主要有了解渠道的结构、中间商的情况、消费者对中间商的满意情况等。促销的调查主要包括各种促销活动的效果，如广告实施的效果、人员推销的效果、营业推广的效果以及对外宣传的市场反应等。

7.1.1.5　市场竞争情况调查

市场竞争情况调查主要包括对竞争企业的调查和分析，了解同类企业的产品、价格等方面的情况，它们采取了什么竞争手段和策略，做到知己知彼，通过调查帮助企业确定企业的竞争策略。

7.1.2　市场调查的方法

市场调查的方法主要包括观察法、实验法、访问法和问卷法。

7.1.2.1　观察法

观察法是社会调查和市场调查研究的最基本的方法。它是由调查人员根据调查研究的对象，用眼睛、耳朵等感官以直接观察的方式对其进行考察并收集资料。

7.1.2.2　实验法

实验法是由调查人员根据调查的要求，用实验的方式，将调查的对象控制在特定的环境条件下，对其进行观察以获得相应的信息。

7.1.2.3　访问法

访问法包括结构式访问、无结构式访问和集体访问。结构式访问是事先设计好的、有一定结构的访问问卷的访问。无结构式访问没有统一问卷，由调查人员与被访问者自由交谈。集体访问是通过座谈的方式听取被访问者的想法，收集信息资料。

案例分享 7-1　　可口可乐的市场调查

1982 年，可口可乐在美国 10 个城市进行了大约 2000 次的访问，问题是："可口可乐配方将添加新成分，使口味更柔和，您会喜欢吗？"结果一半多的消费者回答"是"。

可口可乐公司此次调研的区域很广泛，样本也足够大，按说这种调研的指导性应该很强。所以，可口可乐全线采用了新配方。上市没多久，那些传统可口可乐爱好者就开始强烈反对，甚至上街游行抵制新可乐，原来说喜欢的人也变了态度。最终，可口可乐不得不恢复配方。

错误点：问卷把"新配方、更柔和"这种正面感受直接告诉了消费者，而人都是不愿意思考的，当然会顺着他的想法说。

7.1.2.4　问卷法

问卷是通过设计调查问卷，让被调查者填写调查表的方式获得所调查对象的信息。在一般进行的实地调查中，以问答卷采用最广，而且问卷调查法在网络市场调查中运用得较为普遍。

7.1.3　市场调查的步骤

市场调查是企业制订营销计划的基础。企业开展市场调查可以采用两种方式，一是委托专业市场调查公司来做，二是企业自己来做。市场调查的步骤包括：明确调查目标、设计调查方案、制订调查工作计划、组织实地调查、调查资料的整理和分析、撰写调查报告。

7.1.3.1　明确调查目标

市场调查的第一步就是要明确市场调查的目标，企业实施经营战略时，必须调查宏观市场环境的发展变化趋势，尤其要调查所处行业未来的发展状况；企业制定市场营销策略时，要调查市场需求状况、市场竞争状况、消费者购买行为和营销要素情况；当企业在经营中遇到了问题，这时应针对存在的问题和产生的原因进行市场调查。

7.1.3.2　设计调查方案

一个完善的市场调查方案一般包括以下几方面内容。

（1）调查目的要求　根据市场调查目标，在调查方案中列出本次市场调查的具体目的要求。例如：本次市场调查的目的是了解某产品的消费者购买行为和消费偏好情况等。

（2）调查对象　市场调查的对象一般为消费者、零售商、批发商。

（3）调查内容　调查内容是收集资料的依据，是为实现调查目标服务的，可根据市场调查的目的确定具体的调查内容。调查内容的确定要全面、具体，条理清晰、简练。

（4）调查表　调查表是市场调查的基本工具，调查表的设计质量直接影响到市场调查的质量和调查结果的可信度。设计调查表要注意以下几点。

第一，调查表的设计要与调查主题密切相关，重点突出，避免可有可无的问题。

第二，调查表中的问题要容易让被调查者接受，避免出现被调查者不愿回答或令被调查者难堪的问题。

第三，调查表中的问题次序要条理清楚，顺理成章，符合逻辑顺序，一般将容易回答的问题放在前面，较难回答的问题放在中间，敏感性问题放在最后；封闭式问题在前，开放式问题在后。

第四，调查表的内容要简明，尽量使用简单、直接、无偏见的词汇，保证被调查者能在较短的时间内完成调查表。

（5）调查地区范围　调查地区范围应与企业产品销售范围保持一致，当在某一城市做市场调查时，调查范围应为整个城市；但由于调查样本数量有限，调查范围不可能遍及城市的每一个地方，一般可根据城市的人口分布情况，主要考虑人口特征中收入、文化程度等因素，在城市中划定若干个小范围调查区域，划分原则是使各区域内的综合情况与城市的总体情况分布一致，将总样本按比例分配到各个区域，在各个区域内实施访问调查。这样可相对缩小调查范围，减少实地访问工作量，提高调查工作效率，降低经费投入。

（6）样本的抽取　调查样本要在调查对象中抽取，由于调查对象分布范围较广，应制订一个抽样方案，以保证抽取的样本能反映总体情况。样本的抽取数量可根据市场调查的准确程度的要求确定，市场调查结果准确度要求越高，抽取样本数量应越多，但调查费用也越高，一般可根据市场调查结果的用途情况确定适宜的样本数量。

（7）资料的收集和整理方法　市场调查中，常用的资料收集方法包括调查法、观察法和实验法，一般来说，前一种方法适宜于描述性研究，后两种方法适宜于探测性研究。企业做市场调查时，采用调查法较为普遍，调查法又可分为面谈法、电话调查法、邮寄法、留置法等。

7.1.3.3　制订调查工作计划

（1）组织领导及人员配备　建立市场调查项目的组织领导机构，可由企业的市场部或企划部来负责调查项目的组织领导工作，针对调查项目成立市场调查小组，负责项目的具体实施工作。

（2）访问员的招聘及培训　访问人员可从高校经济管理类专业的大学生中招聘，根据调查项目中完成全部问卷实地访问的时间来确定每个访问员一天可完成的问卷数量，核定需招聘访问员的人数。对访问员须进行必要的培训，培训内容包括以下几方面。

第一，访问调查的基本方法和技巧。

第二，调查产品的基本情况。

第三，实地调查的工作计划。

第四，调查的要求以及注意事项。

（3）工作进度　将市场调查项目整个进行过程安排一个时间表，确定各阶段的工作内容及所需时间。市场调查包括以下几个阶段。

第一，调查工作的准备阶段，包括调查表的设计、抽取样本、访问员的招聘及培训等。

第二，实地调查阶段。

第三，问卷的统计处理、分析阶段。

第四，撰写调查报告阶段。

（4）费用预算　市场调查的费用预算主要有调查表设计、印刷费；访问员培训费、劳务费、礼品费；调查表统计处理费用等。

7.1.3.4　组织实地调查

组织实地调查要做好以下两方面工作。

（1）做好实地调查的组织领导工作　实地调查是一项较为复杂烦琐的工作。要按照事先划定的调查区域确定每个区域调查样本的数量、访问员的人数、每位访问员应访问样本的数量及访问路线，每个调查区域配备一名督导人员；明确调查人员及访问人员的工作任务和工作职责，做到工作任务落实到位，工作目标责任明确。

（2）做好实地调查的协调、控制工作　调查组织人员要及时掌握实地调查的工作进展，协调好各个访问员间的工作进度；要及时了解访问员在访问中遇到的问题，帮助解决，对于调查中遇到的共性问题，提出统一的解决办法。要做到每天访问调查结束后，访问员首先对填写的问卷进行自查，然后由督导员对问卷进行检查，找出存在的问题，以便在后面的调查中及时改进。

7.1.3.5　调查资料的整理和分析

实地调查结束后，即进入调查资料的整理和分析阶段，收集好已填写的调查表后，由调查人员对调查表进行逐一认真检查，剔除不合格的调查表，然后将合格调查表统一编号，以便于调查数据的统计。

7.1.3.6　撰写调查报告

撰写调查报告是市场调查的最后一项内容，市场调查工作的成果将体现在最后的调查报告中，调查报告将提交企业决策者，作为企业制定市场营销策略的依据。市场调查报告要按规范的格式撰写，一个完整的市场调查报告格式由题目、目录、摘要、正文、结论和建议、附件等组成。

7.2　创业市场认知

7.2.1　市场及其类型

7.2.1.1　市场概念的界定

（1）市场是聚集买卖双方以交换商品的实际场所　这是对市场本义的解释，即场所说，也是最传统的、狭义的概念。强调买主和卖主发生交换关系的地点和区域，当商品交换限于生产者与消费者直接见面交易的形式时，市场的形式是以集市、场、圩、庙会为主的，其范围是狭小的、零星分散的。当商品交换突破了生产者和消费者直接见面的限制后，市场就出现了坐商、行商、货栈、批发商、零售商、超市、连锁店、网店等各种组织形式，从更大的范围以不同的方式和姿态承载着商品交换。很显然，任何一个企业都要考虑其产品销向哪些地区，在何种场所出售。

（2）市场是某项产品或劳务现实或潜在购买者的集合　这是从企业或者卖方角度上对市场的解释，即需求说。市场由三个要素构成：市场＝消费人口＋购买能力＋购买欲望。所谓的购买者可分为两类：现实的购买者，即有支付能力又有购买欲望的购买者；潜在的购买者，即有购买能力的购买者。明确自己产品的市场规模、消费者及用户构成，是企业制定营销战略决策、制定策略、组织营销活动的基本出发点。所谓面向市场，实际上就是面向消费需求，面向自己的顾客。市场的大小是产品质量特性、产品价格、顾客收入水平、购买动机等变量的函数。

（3）市场是商品交换关系的总和　这是经济学上对市场的解释，即关系说，是广义的概念。所谓交换关系的总和，是指参与某些货品和劳务的现实或潜在交易活动的所有买者和卖者之间的交换关系，强调的是商品交换的行为和活动。这种交换关系得以实现，即买方能买到所需要的和卖方能卖出所生产的商品，就需要供给与需求相平衡，若供不应求时买方竞争——争货源，卖方占据了支配交易关系的主导地位，就会引起价格上涨，进而抑制需求而刺激生产；当供过于求时卖方竞争——争销路，买方占据有利地位，导致价格下跌，进而抑制生产而刺激需求。这样，强制性地使供求趋于平衡，成为交换关系得以实现的条件或实现的结果。通常说的"市场机制""市场调节"中的"市场"就是经济学意义上的市场。

市场的以上含义对创业企业都有实际意义，前两种站在微观角度，是企业营销的立足点。第三种站在宏观角度，是企业赖以生存的空间和环境。换言之，企业不仅要研究产品销售的地区和地点、销售服务的对象，而且必须面对整体市场，通观流通全局，厘清本企业营销活动与整体市场的输入与输出的内在交换关系。

7.2.1.2 市场的类型

从现代企业营销的角度讲，市场实质上是指在一定时间与空间条件下具有现实和潜在需求的顾客群，立足于企业顾客来讨论市场尤显必要。

（1）消费者市场 消费者市场指为满足生活消费的需要而购买消费品的个人和家庭构成的顾客群体。这里强调了购买者是个人和家庭；购买对象是社会最终产品；购买目的是满足生活消费而无牟利企图。其主要特点包括以下几方面。

① 消费者人多面广，市场潜力巨大。

② 需求具有层次性和发展性。

③ 购买呈现多样化。

④ 小批量地重复购买。

⑤ 非行家购买，具有可诱导性。

⑥ 购买具有连带性和转移性。

（2）生产者市场 生产者市场指为满足生产经营的需要而购买生产资料的企业用户构成的顾客群体。这里强调了购买者是生产经营组织；购买对象是社会中间产品；购买目的具有明显的营利性。其主要特点包括以下几方面。

① 需求受宏观因素影响大。

② 用户少且相对集中。

③ 其需求属派生性需求且弹性较小，具有一定的关联性和波动性。

④ 技术性强、专业采购较多，广泛采用直接购买。

⑤ 购买批量大而频率低。

⑥ 行家购买和理智型的集团决策。

（3）中间商市场 中间商市场指为了取得再销售利润而购买商品的中间商构成的顾客群体。这里强调了购买者是处于流通环节的中间商，为售卖而购买。其主要特点包括以下几方面。

① 中间商数量较多且分布较广。

② 其需求既是消费者需求的派生，又受生产者产品组合和交易条件的影响。

③ 采购范围广、选择性强、注重时效性。

④ 大批量低频率购买，风格各异。

⑤ 精密核算，理智型决策。

⑥ 寻求服务技术的支持。

（4）政府与社会集团市场 政府与社会集团市场指在一定时间与空间范围内，由非营利性社会组织承担款项，对生活资料商品或劳务占有、使用、收益的全部消费者群。这里强调了购买者是政府机关、学校、部队、监狱等非营利性社会组织；购买对象是诸如轿车、冰箱、电视、家具、卫生纸等包罗万象的消费品；购买目的是行使团体基本服务职能和保证正常运营而满足本集团或其职工对生活资料的需求。其主要特点包括以下几方面。

① 需求受政治、经济等宏观因素影响大。

② 购买可能受政府控制或大众团体及公民的监督。

③ 注重商品质量和样式，需要进行广泛比较。

④ 购买规模大，时间比较集中。

⑤ 从发展趋势看逐步由个人简单决策走向招标方式的"阳光"采购。

7.2.2　市场细分

7.2.2.1　市场细分及其意义

（1）市场细分的概念　市场细分是在企业市场调查分析基础上，根据消费需求的特点和购买行为的差异性，将产品的整体市场划分为不同类型的顾客群体，从而形成若干个同质子市场的过程。每一个消费者群就是一个细分市场，亦称"子市场"或"亚市场"。每一个细分市场都由具有可识别的购买欲望、购买能力、地理位置、购买态度和购买习惯等某种特征相似的消费者构成。

（2）市场细分的实质　市场细分的实质是对消费者的需求进行细分。企业进行市场细分，就是要发现不同消费者需求的差异性，然后把需求基本相同的消费者归为一类，这样就可以把某种产品的整体市场划分为若干个细分市场。市场细分有如下特征。

① 市场细分是一个分解过程，不是对产品分类，而是一种存大异、求小同的市场分类方法。

② 市场细分是对同种产品需求各异的消费者进行分类。消费者的需求、购买欲望、购买行为及购买习惯的差异性，是市场细分的重要依据。

③ 市场细分是一个聚集过程，在存小异、求大同的基础上，把对某种产品的特点最易做出一致性反应的消费者，根据多种变量连续进行集合，直至形成企业的某一细分市场。

（3）市场细分的作用

① 市场细分有利于企业分析、发掘新的市场机会，形成新的富有吸引力的目标市场。

② 市场细分有利于最大限度满足顾客需求，增强企业市场竞争能力。

③ 市场细分有利于企业准确选择目标市场，更细致地制定和调整市场营销组合策略，实现企业市场营销战略目标。

④ 市场细分有利于企业集中使用资源针对性营销，提高企业的经济效益。

7.2.2.2　市场细分的原则

企业在实施市场细分时，必须关注市场细分的实用性和有效性，应当遵循市场细分的下列原则。

（1）可区分性原则　可区分性原则要求细分出来的市场边界明晰，子市场内部具有同质性，子市场之间消费需求具有差异性，而且细分市场对营销组合策略中任何要素的变化都能做出迅速、灵敏的差异性反应。可区分性原则是为确保企业产品开发和价格策略的针对性，向消费者提供差异化、个性化产品。

（2）可衡量性原则　可衡量性原则是指细分市场必须是可以识别和可以衡量的，亦即细分市场不仅范围明确，并且对其容量也能做出大致判断。例如，细分市场中消费者的年龄、性别、文化、职业、收入水平等都是可以衡量的。可衡量性原则是为确保清晰地区分细分市场的消费者群。

（3）可进入性原则　可进入性原则是指细分市场应该是企业市场营销活动能够到达的市场，即企业通过市场营销活动能够使产品进入并对消费者施加影响的市场。这主要表现在三个方面：首先，企业具有进入某个细分市场的资源条件和竞争实力；其次，企业产品的信息能够通过一定传播途径顺利传递给细分市场的大多数消费者；最后，企业在一定时期内能将产品通过一定的分销渠道送达细分市场。

（4）可盈利性原则　可盈利性原则是指细分市场消费者需求的容量和规模必须大到足以使企业实现其利润目标。进行市场细分的过程中，企业必须考虑细分市场上消费者的数量、消费者购买产品的频率、消费者购买力，并且细分市场能使企业获得预期利润。如果细分市场的规模过小、市场容量太小、获利太小，就不值得进行市场细分。

（5）相对稳定性原则　相对稳定性原则是指细分市场必须具有相对的固定性。企业目标市场的变化必然带来市场营销策略的改变和营销成本的增加。

7.2.2.3　市场细分的标准

（1）消费者市场细分的标准　市场细分的基础是购买者对产品需求的差异性。但这种差异性往往很难直接度量，故常用地理、人文、心理与行为等比较容易度量和需求密切相关的变量来对市场进行细分。

① 地理变数。根据消费者所处的地理位置、自然环境等地理变量来细分市场，称为"地理环境细分"。地理细分变量通常包括地理区域、城市规模、人口密度、气候、地形、地貌、生产力布局、交通运输和通信条件等。采用地理因素作为市场细分的依据，是由于处于不同地区的消费者的消费需要和消费行为特征有明显差别，如需求不同、生活水平不同、生活环境不同、生活习俗不同等。地理细分是市场细分的一个常用的细分方法，也是最稳定、最易界定、最易衡量和运用的细分标准。但地理变量并非企业唯一的细分变量。在同一地理环境里的消费者通常也会有不同的需求和消费行为。所以，企业还必须考虑其他的细分因素。

② 人文变数。人文细分，是根据人文统计学变量，如年龄、性别、家庭类型、家庭规模、收入、职业、教育、宗教、种族、国籍为基础划分不同的群体来细分市场。人文统计学变量是区分消费者最常用的基础。人文统计学变量与消费者需求之间存在着密切的因果关系。人文细分是市场细分的重要标准。人文细分变量更容易测量和获取，但消费者需求和购买行为并不仅仅取决于人口状况变量，所以，市场细分还要依据消费者心理、消费者行为、消费者受益等细分标准。

③ 消费者心理变数。根据消费者心理特征细分市场，称为"消费者心理细分"。消费者心理细分变量包括费者的生活方式、个性、购买动机、购买态度等。

第一，生活方式细分。生活方式是指个体在成长过程中，在社会环境的影响下，表现出来的活动兴趣和态度模式。来自不同文化、社会阶层、职业的人有不同的生活方式，生活方式不同的消费者对产品有不同的需求。

第二，个性细分市场。有的企业使用个性因素来细分市场，设计出产品的品牌个性，以吸引那些相应个性的消费者。当企业品牌产品和其他竞争品牌的产品显而易见地相似，而其他因素又不能细分市场时，消费者个性细分市场便非常有效。

第三，购买动机细分。购买动机是引起消费者购买行为的内在动力。消费者购买动机不同，就会产生不同的购买行为。购买动机主要有求美动机、求廉动机、求实动机、求新动机、求名动机、求便动机、炫耀动机、好胜动机、嗜好动机、惠顾动机等。企业针对不同购买动机的消费者，在产品中突出能满足他们购买动机的特征或特性，并设计不同的市场营销组合策略，通常会取得良好的经营效果。

第四，购买态度细分。企业可以按照消费者对产品的购买态度来细分消费者市场。消费者对企业产品的态度有五种：热爱、肯定、不感兴趣、否定和敌对。企业对持不同态度的消费者群，应当酌情分别采取不同的市场营销组合策略。

④ 消费者行为变数。根据消费者不同的消费行为细分市场，称为"消费者行为细分"。消费者行为变数包括消费者购买时机、消费者进入市场的程度、消费者使用频次、消费者对品牌的忠诚度等。

（2）组织市场细分的标准　相较消费者市场细分的标准而言，组织市场的消费者数量较大而独特，因而，消费者市场的变量可以用来细分生产者市场。如地理因素、追求的利益、使用规模、用户地理位置、其他变量等对组织市场进行细分。

① 最终用户行业。最终用户行业就是生产资料的最终使用者所属的行业。最终用户行业是产业市场细分最通用的标准，主要是工业机械、汽车制造、交通运输、电力、采掘、冶金、建筑、电讯、家电、食品、医药等。

② 用户规模。用户规模也是组织市场细分的主要标准。在产业市场上，按用户规模可细分为大量用户、中量用户、少量用户、非用户。企业应根据用户规模不同，采取不同的市场营销组合策略。对于个体数量较少的大量用户，宜由销售经理负责，采取直接联系、直接销售的方式；对于个体数量众多的少量用户，宜由指定推销员负责，通过上门推广、展销、广告等手段推销其产品。

③ 用户地理位置。由于产业市场的用户地理位置受一个国家的资源分布、地形气候分布、产业布局、社会经济环境、历史传承等因素的影响，所以，产业市场一般会形成若干个产业区。企业可根据用户地理位置细分市场，选择用户较为集中的地区作为目标市场，企业才能集中销售力，便于产品运输，节省运输费用，降低生产成本。

7.2.2.4　市场细分的步骤

市场细分的步骤因市场类型不同而异。下面介绍美国市场学专家麦卡锡提出的市场细分七步法。

① 选定产品市场范围。当企业确定市场细分的基础之后，必须确定进入什么行业，生产什么产品。产品市场范围应当以顾客的需求，而不是产品本身的特性来确定。

② 列出企业所选定的产品市场范围内所有潜在顾客的所有需求。这些需求多半是人口、经济、地理、心理等因素的特征。

③ 企业将所列出的各种需求，交由不同类型的顾客挑选他们最迫切的需求，然后集中起来，选出两三个作为市场细分的标准。

④ 检验每一个细分市场的需求，抽掉各细分市场中的共同需求，尽管它们是细分市场的共同标准，但可省略，而寻求具体特征的需求作为细分标准。

⑤ 根据不同消费者的特征，划分相应的市场群。

⑥ 进一步分析每一个细分市场的不同需求与购买行为，并了解影响细分市场的新因素，以不断适应市场变化。

⑦ 决定市场细分的大小及市场潜力，从中选择有企业机会的目标市场。

7.2.3　目标市场选择

目标市场选择是目标市场营销的第二个步骤。选择和确定目标市场，明确企业的具体服务对象，关系到企业市场营销战略目标规划，是企业制定市场营销战略的首要内容和基本出发点。目标市场是指企业作为销售服务对象的具有特定需求的顾客群体，是在市场细分的基础上，企业要进入的最佳细分市场。

7.2.3.1 目标市场策略

企业在市场细分、选择目标市场之后还要确定目标市场营销战略。有三种不同的目标市场策略供企业选择，它们是：无差异市场营销策略、差异市场营销策略、集中市场营销策略。

（1）无差异市场营销策略　无差异市场营销策略是企业不考虑细分市场的差异性，把整体市场作为目标市场，对所有的消费者只提供一种产品，采用单一市场营销组合的目标市场策略。无差异市场营销策略适用于少数消费者需求同质的产品；消费者需求广泛、能够大量生产、大量销售的产品；以及探求消费者购买情况的新产品、某些具有特殊专利的产品。采用无差异市场营销策略的企业一般具有大规模、单一、连续的生产线，拥有广泛或大众化的分销渠道，并能开展强有力的促销活动，投放大量广告和进行统一宣传。

无差异市场营销策略的优点在于标准化和大规模生产，有利于降低单位产品的成本费用，获得较好的规模效益。因为只设计一种产品，产品容易标准化，能够大批量生产和储运，可以节省产品生产、储存、运输、广告宣传等费用；不搞市场细分，也相应减少了市场调研、制定多种市场营销组合策略所要消耗的费用。无差异市场营销策略的缺点是不能满足消费者需求的多样性，不能满足其他较小的细分市场的消费者需求，不能适应多变的市场形势。所以，在现代市场营销实践中，无差异市场营销策略只有少数企业才采用，一般也不宜长期采用。

（2）差异市场营销策略　差异市场营销策略是在市场细分的基础上，企业以两个以上乃至全部细分市场为目标市场，分别为之设计不同产品，采取不同的市场营销组合，满足不同消费者需求的目标市场策略。

差异市场营销策略适用于大多数异质的产品。采用差异市场营销策略的企业一般以大企业为主，有一部分企业，尤其是小企业无力采用，因为采用差异市场营销策略必然受到企业资源和条件的限制。较为雄厚的财力、较强的技术力量和素质较高的管理人员，是实行差异市场营销策略的必要条件。而且随着产品品种的增加、分销渠道的多样化，以及市场调研和广告宣传活动的扩大与复杂化，生产成本和各种费用必然大幅度增加，需大量资源作为基础。差异市场营销策略的优点是能扩大销售，减少经营风险，提高市场占有率。因为多品种的生产能分别满足不同消费者群的需要，扩大产品销售。

（3）集中市场营销策略　集中市场营销策略是企业以一个细分市场为目标市场，集中力量，实行专业化生产和经营的目标市场策略。

集中市场营销策略主要适用资源有限的中小企业或是初次进入新市场的大企业。中小企业由于资源有限，无力在整体市场或多个细分市场上与大企业展开竞争，而在大企业未予注意或不愿顾及而自己又力所能及的某个细分市场上全力以赴，则往往容易取得成功。实行集中市场营销策略是中小企业变劣势为优势的最佳选择。

集中市场营销策略的优点在于目标市场集中，有助于企业更深入地注意、了解目标市场的消费者需求，使产品适销对路，有助于提高企业和产品在市场上的知名度。集中市场营销策略还有利于企业集中资源，节约生产成本和各种费用，增加盈利，取得良好的经济效益。集中市场营销策略的缺点是企业潜伏着较大的经营风险。因为目标市场集中，一旦市场出现如较强大的竞争者加入、消费者需求的突然变化等情况，企业就有可能因承受不了短时的竞争压力，而立即陷入困境。因此，采用集中市场营销策略的企业，要随时密切关注市场动向，充分考虑企业对未来可能出现意外情况下的各种对策和应急措施。

7.2.3.2　影响目标市场策略选择的因素

可供选择的三种目标市场营销策略各有利弊并各有其适用范围，企业在确定目标市场后，选择采取哪种策略，取决于下列影响目标市场策略选择的因素。

（1）企业实力　如果企业实力较强，可根据产品的不同特性选择采用差异或无差异市场营销策略；如果企业实力较弱，无力顾及整体市场或多个细分市场，则可选择采用集中市场营销策略。

（2）产品性质　产品性质是指产品是否同质，即产品在性能、特点等方面差异性的大小。如果企业生产同质产品，可选择采用无差异市场营销策略；如果企业生产异质产品，则可选择采用差异市场营销策略或集中市场营销策略。

（3）市场性质　市场性质是指市场是否同质，即市场上消费者需求差异性的大小。如果市场是同质的，即消费者需求差异性不大，消费者购买行为基本相同，企业则可选择采用无差异市场营销策略；反之，企业则可选择采用差异市场营销策略或集中市场营销策略。

（4）产品市场生命周期　处在介绍期和成长期初期的新产品，由于竞争者少，品种比较单一，市场营销的重点主要是探求市场需求和潜在消费者，企业可选择采用无差异市场营销策略；当产品进入成长后期和成熟期时，由于市场竞争激烈，消费者需求差异性日益增大，为了开拓新的市场，扩大销售，企业可选择采用差异市场营销策略或集中性市场营销策略，或保持原有市场，延长产品市场生命周期。

（5）竞争对手的市场营销　企业的目标市场策略应当与竞争对手的目标市场策略不同。如果竞争对手强大并采取无差异市场营销策略，企业则应选择采用差异市场营销策略或集中市场营销策略，以提高产品的市场竞争能力；如果竞争对手与自身实力相当或实力较弱，企业则可采用与之相同的目标市场策略；如果竞争对手都采用差异市场营销策略，企业则应进一步细分市场，实行更有效、更有针对性和更深入的差异市场营销策略或集中市场营销策略。

企业选择目标市场营销策略时，应综合考虑以上影响因素，权衡利弊，综合决策。目标市场策略应保持相对稳定，但当市场营销环境发生重大改变时，企业应当及时改变目标市场策略。竞争对手之间没有完全相同的目标市场策略，企业也没有一成不变的目标市场策略。

7.2.4　市场定位

企业选择和确定了目标市场及目标市场策略后，就进入了目标市场营销的第三个步骤——市场定位。

7.2.4.1　市场定位解读

市场定位是根据需求特点和竞争结构，为本企业或其产品在目标顾客心目中建立预期形象、特色和有利竞争地位的活动。市场定位要解决三个问题：顾客需要什么？竞争者如何去满足？本企业怎样更有优势地去满足？企业应根据顾客对产品某些属性的重视程度、竞争产品在细分市场所处的地位，塑造并向目标顾客传递本企业产品与众不同的特色。

（1）市场定位的出发点　市场定位的出发点是使企业及其产品与其他企业及竞争产品严格区分开来，突出企业及其产品的特色，使消费者明显感觉和认识到这种差别，从而取得目标市场的差别竞争优势。

（2）市场定位的归属点　不是对产品本身做些什么，而是在消费者心目中做些什么，在消费者心目中占有特殊的位置，单凭产品质量上乘或价格低廉已难以获得竞争优势。

（3）市场定位的关键点　市场定位的关键是塑造产品在细分市场中的形象，这种形象塑造得是否成功取决于消费者的认可与接受程度。产品的特色和个性，有的可以从产品属性上表现出来，如形状、成分、构造、性能等；有的可以从消费心理上反映出来，如豪华、朴素、时髦、典型等。

案例分享 7-2　　　　护士上门项目

护士上门项目指护士上门做护理的医疗健康创业项目，主要帮助母亲科学育儿、科学生产，让孩子健康成长。项目的定位是让每个有新生儿的家庭都能拥有一名家庭医生，让孩子和妈妈都健康成长。项目主要通过护士上门做健康护理，普及育儿知识，提供家庭环境监测、孩子智力检测、母亲产后抑郁防范等服务。

这个项目主要解决了四个方面的问题：一是做好预防护理工作，解决孩子、家长的心理问题；二是对常见问题给出解决意见；三是对突发事件进行处理；四是从心理和生理方面对孩子和家长普及成长教育知识。现在的到家服务、O2O 服务群雄混战，打车、外卖、生鲜、按摩推拿等与生活相关的服务都融入了互联网元素，这种与医疗健康相关的行业也已经结合互联网和大数据，所以此项目与同类的到家服务和月子中心相比，并没有明显的优势。一个好的模式首先要抓住用户的痛点，把握用户需求，之后更要把用户的痛点转化成服务，给用户提供优质的服务，最后靠营销推广把握用户的需求，从而做到高频服务。

7.2.4.2　市场定位的程序

市场定位的主要任务，就是通过集中企业的若干竞争优势，将自己与其他竞争者区别开来。市场定位是企业确定其潜在的竞争优势，选择相对的竞争优势和市场定位策略以及准确地传播企业市场定位的过程。

（1）确定企业潜在的竞争优势　市场定位的实质是要想办法找出本企业与其竞争对手之间的差异。这些差异应是消费者所需要的，且对他们来说是重要而又较少或没有满足的，并使这些差异有效传播到消费者。

企业可以通过在产品、服务、人员和形象四个方面创造差异来区别于竞争对手，凸显企业优势。

① 产品差异。企业可以通过产品的性能、款式、设计，或产品的持续性、耐久性、可靠性和易于维修性等方面，设法使自己的产品区别于其他产品。

② 服务差异。除了靠实际产品区别外，企业还可以在服务方面制造差异。服务的差异化主要表现在订货、交付、安装、客户培训、客户咨询和维修保养等方面。通过服务差异化，保持牢固的顾客关系，从而击败竞争对手。此方法对于技术精密产品，如汽车、计算机、复印机等更为有效。

③ 人员差异。企业可通过雇用和训练比竞争对手好的人员取得更强的竞争优势。市场竞争归根到底是人才的竞争。

④ 形象差异。即使竞争的产品看起来很相似，购买者也会根据企业或品牌形象观察出

不同来。所以，企业可以通过树立自己的品牌形象使自己不同于竞争对手。

（2）选择企业相对的竞争优势和市场定位策略　相对的竞争优势，是企业能够胜过竞争者的能力。企业可以根据自己的资源配置，通过营销方案差异化突出自己的经营特色，使消费者感觉自己从中得到了价值最大的产品及服务。

（3）准确传播企业的市场定位　这一步骤的主要任务是企业要通过一系列的宣传促销活动，将其独特的市场竞争优势准确传播给消费者，并在消费者心目中留下深刻印象。

7.3　创业市场评估

7.3.1　目标顾客评估（STP 战略）

在营销理论中，市场细分、目标市场与定位都是构成企业营销战略的要素，被称为营销战略的 STP（上一章已详细论述，在此仅简要阐述）。正因为如此，营销大师菲利普·科特勒认为：当代战略营销的核心，可被定义为 STP。STP 营销包括：第一，细分市场。其做法是按不同的细分变量将市场划分为不同的顾客群体。企业应明确不同的细分市场的方法，勾勒出细分市场的轮廓。第二，选择目标市场。即制定衡量细分市场吸引力的标准，选择一个或几个要进入的市场。第三，产品定位。即确定企业的竞争地位及其向每个目标市场提供的产品。

STP 营销战略的核心在于"定位"，其本质就是定位战略。所谓定位是对公司的产品和形象进行设计，从而使其能在目标顾客心目中占有一个独特的位置。仅仅确定了目标消费者是远远不够的，因为这时公司还是处于"一厢情愿"的阶段，令目标消费者同样将产品作为他们的购买目标更为关键。为此，企业需要将产品定位在目标消费者所偏爱的位置上，并通过一系列营销活动向目标消费者传达这一定位信息。因此，我们常见的产品定位、企业定位其实是指产品、企业在消费者心目中的位置。定位一般是以产品为出发点的，但定位的对象不是产品，而是针对潜在顾客，这就是说，要为产品在潜在顾客的大脑中确定一个合适的位置。

7.3.2　动态分析法（SWOT）

SWOT 分析是基于内外部竞争环境和竞争条件下的态势分析，就是将与研究对象密切相关的各种主要内部优势、劣势和外部的机会和威胁等，通过调查列举出来，并依照矩阵形式排列，然后用系统分析的思想，把各种因素相互匹配起来加以分析，从中得出一系列相应的结论，而结论通常带有一定的决策性。通过 SWOT 分析，有利于帮助企业把资源和行动聚集在自己的强项和有最多机会的地方，并让企业的战略变得明朗。

7.3.2.1　SWOT 分析模型的含义

优劣势分析主要是着眼于企业自身的实力及其与竞争对手的比较，而机会和威胁分析将注意力放在外部环境的变化及对企业的可能影响上。在分析时，应把所有的内部因素（即优劣势）集中在一起，然后用外部的力量来对这些因素进行评估。

（1）机会与威胁分析　伴随经济、科技的迅速发展，特别是世界经济全球化、一体化过程的加快，全球信息网络的建立和消费需求的多样化，企业所处的环境更为开放。这种变化几乎对所有企业都产生了深刻的影响。正因为如此，环境分析成为一种日益重要的企业职能。

环境发展趋势分为两大类：一类表示环境威胁，另一类表示环境机会。环境威胁指的是环境中一种不利的发展趋势所形成的挑战，如果不采取果断的战略行为，这种不利趋势将导致公司的竞争地位受到削弱。环境机会就是对公司行为富有吸引力的领域，在这一领域中，该公司将拥有竞争优势。

（2）优势与劣势分析　识别环境中有吸引力的机会是一方面，拥有在机会中成功所必需的竞争能力是另一方面。每个企业都要定期检查自己的优势与劣势，当两个企业处在同一市场或者说它们都有能力向同一顾客群体提供产品和服务时，如果其中一个企业有更高的盈利率或盈利潜力，那么，我们就认为这个企业比另外一个企业更具有竞争优势。换言之，所谓竞争优势，是指一个企业超越其竞争对手的能力，这种能力有助于实现企业的主要目标——盈利。但值得注意的是，竞争优势并不一定完全体现在较高的盈利率上，因为有时企业更希望增加市场份额，或者多奖励管理人员或雇员。

竞争优势可以指消费者眼中一个企业或它的产品有别于其竞争对手的任何优越的东西，它可以是产品线的宽度、产品的质量、可靠性、适用性、风格和形象以及服务的及时、态度的热情等。虽然竞争优势实际上指的是一个企业比其竞争对手有较强的综合优势，但是明确企业究竟在哪一个方面具有优势更有意义，因为只有这样，才可以扬长避短，或者以实击虚。

由于企业是一个整体，而且竞争性优势来源广泛，所以，在做优劣势分析时必须从整个价值链的每个环节上，将企业与竞争对手做详细的对比。如产品是否新颖、制造工艺是否复杂、销售渠道是否畅通，以及价格是否具有竞争性等。如果一个企业在某一方面或几个方面的优势正是该行业企业应具备的关键成功要素，那么，该企业的综合竞争优势也许就强一些。需要注意的是，衡量一个企业及其产品是否具有竞争优势，只能站在现有潜在用户角度上，而不是站在企业的角度上。

7.3.2.2　SWOT 分析模型的方法

在适应性分析过程中，企业高层管理人员应在确定内外部各种变量的基础上，采用杠杆效应、抑制性、脆弱性和问题性四个基本概念进行这一模式的分析。

（1）杠杆效应（优势＋机会）　杠杆效应产生于内部优势与外部机会相一致和适应时。在这种情形下，企业可以用自身内部优势撬起外部机会，使机会与优势充分结合、发挥出来。然而，机会往往是稍纵即逝的，所以，企业必须敏锐地捕捉机会，把握时机，以寻求更大的发展。

（2）抑制性（劣势＋机会）　抑制性意味着妨碍、阻止、影响与控制。当环境提供的机会与企业内部资源优势不相适合，或者不能相互重叠时，企业的优势再大也得不到发挥。在这种情形下，企业就需要提供和追加某种资源，以促进内部资源劣势向优势方面转化，从而迎合或适应外部机会。

（3）脆弱性（优势＋威胁）　脆弱性意味着优势的程度或强度的降低、减少。当环境状况对企业优势构成威胁时，优势就得不到充分发挥，出现优势不优的脆弱局面。在这种情形下，企业必须克服威胁，以发挥优势。

（4）问题性（劣势＋威胁）　当企业内部劣势与企业外部威胁相遇时，企业就面临着严峻挑战，如果处理不当，可能直接威胁到企业的生死存亡。

7.3.2.3 SWOT 分析步骤

① 确认当前的企业战略是什么。

② 确认企业外部环境的变化。

③ 根据企业资源整合情况，确认企业的关键能力和关键限制。

④ 按照通用矩阵或类似的方式打分评价。

⑤ 将结果在 SWOT 分析图（见图 7-1）上定位。

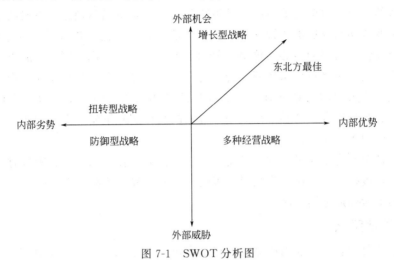

图 7-1　SWOT 分析图

⑥ 战略分析。举一个科尔尼通过 SWOT 分析得出战略的例子（见图 7-2）。

内部能力 / 外部因素	优势（Strength）	劣势（Weakness）
	● 作为国家机关，拥有公众的信任 ● 顾客对邮政服务的高度亲近感与信任感 ● 拥有众多的人力资源 ● 具有创造邮政、金融协同作用的可能性	● 上门取件相关人力及车辆不足 ● 市场及物流专家不足 ● 组织、预算、费用等方面的灵活性不足 ● 包裹破损的可能性很大 ● 追踪查询服务不够完善
机会（Opportunity）	SO	WO
● 随着电子商务的普及，对寄件需求增加（年平均增加38%） ● 能够确保应对市场开放的事业自由度 ● 物流及IT等关键技术的飞跃性地发展	● 以邮政网络为基础，积极进入宅送市场 ● 进入购物中心配送市场 ● 邮局活性化 ● 开发灵活运用关键技术的多样化的邮政服务	● 构成邮政包裹专门组织 ● 通过实物与信息的统一化进行实时追踪、实时控制 ● 将增值服务及一般服务制定差别化的价格体系和服务内容的再调整
威胁（Threats）	ST	WT
● 通信技术发展后对邮政的需求可能减少 ● 现有宅送企业的设备投资及代理增多 ● WTO邮政服务市场开放的压力 ● 国外宅送企业进入国内市场	● 灵活运用范围宽广的邮政物流网络，树立积极的市场战略 ● 通过与全球性的物流企业进行战略联盟提高国外邮件的收益及服务 ● 为了确保企业顾客，树立积极的市场战略	● 根据服务的特性，对包裹详情单与包裹运送网分别营销 ● 对已经确定的邮政物流运营提高效率，由此提高市场竞争力

图 7-2　科尔尼 SWOT 分析

7.3.3　市场营销策略（4P）

在市场营销组合概念中，4P 是指：产品（Product）、价格（Price）、分销（Place）、促销（Promotion），4P 理论是营销策略的基础。

7.3.3.1　产品策略

所谓产品策略，即指企业制定经营战略时，首先要明确企业能提供什么样的产品和服务去满足消费者的要求，也就是要解决产品策略问题。它是市场营销组合策略的基础，从一定意义上讲，企业成功与发展的关键在于产品满足消费者需求的程度以及产品策略正确与否。产品策略是市场营销战略的核心，价格、分销、促销策略等，都要围绕产品策略展开。

产品策略，主要是为目标市场开发合适的产品或产品组合，是企业在其产品营销战略确定后，在实施中所采取的一系列有关产品本身的具体营销策略。主要包括商标、品牌、包装、产品定位、产品组合、产品生命周期等方面的具体实施策略。企业的产品策略是其市场营销组合策略中的重要组成部分。

产品策略是企业为了在激烈的市场竞争中获得优势，在产品生产和销售时所运用的一系列措施和手段，包括产品定位、产品组合策略、产品差异化策略、新产品开发策略、品牌策略以及产品的生命周期运用策略。

7.3.3.2　价格策略

从经济学的角度看，行业内产品的价格是由供需关系的双向作用力达到均衡时形成的。但作为行业内的个体企业，却总是希望通过合适的价格策略来进行市场的开拓，打击竞争对手，同时尽可能多地获取顾客的剩余价值，使企业的利润达到最大化。价格策略是指企业通过对顾客需求的估量和成本分析，选择一种能吸引顾客、实现市场营销组合的策略。

企业在对产品进行定价时，必须考虑以下因素：产品成本、竞争者价格、替代品价格和消费者感受的产品价值。在此基础上，公司最终确定的产品定价要介于两个极端（一端为低到没有利润的价格，另一端为高到无人问津的价格）。对应这样的定价方法，我们可以依次制定价格策略，常见的新产品价格策略包括以下三种。

（1）撇脂定价策略　撇脂定价指产品定价比其成本高出许多，即高定价策略，当新产品刚刚上市，类似产品还没有出现之前，为在最短时间内获得最大利润，企业通常采取这一定价策略。

（2）渗透定价策略　渗透定价策略与撇脂定价策略的做法正好相反，是一种低价策略。为了让消费者迅速接受新产品，尽快扩大产品销售量，占领更大的市场份额，企业则有意将产品价格定得很低。采用渗透定价策略不但可以以最快速度占领市场，而且可以有效阻止其他企业进入这一产品生产领域。

（3）适宜定价策略　适宜定价是使新产品的价格介于上述两种方法确定的产品价格之间，即处于一种比较合理的水平上。

7.3.3.3　分销策略

分销策略是市场营销组合策略之一。它同产品策略、价格策略、促销策略一样，是决定企业能否成功地将产品打入市场，扩大销售，实现企业经营目标的重要手段。分销就是使产品和服务以适当的数量和地域分布来适时满足目标市场的顾客需求。

分销渠道是指某种货物和劳务从生产者向消费者移动时取得这种货物和劳务的所有权或

帮助转移其所有权的所有企业和个人。它主要包括商人中间商、代理中间商，以及处于渠道起点和终点的生产者与消费者。在商品经济条件下，产品必须通过交换发生价值形式的运动，使产品从一个所有者转移到另一个所有者，直至消费者手中，这称为商流。与此同时，伴随着商流，还有产品实体的空间移动，称之为物流。商流与物流相结合，使产品从生产者到达消费者手中，便是分销渠道或分配途径。分销渠道基本策略包括以下四种。

（1）直接渠道与间接渠道　直接渠道与间接渠道的区别在于有无中间商。直接渠道，指生产企业不通过中间商环节，直接将产品销售给消费者。直接渠道是工业品分销的主要选择。例如大型设备、专用工具及技术复杂需要提供专门服务的产品，都采用直接分销，消费品中有部分也采用直接分销类型，诸如鲜活商品等。间接渠道，指生产企业通过中间商环节把产品传送到消费者手中。间接渠道是消费品分销的主要类型，工业品中有许多产品，诸如化妆品等采用间接分销类型。

（2）长渠道和短渠道　分销渠道的长短一般是按流通环节的多少来划分，具体包括以下四层。

第一，零级渠道：制造商—消费者。

第二，一级渠道（MRC）：制造商—零售商—消费者。

第三，二级渠道：制造商—批发商—零售商—消费者，或者是制造商—代理商—零售商—消费者。多见于消费品分销。

第四，三级渠道：制造商—代理商—批发商—零售商—消费者。

可见，零级渠道最短，三级渠道最长。

（3）宽渠道和窄渠道　渠道宽窄取决于渠道的每个环节中使用同类型中间商数目的多少。企业使用的同类中间商多，产品在市场上的分销面广，称为宽渠道。如一般的日用消费品（毛巾、牙刷、卫生纸等），由多家批发商经销，又转卖给更多的零售商，能大量接触消费者，大批量地销售产品。企业使用的同类中间商少，分销渠道窄，称为窄渠道，它一般适用于专业性强的产品，或贵重耐用消费品，由一家中间商统包，几家经销。它使生产企业容易控制分销，但市场覆盖面受到限制。

（4）单渠道和多渠道　当企业全部产品都由自己直接所设门市部销售，或全部交给批发商经销，称之为单渠道。多渠道则可能是在本地区采用直接渠道，在外地则采用间接渠道；在有些地区独家经销，在另一些地区多家分销；对消费品市场用长渠道，对生产资料市场则采用短渠道。

7.3.3.4　促销策略

促销策略是指企业通过人员推销、广告、公关和营销推广等各种促销手段，向消费者传递产品信息，引起他们的注意和兴趣，激发他们的购买欲望和购买行为，以达到扩大销售目的的活动。企业将产品在适当地点、以适当的价格出售的信息传递到目标市场，一般是通过两种方式：一是人员推销，即推销员和顾客面对面地进行推销；另一种是非人员推销，即通过大众传播媒介在同一时间向大量消费者传递信息，主要包括广告、公关和营销推广等多种方式。这两种推销方式各有利弊，起着相互补充的作用。此外，目录、通告、赠品、店标、陈列、示范、展销等也都属于促销策略范围。一个好的促销策略，往往能起到多方面作用，如提供信息情况，及时引导采购；激发购买欲望，扩大产品需求；突出产品特点，建立产品形象；维持市场份额，巩固市场地位，等等。

根据促销手段的出发点与作用的不同，促销策略可分为以下两种。

（1）推式策略　推式策略即以直接方式，运用人员推销手段，把产品推向销售渠道，其作用方式为：企业的推销员把产品或劳务推荐给批发商，再由批发商推荐给零售商，最后由零售商推荐给最终消费者。该策略适用于以下情况。

① 企业经营规模小，或无足够资金用以执行完善的广告计划。

② 市场较集中，分销渠道短，销售队伍规模大。

③ 产品具有很高的单位价值，如特殊品、选购品等。

④ 产品的使用、维修、保养方法需要进行示范。

（2）拉式策略　采取间接方式，通过广告和公共宣传等措施吸引最终消费者，使消费者对企业的产品或劳务产生兴趣，从而引起需求，主动去购买商品。其作用方式为：企业将消费者引向零售商，将零售商引向批发商，将批发商引向生产企业。该策略适用于以下情况。

① 市场广大，产品多属便利品。

② 商品信息必须以最快速度告知广大消费者。

③ 对产品的初始需求已呈现出有利的趋势，市场需求日渐上升。

④ 产品具有独特性能，与其他产品的区别显而易见。

⑤ 产品能引起消费者某种特殊情感。

⑥ 有充分资金用于广告。

推式策略和拉式策略都包含了企业与消费者双方的能动作用。但二者存在一定区别，前者的重心在推动，着重强调了企业的能动性，表明消费需求是可以通过企业的积极促销而被激发和创造的；而后者的重心在拉引，着重强调了消费者的能动性，表明消费需求是决定生产的基本原因。企业的促销活动，必须顺应消费需求，符合购买指向，才能取得事半功倍的效果。许多企业在促销实践中，都结合具体情况采取"推""拉"组合的方式，既各有侧重，又相互配合。

7.3.4　创业不同时期的营销战略

7.3.4.1　创业阶段

刚刚创立的企业，由于其规模较小且资产配置较为单一，所以管理一般都呈现出随意性。往往在内部管理与市场竞争模式等方面，均具有人性化组织结构与人际关系营销特色。在该阶段，产品和服务也不是太稳定，生产成本较高，产品的知名度低，市场占有率低，由于是刚创立阶段，资金往往也呈现流出状态，任何不确定的风险因素都会直接或间接转化为对投资增加需求。

所以，该阶段的经营策略是：第一，进行精准的目标市场定位，这既是发展的客观要求，也是企业的成功之道。这个阶段的产品定位要发挥小企业灵活的优势，根据市场变化适时进行调整，产品间关联性应相对集中。因此，严密的市场调查是企业创业初期必须花大力气来做的事情，通过市场调查，企业可以细分市场，找出那些有一定成长空间但是目前还未具有统治力的竞争者的市场作为突破口。第二，急需招聘大批优秀的生产技术人员、销售人员和管理人才，通过稳定产品质量提高市场的占有率，提高产品的知名度，形成良性循环。除此之外，因为各种生产要素及契约关系较为简单，高度集权，又是粗放型的管理制度，企业还没有必要在管理上花费太多的成本，应该把更多的精力放在财务管理、生产管理和营销管理方面。

7.3.4.2 成长阶段

随着企业的进一步发展壮大，产品的销售量增加，市场占有率大幅度地提高，企业以及企业的产品和服务具有一定的知名度，这时企业便开始进入成长阶段。在这个阶段，如果还是随意管理可能会带来灭顶之灾，使企业提前进入衰退期甚至走向灭亡。

因此，该阶段的经营策略是：第一，在继续挖掘和深入开发现有产品的同时，适度扩大产品组合，确保产品市场份额的稳定增加。第二，企业应该向规范化和信息化管理发展。刚刚进入成长期的企业通常都已建立大部分的规章制度，但是缺乏系统性、科学性。第三，要树立强烈的危机意识，让每个员工的脑海里都有危机概念。建立预防危机的预警系统，制订出一套危机管理计划，成立危机管理委员会，建立处理危机的关系网。

7.3.4.3 稳定阶段

当企业发展进入到成熟稳定阶段，企业的规模、产品的销量和利润、市场占有率都达到了最佳状态。企业的营销能力、生产能力以及研发能力也都处于鼎盛时期，企业及其产品的社会知名度很高。经过创业期、成长期的发展历程，企业也积累了比较丰富的管理经验，并且开始形成独特的企业文化。但同时，成熟期的企业往往表现出组织机构臃肿、组织结构庞大复杂等特点。

因此，该阶段的经营策略是：第一，要解决如何优化组织结构，提高运营效率的问题。重新梳理组织构架、管理流程和人员岗位职责。第二，重视创新，重视各种资产的重组和资本的投入，积极进入资本市场，开发新的生产服务领域，培育企业新的经济增长点。第三，企业文化已经基本成形，优秀的企业文化是企业核心竞争力长期处于优势的基础。因此，要传承和重视优秀的企业文化，使自己的企业文化能够成为体系，形成企业的生产哲学。第四，要树立良好的企业形象。

7.3.4.4 衰退阶段

企业进入衰退期，一方面可能是有企业本身的原因，也可能是由于外部环境造成的。衰退并不完全意味着企业走向灭亡，相反，衰退期是企业各方面问题集中暴露的时期，为企业提供了一个重新审视自己的机会，更多时候是企业发展阶段中的一个低谷。在衰退期，企业通常表现为市场销售额急剧下跌，市场占有率和利润大幅度下降，财务状况开始恶化，负债增加等。与此同时，会出现员工离职率增加、士气低落、组织承诺度下降、员工不公平感提高等现象。衰退期出现的问题使企业感到了未来发展的危机，企业在经营战略、市场营销、生产运作、财务成本、人力资源等方面都可能出现了问题，使得企业在管理的各方面开始进行全面重新审视。

因此，该阶段的经营策略是：第一，要重新梳理和制定公司发展战略，通过对宏观环境、行业环境、自身资源的详尽评估，重新确定企业成长愿景、定位以及总体发展战略、业务战略和职能战略。第二，对已经出现的具体问题，比如组织问题、绩效管理问题、流程问题等，在发展战略的指导下进行整顿和改善。在企业的发展历程中，这样的衰退期将会不止一次地出现，如何有效利用它，做到化危为机，是企业在这个阶段要考虑的核心问题。总之，需要采取收缩战略，控制住成本，剥离亏损业务，有计划地培育新的增长点，使企业实现有效蜕变。

因此，在企业生命周期的不同阶段，必须采用相应的、变化的营销管理战略，这样就能够延长企业的生命周期。

7.4　市场营销概述

7.4.1　市场营销分类

7.4.1.1　服务营销

现代经济发展的一个显著特征是服务业的蓬勃发展，其在国民经济中的地位愈来愈重要，服务营销的重要性日益突出。现实经济生活中的服务可以分为两大类。一种是服务产品，产品为顾客创造和提供的核心利益主要来自无形的服务。另一种是功能服务，产品的核心利益主要来自形成的成分，无形的服务只是满足顾客的非主要需求。服务营销的两大领域包括服务产品营销和顾客服务营销。服务产品营销的本质是研究如何促进作为产品的服务的交换；顾客服务营销的本质则是研究如何利用服务作为一种营销工具促进有形产品的交换。但是，无论是服务产品营销，还是顾客服务营销，服务营销的核心理念都是顾客满意和顾客忠诚，通过取得顾客的满意和忠诚来促进相互有利的交换，最终实现营销绩效的改进和企业的长期成长。

7.4.1.2　网络营销

互联网络是一种利用通信线路、将全球电脑纳入国际联网的信息传送系统，必将是未来市场营销最重要的渠道。网络营销的特性包括：可 24 小时随时随地提供全球性营销服务；电脑可储存大量的信息，代消费者查询，可传送的信息数量与精确度远超其他媒体；能因应市场需求变化，及时更新产品或调整价格；减少印刷与邮递成本；无店面租金，节约水电与人工成本；可避免推销员强势推销的干扰；可经由信息提供与互动交谈，与消费者建立长期良好的关系。互联网是一种功能最强大的营销工具，它同时兼具渠道、促销、电子交易、互动顾客服务以及市场信息分析与提供等多种功能。它以声光互动沟通的特质，作为跨越时空的媒体，已深深吸引年青一代的眼光。此外，它所具备的一对一营销能力，正是符合分众营销与直线营销的未来趋势。可将网络营销视为一种新兴的营销渠道，它并非一定要取代传统的渠道，而是经由信息科技发展，来创新与重组营销渠道。但不可否认的是，网络营销必然会给传统营销造成冲击，因此，商界必须注意这种趋势，并与软件产业保持密切的联系与合作。

7.4.1.3　绿色营销

绿色营销是指社会和企业在充分意识到消费者日益提高的环保意识和由此产生的对清洁型无公害产品需要的基础上，发现、创造并选择市场机会，通过一系列理性化的营销手段来满足消费者以及社会生态环境发展的需要，实现可持续发展的过程。绿色营销的核心是按照环保与生态原则来选择和确定营销组合的策略，是建立在绿色技术、绿色市场和绿色经济基础上、对人类的生态关注给予回应的一种营销方式。绿色营销是适应新时代的消费需求而产生的一种新型营销理念，也就是说，绿色营销还不可能脱离原有的营销理论基础。因此，绿色营销模式的制定和方案的选择及相关资源的整合也不能脱离原有的营销理论基础，可以说，绿色营销是在人们追求健康、安全、环保的意识形态下所发展起来的新的营销方式和方法。现代企业需要树立起一种全新的可持续发展营销的经营理念，努力开展绿色营销，开发绿色产品，进行绿色生产，和可持续发展潮流相适应。同时，企业还可进一步"导向消费者"，促成可持续消费模式的全面建立和实现，承担起促进社会发展和生态环境发展的责任和义务，使企业的经济效益、社会效益和环境效益相统一。

7.4.1.4　关系营销

关系营销是指企业在营利的基础上，建立、维持和促进与顾客和其他伙伴之间的关系，以实现参与各方的目标，从而形成一种兼顾各方利益的长期关系。关系营销把营销活动看成是企业与消费者、供应商、分销商、竞争者、政府机构及其他公众发生互动作用的过程，正确处理企业与这些组织及个人的关系是企业营销的核心，是企业经营成败的关键。关系营销突破了传统的 4P 组合策略，强调充分利用现有的各种资源，采取各种有效的方法和手段，使企业与其利益相关者如顾客、分销商、供应商、政府、社会组织等建立长期、彼此信任、互利、牢固的合作伙伴关系，其中最主要的是企业与消费者的关系。关系营销体现了更多的人文关怀色彩，减少了直接的金钱交易关系，它更注重和消费者的交流和沟通，强调通过顾客服务来满足、方便消费者，以提高顾客的满意与忠诚度，达到提高市场份额的目的。如何留住顾客，并与顾客建立长期稳定的关系，是关系营销的实质。要维持现有顾客，培养对企业高度忠诚的长期顾客，企业必须重视与客户建立良好关系，并为顾客提供能带来价值增值的服务。在关系营销管理中，顾客服务是企业获得高市场份额质量的关键，也是企业获得竞争优势的重要途径。

7.4.1.5　整合营销

整合营销是一种对各种营销工具和手段的系统化结合，根据环境进行即时性的动态修正，以使交换双方在交互中实现价值增值的营销理念与方法。

整合营销就是为了建立、维护和传播品牌，以及加强客户关系，而对品牌进行计划、实施和监督的一系列营销工作。整合就是把各个独立的营销综合成一个整体，以产生协同效应。这些独立的营销工作包括广告、直接营销、销售促进、人员推销、包装、事件、赞助和客户服务等。

整合营销主张重视消费者导向，其精髓是由消费者定位产品：①不要卖你所能制造的产品而是卖那些顾客想购买的产品，做到真正重视消费者；②暂不考虑定价策略，而去了解消费者要满足其需要与欲求所愿付出的成本；③暂不考虑通路策略，应当思考如何给消费者方便以购得商品；④暂不考虑怎样促销，而应当考虑怎样沟通。与传统营销 4P 相比，整合营销传播理论的核心是 4C，分别指是 Customer（顾客）、Cost（成本）、Convenience（便利）和 Communication（沟通）。4C 相较于 4P 而言，相应于"产品"，要求关注客户的需求和欲望，提供能满足客户需求和欲望的产品；相应于"价格"，要求关注客户为了满足自己需求和欲望所可能的支付成本；相应于"渠道"，要求考虑客户购买的便利性；相应于"促销"，企业应通过同顾客进行积极有效的双向沟通，建立基于共同利益的新型企业—顾客关系。这不再是企业单向的促销和劝导顾客，而是在双方的沟通中找到能同时实现各自目标的通途。

目前，整合营销传播理论已在国内营销界引起了一股"研究热"和"应用热"，对于提高应用企业的竞争力和核心能力，保证企业的可持续发展发挥着巨大作用。运用整合营销的原则是为了控制消费者的心理转变过程，目标是使消费者对公司产品产生信任的心理感觉而购买公司的产品。这种营销有效克服了制造商和经销商各行其是、各自为政的弊端。所以，认真了解客户的需求和欲望，并在设计、制造、销售、服务的全过程中加以满足，为客户量身定做全过程的服务，这是整合营销的关键一步。对最终服务客户的运营商而言，就需要牵头建立产业价值链。价值链核心是上游为下游服务，以客户需求为整个价值链的努力方向。第一，要开放，所有有能力的都可加入；第二，要合作，为整个市场的持续增长而努力；第三，要共赢，让每一个参与者都能获得与其付出相对应的收益。因此，在每一种新业务推出和技术重大革新前，制造商应向运营商提出初步方案，运营商应主动全面调查潜在目标客户的需求，并建立相应业务模型，准备运营模式，向终端制造商提出要求。业务开发成功后，应组织客户试用，根据试用情况再加以改进。如果每种产品在推出之前都实现市场、终端、渠道，特别是客户就绪，那这种产品的前景十分光明。

7.4.2　市场营销推广

7.4.2.1　市场营销推广的概念及特征

市场营销推广是指促进销售的行为和手段，包括广告、人员、推销、营业推广和公共关系等，它是市场营销组合中的一个重要因素。其作用方式为：企业通过合理组合运用各种促销手段，传递和沟通企业与顾客之间的信息，加深顾客对企业本身及其产品的了解，诱导其对本企业及产品产生好感、信任和偏爱，从而促进产品销售。

营销推广是由一系列短期诱导性、强刺激的战术促销方式所组成的。其特点如下。

（1）非规则性和非周期性　典型的营销推广不像广告、人员推销、公共关系那样作为一种常规性的促销活动出现，而是用于短期和额外的促销工作，其着眼点在于解决某些更为具体的促销问题，所以是非规则性、非周期性地使用和出现的。

（2）灵活多样性　营销推广的方式繁多，这些方式各有其长处与特点，可以根据企业经营的不同商品的特点和面临的不同市场营销环境灵活地加以选择和运用。

（3）短期效益比较明显　一般来说，只要营销推广的方式选择运用得当，其效果可以很快在经营活动中显示出来，而不像广告、公共关系那样需要一个较长的周期。因此，营销推广最适宜应用于完成短期的具体目标。

7.4.2.2　营销推广的作用与类型

（1）营销推广的作用

① 营销推广可以有效加速新产品进入市场的过程。当消费者对刚投放市场的新产品还未能有足够的了解和积极反应时，通过一些必要的推广措施可以在短期内迅速为新产品开辟道路。

② 营销推广可有效抵御和击败竞争对手的促销活动。当竞争者发起大规模促销活动时，如不及时采取针锋相对的促销措施，往往会大面积损失已享有的市场份额。因此，可采用减价赠券或减价包装的方式来增强企业经营的同类产品对顾客的吸引力，以此来稳定和扩大自己的顾客队伍。此外，还可采用购货累计折扣的方式来促使顾客增加购货数量和提高购货频率等。

③ 营销推广可以有效刺激消费者购买和向消费者灌输对本企业有利的意见。当消费者在众多的同类商品中进行选择，但尚未做出购买决策时，及时的推广手段的运用往往可以产生出人意料的效果。

④ 营销推广可以有效影响中间商，特别是零售商的交易行为。生产企业在销售产品中与中间商保持良好关系，进行友好合作是至关重要的。因此，生产企业往往采用多种营销推广方式来促使中间商，特别是零售商做出有利于自身的经营决策。

（2）营销推广的类型

① 对消费者的营销推广，如赠送样品、提供各种价格折扣、消费信用、赠券、服务促销、演示促销、包装促销、购物抽奖等。

② 对中间商的营销推广，如批量折扣、现金折扣、特许经销、代销、试销、联营等。

③ 对推销人员的营销推广，如奖金、带薪休假、销售竞赛等。

7.4.3　市场营销策划

7.4.3.1　市场营销策划的概念

在营销过程中，营销人员所做的分析、判断、推理、预测、构思、设计、安排、部署等工作，便是营销策划。然而，关于市场营销策划的定义，学界亦是众说纷纭。

胡其辉认为，市场营销策划是指企业作为市场营销策划活动的主体，在市场营销活动中，为达到预定的市场营销目标，运用系统、科学、理论联系实际的方法，对企业生存和发展的宏观经济环境和微观市场环境进行分析，寻找企业目标市场顾客群的利益共性，以消费者满意为最终目标，重新组合和优化企业所拥有的和可开发利用的市场资源，对整体市场营销活动或市场营销某一方面进行分析、判断、推理、预测、构思、设计和制订市场营销方案的行为。[1] 高福辉、吴海帆、牛琦彬等认为，市场营销策划是以对未来市场变化趋势的分析判断为前提的。能否做出正确的判断，直接关系着市场营销策划的成败。成功的市场营销策划必须建立在对未来市场发展趋势准确无误的分析判断的基础上，没有这个前提，市场营销策划就变成了无的放矢的冒险行为。[2] 张冬梅认为，市场营销策划提供的是一套有关企业营销的未来方案，以未来的市场趋势为背景，以企业的发展目标为基础设计企业的行动措施，这些措施包括环境分析、企业现状诊断、营销定位、营销组合策划、预算等。[3]

综上，市场营销策划就是根据对市场变化趋势的分析判断，对企业未来的市场营销行为进行的超前筹划。这种筹划借助于丰富的经验和高超的创造力，将各种营销要素进行优化组合，形成各种营销方案和行动措施。其目的就是制订切实可行的营销方案并组织实施，以实现预期的营销目标。

7.4.3.2　市场营销策划的特征

(1) 目的性　营销策划具有明确的目的，即为了实现企业既定的发展目标而进行构思、设计和选择。只有目标明确，才能进一步考虑达到目标的最佳途径以及制订应该由何人、在何时、在何地、采取何种具体行动的实施方案。

(2) 前瞻性（创新性）　营销策划需要根据现实世界的各种资料，进行抽象思维，通过一定的逻辑推理和创意，并通过一定的方式将判断付诸行动，形成可操作的计划方案。只有具有前瞻性和创新意义的营销策划，才有利于企业资源的优化配置和整体利益的最大化，才有利于对企业市场营销的未来趋势及做法做出科学的决策。

(3) 动态性　营销策划是针对企业未来一定时间内的营销活动做出的当前抉择。未来的环境变化存在一定程度的不确定性，依据现实条件是很难准确判断未来营销活动中可能出现的情况变化的，这就客观要求营销策划应具有动态性特征。营销策划的动态性特征即表现在营销策划方案形成过程中就要充分考虑到未来形势难以把握的变化，使行动方案本身具有一定的灵活性，以便因时、因地、因情况变化机动执行。其动态性体现于以下两个方面：第一，在策划之初就要考虑未来形势的变化，做一定的预测，并使方案具有灵活性、

❶ 胡其辉.市场营销策划［M］.大连：东北财经大学出版社，1999.

❷ 高福辉，吴海帆，牛琦彬.市场营销策划［M］.北京：中国建材工业出版社，1996.

❸ 张冬梅.市场营销策划［M］.青岛：青岛海洋大学出版社，1998.

可调遣性的特征，以备将来适应环境变化之需。第二，策划方案在执行过程之中，根据市场的变动和市场的反馈及时修正方案的不足之处，让方案更好地适应变化了的市场，更贴近市场。

（4）系统性　市场营销是以交换为目的的经营活动，市场营销策划是关于市场营销的系统工程。它的系统性首先表现在时间上，营销策划需要一系列的营销活动来支持和完成。营销策划的每一个环节总是彼此相依、环环相扣。一个活动的结束，必然是下一个活动的开始，各个活动又由一条主线——策划目标连在一起，构成营销运作活动链。整个营销策划由于有了营销链的存在，而构成了一个有机、系统的整体。另外，市场营销策划不仅是提供创意、思路，而且要制订方案，在方案中落实人、财、物的合理搭配。

（5）复杂性　市场营销策划是一项系统工程，是一项要求投入大量智慧的高难度脑力劳动，是一项非常复杂的智力操作工程。

市场营销策划需要投入大量的知识和直接经验。一项优秀的市场营销策划方案，是大量的经济学、管理学、市场学、心理学、社会学、文化学、政策学、营销学等多学科知识的综合运用和融会贯通，并能够非常灵活地与策划知识结合起来。对市场营销策划者来说，这是一个复杂的过程。

7.4.3.3　市场营销策划的内容

市场营销策划是指在研究目前市场营销状况，分析企业所面临的主要机会与威胁、优势与劣势以及存在问题的基础上，对财务目标与市场营销目标、市场营销战略、市场营销行动方案的确定和控制。市场营销策划内容主要涉及两个方面：一是企业营销的最终目标是什么，二是通过什么方式和手段来实现营销目标。市场营销策划的科学性、完整性和可行性直接影响营销活动的效率和效果，市场营销策划的作用主要体现在能最大限度地避免和减少市场风险，能使营销活动变得更经济、更合理，能促使企业营销目标的最终实现。不同企业、不同产品的市场营销策划在形式和内容上可能会有较大的差异。但是制订市场营销计划作为一个管理过程，一般包括八个方面的内容，如表 7-1 所示。

表 7-1　市场营销计划表

计划项目	目的与任务
（1）计划概要	对计划进行简要的整体性描述，以便于了解计划的核心内容和基本目标
（2）当前营销状况	提供宏观环境的相关背景数据资料；收集与市场、产品、竞争、分销及资源分配等方面相关的数据资料
（3）机会与问题分析	确定公司的主要机会和威胁、优势和劣势及产品所面临的问题
（4）营销目标	确定该项计划需要实现的关于销售量、市场份额、利润等基本指标
（5）营销战略与策略	提供用于实现计划目标的营销策略与主要营销手段
（6）行动方案	具体要做什么、谁执行、何时做、需要多少费用
（7）损益预算表	预测计划中的财务收支状况
（8）营销控制	说明如何监测与控制计划执行

（1）计划概要　计划概要是对主要营销目标和措施的简要概括，目的是使管理部门迅速了解该策划的核心内容和主要目标。

（2）当前营销状况 当前营销状况是营销策划正文的第一部分，主要提供该产品目前营销状况的有关背景资料，包括市场、产品、竞争、分销和宏观环境状况的分析。

① 市场状况 列举目标市场的具体数据，包括该市场的总体规模与增长情况，这些数据同时应反映顾客的需求状况、消费观念和购买行为的变化和趋势等。

② 产品状况 列举企业产品组合中每一个品种近年来的销售价格、市场占有率、成本、费用、利润率等方面的数据，主要采用定量分析方法。

③ 竞争状况 明确主要的竞争者，并列出主要竞争者的市场规模、目标、市场份额、产品质量、价格、营销战略及其有关特征，以准确了解竞争者的意图和行为，判断竞争者的变化趋势。

④ 分销状况 描述公司产品所选择的分销渠道的类型和在各种分销渠道上的销售数量。如某产品在百货商店、折扣店等各种不同渠道的销售比例。

⑤ 宏观环境状况 主要对与该产品线相关的宏观环境和主要发展趋势做出简要介绍。一般是对人口统计、经济、技术、政治法律、社会文化等基本宏观环境因素进行描述与分析。

（3）机会与问题分析 机会与问题分析可利用市场营销状况资料，采用有关工具和方法（如 SWOT 分析法），对企业和产品线面对的内外部环境进行深度分析；明确产品的机会与威胁、优势与劣势，寻找到产品面临的问题，以便制订有针对性地解决问题的营销战略和行动方案。分析中，必须把风险与机会的分析与企业的优势与劣势分析结合起来进行，这样才能使这项分析真正给企业带来营利的机会，回避可能遇到的风险。

（4）营销目标 实现企业财务目标和营销目标，是市场营销策划的目的与核心内容。

① 财务目标。确定每一个战略目标的财务报酬目标，主要包括投资回报率、利润率、利润额、年度现金流量等指标。

② 营销目标。财务目标必须转化为营销目标。营销目标主要包括销售额、销售增长率、销售量、市场占有率、品牌知名度、分销网络、广告效果等。

（5）营销战略与策略 营销战略与策略包括目标市场选择和市场定位战略、营销组合战略、营销费用战略。

① 目标市场选择和市场定位战略。明确企业的目标市场，如何进行市场定位，确定何种市场形象。

② 营销组合战略。企业在目标市场上所采取的具体的营销战略，即产品、渠道、定价和促销等战略。

③ 营销费用战略。详细说明为执行各种营销战略所必需的营销费用，并且要以科学的方法确定恰当的费用水平。既要保证营销活动的需要，又能使费用水平得到有效控制。

（6）行动方案 行动方案是对各种营销战略的具体实施制定具体的手段与途径，是实现营销战略与目标的根本保证。简单来说，营销策划中的行动方案所要解决的问题有：将要做什么？何时完成？由谁来做？成本是多少？行动方案的具体内容是什么？

（7）损益预算表 损益预算表是根据行动方案编制出的相应的预算方案。在收益方面，要说明预计的销售量和平均实现价格，在支出方面，说明生产成本、实体分销成本和营销费用。收入和支出的差额即是预计利润。企业的各业务单位编制出营销预算后送上层管理者审批，经批准后，该预算就是材料采购、生产调度、劳动人事以及各项营销活动的依据。

（8）营销控制 营销策划的最后一部分是检查和控制，用以监督计划的完成情况。通常的方法是将目标和预算按月或季度分解，上一级管理者定期检查计划完成情况，发现偏差及时采取修正行动，保证整个计划能井然有序、卓有成效地付诸实施。

7.4.4　网络营销

7.4.4.1　网络营销的概念

对于网络营销的概念到目前并没有统一公认的说法，广泛地说，凡以网络为手段、有意识地为满足消费者的要求和欲望而进行的营销活动都可称为网络营销。网络营销应用于企业经营活动的整个过程，如信息发布、信息收集、网上交易、促销、客户服务、品牌推广等各阶段。

从营销的角度出发，可以将网络营销定义为是企业整体营销战略的一个组成部分，是建立在网络基础之上，借助于网络特性来实现一定营销目标的一种营销手段。

对于网络营销，可以从以下几方面加以理解。

第一，网络营销不是孤立的。网络营销是企业整体营销战略的一个组成部分，所以网络营销活动不可能脱离一般营销环境而独立存在。网络营销理论是传统营销理论在网络环境中的应用和发展。

第二，网络营销并不仅是到网上卖东西。网络营销不等于网上销售，它是企业传递信息、加强与客户之间的沟通、提升企业品牌价值的工具。在很多情况下，网络营销活动不一定能实现网上直接销售的目的，但是很可能推动实际销售的增长。

第三，网络营销不等于电子商务。网络营销只是一种手段，无论传统企业还是互联网企业都需要网络营销，但网络营销本身并不是一个完整的商业交易过程。当一个企业的网上经营活动发展到可以实现电子化交易的程度，就认为是进入电子商务阶段。网络营销是电子商务的基础，开展电子商务离不开网络营销，但网络营销并不等于电子商务。

7.4.4.2　网络营销的特点

网络营销作为一种新的营销理念和策略，与传统营销相比有着许多与生俱来、令传统销方式可望而不可即的优势，并对企业的传统营销方式形成了巨大的冲击。

(1) 跨越时空　通过网络能够跨越时间约束和空间限制进行信息交换，企业能在更多的时间和更大的空间中进行营销，每周7天，每天24小时全天候地提供全球性的营销服务。

(2) 个性化　网络营销的最大特点在于以消费者为主导。消费者将拥有比过去更大的选择自由，可根据自己的个性特点和需求在全球范围内找寻满意的商品，不受地域限制。通过进入感兴趣的企业网站或虚拟商店，消费者可获取产品的更多的相关信息，使购物更显个性。

(3) 互动性　互联网的信息技术手段，提供给企业与消费者一个交流信息的平台，使他们随时随地进行信息沟通。企业可以为消费者提供丰富翔实的产品信息，同时收集市场信息，提供令消费者满意的商品和服务；消费者也可以通过网络主动查询自己喜欢的产品和企业的信息，将自己的信息（如喜好等）提供给媒体。

(4) 经济性　开展网络营销只需一台连在互联网上的网络服务器或租用部分网络服务器空间即可，省去了传统店面昂贵的租金和聘请专职营销人员的费用。企业还可以凭借网络的优势，大大降低促销和流通费用，使成本和价格的降低成为可能，消费者由此得到实惠。

7.4.4.3　网络营销的主要内容

网络营销的内容是指为实现企业营销目标而开展的活动，它是非常丰富的，主要包括以下内容。

（1）网上市场调查 网上市场调查是指利用互联网交互式的信息沟通渠道来实施调查活动，重点是如何利用互联网在信息海洋中获取想要的资料信息和分析出有用的信息，实施市场调查和收集整理资料。

（2）网上消费者行为分析 互联网用户作为一个特殊群体，有着与传统市场群体截然不同的特性，因此要开展有效的网络营销活动，必须深入了解其需求特征、购买动机和购买行为模式。

（3）网络营销策略制定 企业在采取网络营销实现企业营销目标时，必须采取与企业相适应的营销策略，网络营销虽然是非常有效的营销工具，但企业实施网络营销是需要进行投入的和有风险的。因此，在制定营销策略时，不但应该考虑交易成本、交易机会、产品市场份额和对企业知名度的影响等，还应考虑到产品周期对网络营销策略制定的影响。

（4）网上产品和服务策略制定 网络作为有效的信息沟通渠道，它可以成为一些无形产品（如软件和远程服务）的载体，改变了传统产品的营销策略，特别是渠道的选择。作为网上产品和服务营销，必须结合网络特点，重新考虑产品的设计、开发、包装和品牌的传统产品策略。

（5）网上价格营销策略制定 网络作为信息交流和传播工具，从诞生开始实行的便是自由、平等和信息免费的策略。因此在制定网上价格营销策略时，这些也都是应该考虑的。

（6）网上渠道选择与直销 互联网对企业营销影响最大的是对企业营销渠道的影响。美国戴尔公司借助互联网的直接特性建立的网上直销模式获得巨大成功，改变了传统渠道中的多层次的选择、管理和控制问题，最大限度降低了营销渠道中的费用。但企业建设自己的网上直销渠道的同时，必须考虑如何改变传统的经营管理模式。

（7）网上促销与网络广告 互联网是一种双向沟通渠道，其最大优势是可以实现沟通双方突破时空限制直接进行交流，而且简单、高效，费用低廉。因此，在网上开展促销活动是最有效的沟通渠道，但开展网上促销活动必须遵循网上一些信息交流与沟通规则。网络广告是网络营销活动开展中最重要的促销工具，具有传统的报纸、杂志、电台和电视等传统媒体发布广告无法比拟的优势，即网络广告具有交互性和直接性。

（8）网络营销管理与控制 在网络上开展营销活动，必将面临许多传统营销活动不会碰到的新问题，如网上销售的产品质量保证问题、消费者隐私保护问题以及信息安全与保护问题等。这些问题都是进行网络营销必须重视和进行有效控制的问题，否则网络营销效果可能适得其反。

 思维与训练

营销战略实训

  假定你要在校园内开一家商店出售电脑配件，你会面临哪些机遇与挑战呢？简要描述一下你所要面对的目标市场以及你对这家商店要采用的营销策略。

第8章 财务管理

成本控制有张有弛

南京某电子公司是一家私营企业，注册资金30万元人民币。该电子公司的经营范围是代理国内和国际品牌的通信产品，属于商品流通单位，也负责对终端用户的安装服务。

成本控制是许多中小企业所普遍重视的，但成本的节约应该是一种有取舍、有原则的节约。为了节约人员的开支，该公司对成本的控制采取了不同情况不同对待的方法。对于少量的终极用户安装业务，多采用临时聘请熟识的工程队的方法；对于机器的日常小规模维护，则采用对业务人员进行普及技术培训的方法；而针对高端机器的紧急修理，则采取和上游厂商签订维护协议的方法。

中小企业应树立不断通过技术创新来降低产品成本的观念。以技术创新促进成本管理，虽然从短期看，技术改造需要投入，开发新产品也需要投入，这都是增加成本的因素。但从长期看，不仅可以获取更大的效益，而且有利于争取竞争的主动权，它所带来的增利因素要大于其投入的成本因素。

一、人人参与财务管理

该公司财务部有4名会计。虽然公司的会计人员很少，但他们的财务工作却对公司整体的运作起了强大的约束作用。公司推行的是"人人参与财务管理"的模式，在公司的走廊以板报的形式，由财务人员每天按照合同的具体条目更新现金回收状况。它的出现，引起了公司每个人的关注：业务人员经常来查对，通过它来跟进自己负责合同的收款进度；主管也可以通过它来获得对二级经销商回款情况的估计。这样，每个人都可以从这里获得重要的信息。在公司，应收账款在收回前只不过被看作是一项市场费用，如果还没有收到货款，就不能算销售已经完成，也没有客户满意度评价，当然也不会给相应的销售人员支付佣金。"人人参与财务管理"的模式，极大调动了销售人员的积极性，杜绝了销售人员只管签订合同而不管实际收款的情况。

很多企业建立了销售收款责任制，销售人员不但要推销产品，还要负责收款，并把催讨货款与销售人员的奖金挂起钩来，这是防范应收账款风险的有效措施。但要注意激励和约束的平衡关系。如果企业的业务量较大，可以建立应收账款的计算机管理系统，利用计算机对客户实施实时监控。

二、重视存货管理

公司对每月的销量进行细致的统计记录，并设定了管理软件中的库存模式，一旦存货低于警戒线即立即补货，长期经营的经验使公司的存货占用资金非常低。因为公司的业务大多是定制的机器，所以和厂家的协调非常重要，公司和长期合作的生产企业均有详细的协议。对于设置的付款比例是按照与买方合同的收款比例同步的，这样就大大降低了由于付款时间差距引起的对现金大量占用的风险，也对厂家为机器设备安装期间提供的售后服务起到了一定的牵制作用。而对于小型设备突然出现的需求量浮动，公司采用向同行调货的方式实现，虽然比直接从供货商调货价高，但由于次数少，相比起来也比囤积大量库存占用流动资金要合算得多。该公司规模不大，但却注重引进先进技术，运用管理软件进行库存管理，在保证存货供应的同时，节约了存货上占用的资金。目前大多数的贸易类企业采取零存货的方式，按单定制，直接供应给客户，避免了存货因价格变动导致损失的风险。也有很多企业实施企业流程再造（BPR）与企业资源计划系统（ERP），这些都是提高企业的运转速度的手段。

资料来源：http://www.kuaiji.com/shiwu/2969390

思考：南京某电子公司在财务管理方面有哪些值得我们学习和借鉴的地方？

8.1 创业初期财务管理要点

财务信息是对企业营销、生产、运营、管理等环节的集中反映，是对业务判断及曾经的运营状况进行量化管理。在生存压力与日俱增的环境下，控制财务管理进而取得市场优势是现代企业的必然选择。这就要求初创企业者必须科学预测企业生产经营过程中所用到的材料成本，以及企业各方面费用和成本控制；学会利用财务报表这一管理工具，将预算过程转变为财务报表。

8.1.1 新创企业财务管理的含义

新创企业财务管理是指新创企业整体经营战略和目标下，进行资产的购置、资本的融通和营运资金的经营，以及企业利润分配的管理。它是企业管理的一个重要组成部分，企业必须根据我国现有的财经管理制度，按照财务管理的基本原则，组织企业整体财务活动，处理好财务关系。

财务管理是初创企业管理的核心。它是企业管理活动的一项重要内容，是对资金进行的管理，主要解决企业资金的筹集、运用和分配等问题。财务管理讲求成本效益原则，通过对资金的管理，使企业资金更有效地为企业带来效益。创业企业要想生存和发展，就必须管好钱、算好账。创业企业的财务管理至关重要，因为创业最根本的目的就是实现企业盈利。如果不规范企业的财务管理，就可能导致企业财务运行紊乱，资金周转不灵，使得企业没有收益和利润。

要对企业进行有效的财务管理，必须了解企业财务管理的现状、财务管理过程中存在的主要问题，并进行改进。

创业者对财务管理的认识容易产生两个大的偏差：第一，创业初期没什么好管理的，有一个会计、一个出纳就可以了，财务管理就是设立一个部门、制定一些规章管好这两个人；第二，财务管理的重要性只有完整的财务组织架构才能实现，必须创建庞大的机构，制定烦琐的规章和财务信息流通渠道。以上两种认识都没有领会企业初创期财务管理存在的问题及管理重心。

8.1.2　财务管理的基础观念

财务管理是以资金运作为对象，利用价值形式对企业各种资源进行优化配置的综合性管理活动。对于新企业而言，能否充分利用企业有限的资金，使之进入良性循环，是决定该企业能否进一步稳定发展的一个非常重要的因素。在激烈的竞争中求得生存并持续地获利是新企业梦寐以求的理财结果。不断提高企业利润，追求利润最大化，是新企业生存和发展的基本前提，也是保证其资本保值和增值的基础。新企业因为资金相对比较缺乏，所以在财务管理中更加关注现金的流转，主要存在资金时间价值观念、风险价值观念和现金至上观念。

8.1.2.1　资金时间价值观念

从经济学的观点来看，即使不考虑风险和通货膨胀，等量资金在不同时点上的价值量也不相等。现在的1元钱和一年后的1元钱的价值是不相等的，前者一般要比后者的经济价值大。因为现在的1元钱可以立即用于投资，一年后可以获得一定的投资收益，使得资金总额大于当初投资的总额，因此产生了资金具有时间价值的概念。

资金时间价值，是指资金随着时间的推移而发生的增值，也称货币时间价值。

资金时间价值在量上表现为同一资金量在不同时间的价值量的差额。

资金时间价值有两种表现形式：一是绝对数表现形式，即货币时间价值额，是指资金在周转使用中产生的真实数额；二是相对数表现形式，即货币时间价值率，是指扣除风险报酬和通货膨胀补偿后的社会平均资金利润率。它与一般的利率是有差别的，只有在没有风险和没有通货膨胀的情况下，货币时间价值与利率才相等。

资金时间价值计算通常采取现值和终值的形式。现值又称本金，是指未来某一时点上的一定量资金折合到现在的价值。终值又称将来值，是现在一定量资金在未来某一时点上的价值，俗称本利和。现值和终值的计算涉及利息计算方式的选择。目前有两种利息计算方式，即单利和复利。单利是指一定期间内只根据本金计算利息，当期产生的利息在下一期不作为本金，不重复计算利息。复利则是不仅本金要计算利息，利息也要计算利息，即通常所说的"利滚利"。复利的概念充分体现了资金时间价值的含义，因为资金可以再投资，而且理性的投资者总是尽可能快地将资金投入合适的方向，以赚取报酬。在新企业财务管理中通常采用复利计息方法。

8.1.2.2　风险价值观念

新企业刚刚走向市场，创业者自身所拥有的管理经验和技能相对不足，面对政治环境、市场环境、法律环境的变化，无法及时做出应对。同时，财务人员对财务的控制能力相对较弱，对财务风险缺乏一定的警惕性，这就使得风险成为新企业财务管理的一个重要特征，在新企业财务管理的每一个环节都不可避免地要重视风险。

风险一般是指在一定时期内和一定条件下可能发生的各种结果的变动程度。

例如，抛一枚硬币，有正面朝上和朝下两种结果，每种结果出现的概率各占一半，但正面究竟是朝上还是朝下，谁也不能肯定，这就是风险。从财务管理的角度而言，风险就是企业在各项财务活动中，由于各种难以预料或难以控制的因素作用，使企业实际收益与预期收益发生背离，因此蒙受经济损失的可能性。

一般而言，投资者都厌恶风险，并力求回避风险。如果两个投资项目预计收益率相同，但一个项目的风险大而另一个项目风险小，则投资者必然选择风险小的项目。为什么有些人会进行风险投资呢？这是因为风险投资可以获得更多的额外收益，这种收益称为"风险价值"或"风险报酬"。风险价值是指投资者因为冒风险进行投资而获得的超过资金时间价值以外的额外报酬。

当从事风险活动的实际结果与预期结果会发生偏离时，这种偏离可能是负方向的，也有可能是正方向的，正因为如此，风险意味着危险和机遇。一方面，冒风险可能蒙受损失，产生不利影响；另一方面，冒风险可能会取得成功，获得风险报酬，并且风险越大，失败后的损失越大，成功后的风险报酬就越大。正因为巨大风险背后隐藏着巨大成功、高额回报的可能，这就成为人们冒风险从事各项经济活动的一种动力。风险与收益的并存性，使人们愿意从事各种风险活动。

所以，风险和收益的基本关系是风险越大，要求的收益率越高。各投资项目的风险大小是不同的，在风险投资收益率相同的情况下，人们会选择风险最小的项目进行投资，竞争的结果是风险增加，收益率下降。最终，高风险的项目要有高收益，否则就没有人投资；低收益的项目风险要低，否则也没有人投资。

不考虑通货膨胀时，投资者进行风险投资所要求得到的投资收益率，即必要收益率，应是无风险收益率与风险收益率之和。

$$必要收益率＝无风险收益率＋风险收益率$$

因而，新企业的决策者要树立风险意识，在做财务决策时，如果风险已定，则应尽可能选择收益高的方案；如果收益已定，则要尽可能选择风险小的方案，使可能的损失达到最低。

8.1.2.3　现金至上观念

现金作为企业经营活动的"血液"，一旦发生问题，企业就难以生存，更谈不上发展，也就无法实现既定的财务目标。企业的现金流动是否顺畅，无疑关系到企业的"生命"。而忽视现金管理的企业，就有可能导致企业得"血栓"甚至"血液枯竭"。作为新企业，现金无疑是其生存和发展的关键所在。

现金至上观念是现代财务管理的核心理念，新企业的决策者必须确立现金流管理在企业管理中的地位。其含义包括：第一，现金是稀缺资源，企业不是任何时候都能筹集到资金的；第二，债权人通常只接受最具流动性的现金资产进行支付；第三，有利润而缺现金，企业将面临破产的风险；第四，无利润而有现金，企业可以坚持改善经营以图长远发展。现金流的大小在一定程度上体现了企业经营活动的效率和活力，企业的现金要能够维持不断周转，完成一个又一个营运周期，企业才具备在市场中生存、发展的能力。

有的企业太看重会计利润，往往忽视现金流，结果却陷入困境。新企业决策者要树立现金比利润重要的观念。在衡量财富或价值时，应该使用现金流作为衡量工具。公司得到的现金可用于再投资而公司获得的会计利润则只是表面上的反应，没有实际变现为手中的货币。公司的现金流和会计利润可以不同时发生，所以新企业应从可持续发展的角度出发，从关注利润转而关注现金流。新企业拥有良好的现金流更为重要，"现金至上"的观念比任何时候都备受推崇。

8.1.3　财务管理中的基本财务概念

《企业会计准则》对一些基本的财务概念进行了详细说明。

8.1.3.1　资产

资产是指企业过去的交易或者事项形成、由企业拥有或者控制、预期会给企业带来经济利益的资源。

企业过去的交易或者事项包括购买、生产、建造行为或其他交易或者事项。预期在未来发生的交易或者事项不形成资产。

由企业拥有或者控制的，是指企业享有某项资源的所有权，或者虽然不享有某项资源的所有权，但该资源能被企业所控制。

预期会给企业带来经济利益，是指直接或者间接导致现金和现金等价物流入企业的潜力。

8.1.3.2　负债

负债是指企业过去的交易或者事项形成、预期会导致经济利益流出企业的现时义务。

现时义务是指企业在现行条件下已承担的义务。未来发生的交易或者事项形成的义务，不属于现时义务，不应当确认为负债。

8.1.3.3　所有者权益

所有者权益是指企业资产扣除负债后由所有者享有的剩余权益。公司的所有者权益又称为股东权益。

所有者权益的来源包括所有者投入的资本、直接计入所有者权益的利得和损失、留存收益等。

利得是指由企业非日常活动所形成、会导致所有者权益增加、与所有者投入资本无关的经济利益的流入。

损失是指由企业非日常活动所发生、会导致所有者权益减少、与向所有者分配利润无关的经济利益的流出。

8.1.3.4　收入

收入是指企业在日常活动中形成、会导致所有者权益增加、与所有者投入资本无关的经济利益的总流入。

收入只有在经济利益很可能流入从而导致企业资产增加或者负债减少、且经济利益的流入额能够可靠计量时才能予以确认。

8.1.3.5　费用

费用是指企业在日常活动中发生、会导致所有者权益减少、与向所有者分配利润无关的经济利益的总流出。

费用只有在经济利益很可能流出从而导致企业资产减少或者负债增加、且经济利益的流出额能够可靠计量时才能予以确认。

8.1.3.6　利润

利润是指企业在一定会计期间的经营成果。利润包括收入减去费用后的净额、直接计入当期利润的利得和损失等。

直接计入当期利润的利得和损失，是指应当计入当期损益、会导致所有者权益发生增减变动、与所有者投入资本或者向所有者分配利润无关的利得或者损失。

8.1.3.7　会计恒等式

在前文六个会计要素中，资产、负债和所有者权益是组成资产负债表的会计要素，也称资产负债表要素；收入、费用和利润是组成损益表的会计要素，亦称损益表要素。这六项会计要素相互之间存在着一定的数量关系，反映这种数量关系的恒等式就是会计恒等式：

$$资产＝负债＋所有者权益$$
$$收入－费用＝利润$$

会计恒等式是会计核算中进行记账及编制会计报表的理论依据。

8.1.3.8　货币时间价值

创业者必须明白，货币是有时间价值的，一定量的货币在不同时点上具有不同的经济价值。这种由于货币运动时间差异而形成的价值差异就是利息。创业者必须注重利息在财务决策中的作用，一个看似有利可图的项目，如果考虑货币的时间价值，很可能会变成一个得不偿失的项目，尤其是在通货膨胀时期。

8.1.3.9　现金流量

现金流量是衡量企业经营质量的重要标准，在许多情况下，现金流量指标比利润指标更加重要。一个企业即使有良好的经营业绩，但由于现金流量不足造成财务状况恶化，照样会使企业破产。集团公司应特别重视现金流量的控制，加强对子公司现金收支的管理。

8.1.3.10　流动负债

流动负债是指在一年或者一年以内的一个营业周期内偿还的负债，包括短期借款、应付票据、应付账款、预收账款、应付工资、应付福利费、应付股利、应交税金、其他暂收应付款项、预提费用和一年内到期的长期借款等。

8.1.4　新创企业财务管理中存在的主要问题

在创业实践中，新创企业往往属于小微企业，在财务管理方面，存在以下几个主要问题。

8.1.4.1　资金短缺，筹资能力差

很多新创企业缺乏运作资金，由于没有信用记录和担保，内部沟道和协调不畅，管理松散，企业具有高度的风险性，通常很难满足银行等金融机构的贷款条件，融资能力比较差。

8.1.4.2　资产管理松散，财务控制能力差

对企业现金的管理随意、资金周转率低下，几乎是新创企业的通病。新创企业普遍缺乏科学合理的成本控制体系，导致产品服务成本高，这直接影响到企业的经营效益。

8.1.4.3　抗风险能力较弱

新创企业资本规模较小，决定了其抗风险的能力先天不足，再加上其内部管理基础薄弱，产品比较单一，市场风险很大，而市场风险很容易转变为企业的财务风险和银行的借贷风险，从而影响其经营管理。

8.1.4.4　岗位分工不明确，工作职责变动大

受成本效益原则的限制，新创企业人员少，职责分工往往不明确，人员流动性也比较

大。一些单位对互不相容职位没能做到职责分离，出现一名财务人员身兼数职或者由其他部门的人兼职做会计的现象，这会造成资产管理的巨大风险。

8.1.4.5　财务管理人员的素质不高、人员少

大学生开始创办企业，一般自己决策、自己管理资金，在资金本身有限的情况下，由于过度自信或不愿意受财务的约束等，导致企业的财务计划、决策、控制等功能丧失。又由于新创企业的投资者在决策时常常过于自信、绩效又低，容易造成企业发展举步维艰的窘境。

8.1.4.6　只有短期打算，而无长远计划，更没有发展规划

在激烈的市场竞争环境中，企业发展不能只看眼前，还得放眼未来，给企业做一个长远的财务规划，统筹安排好企业的资金运营，加快资金周转速度，有效降低企业的财务风险，促进整个企业不断发展和壮大。

8.1.5　新创企业财务管理的目标

为了保障企业的财务运行稳健，降低财务风险，新创企业财务管理的目标可设定为"现金流量最大化"，财务管理一般采取以"负债低、重应收账款管理"为特征的稳健财务政策。

① 在融资方面，应重点采取内部融资的形式，尽可能争取到政策性贷款等。企业应保持良好的资本结构，在市场开发时，重视货款的及时回收，要防止企业在初始阶段出现现金流断裂的问题，使企业背上沉重的债务而陷入财务危机。

② 在投资方面，应采用集中型投资的收益策略。企业应将人、财、物等有限的资源集中使用在一个特定的市场、产品或技术上。

③ 在营销方面，要采取集中化营销策略尽可能降低企业的营销成本，稳扎稳打，切不可四处出击。

④ 在分配方面，应采用不分配利润或者少分配利润战略。因为新创企业经营活动和投资活动净现金流量一般是负数，需要投资者不断地注入新的资金。所以，在利润分配方面，企业应贯彻将利润重点用于企业发展的思想。

当然，这些财务管理目标的确立，也要多征询创业者、合伙人、企业高管及全体员工的意见，否则，财务管理目标就难以实现。

8.1.6　新创企业财务管理的重点内容

面对市场环境的不断变化，企业的财务管理部门应配备高素质的财会人员，加强财务管理基础工作，健全财务管理制度。

8.1.6.1　加强内部管理

（1）提高认识，强化资金管理　资金的周转使用牵涉企业内部的方方面面，企业经营者应懂得，管好、用好、控制好资金不仅是财务部门的职责，还涉及企业的各部门、各生产经营环节，所以各部门要密切配合、层层落实，共同为企业资金的管理努力。

（2）提高资金的使用效率　第一，有效配合资金的来源和应用；第二，准确预测资金收回和支付的时间；第三，合理进行资金分配，流动资产和长期资产的占用应合理。

（3）加强财产的内部控制管理　建立健全财产物资管理的内部控制制度，在物资采购、领用、销售及产品管理上建立规范的操作程序，要定期检查、盘点，堵住漏洞，保护企业资产安全。

（4）加强对存货和应收账款的管理　加强存货管理，压缩过时的库存物资，避免不合理资金占用，并以科学的方法确保存货资金的最佳结构。加强应收账款管理，对赊销客户的信用进行调查评定，定期核对应收账款，制定完善的收款管理办法，避免死账、呆账的发生。

8.1.6.2　加强资金回收管理

应收账款是造成资金回收风险的重要方面，有必要降低它的影响。应收账款的成本有机会成本、应收账款管理成本、坏账损失成本。应收账款有可能使企业产生利润，然而并没有使企业的现金增加，反而还会使企业运用有限的流动资金垫付未实现的利税开支，加速现金流出。因此，对应收账款的管理应在以下几方面强化：一是建立稳定的信用政策；二是确定客户的资信等级，评估企业的偿债能力；三是确定合理的应收账款比例；四是建立销售责任制；五是密切关心企业要账人员回收账款动态，避免私人暂时留存、用于个人利益。

8.1.6.3　做好财务记录

财务记录是做好财务管理的基础，缺乏完善的记录，将使所有的财务分析、财务决策成为一纸空文。财务记录的核心内容是会计凭证、会计账簿和会计报表。会计报表是会计工作的最终结果，即会计报表依据会计账簿来编制，而会计账簿又得依据会计凭证来登记。作为经营者或投资人，看财务资料时应更关注会计报表。要特别注意的是，各种经济业务发生的原始凭证（如销售单、出库单等）一定得保存完整，并及时转交会计记账，这是一切财务工作的基础，没有完整的原始凭证就不可能做出真实的会计报表。账簿可以提供每笔业务发生情况的信息，通过账簿记录可以更详细地了解各类账户的发生额及余额等信息。

8.1.6.4　建立严谨的财务内部控制制度

企业管理层和会计人员要认真执行会计法律、法规、规章、制度，督促内部会计管理制度的贯彻实施，保证会计资料合法、真实、准确、完整，保障会计人员依法行使职权，对有突出贡献的会计人员给予奖励。在创业实践中，主要是做好以下几项工作。

第一，提高会计人员的业务水平，规范会计工作秩序。

第二，加强内部审计控制。

第三，建立健全内控体系。

第四，责权利结合，实行责任追究制度。

第五，企业负责人必须高度重视内控制度并自觉接受监督。

8.2　资本预算

新企业的财务战略重点是投资决策，而投资将面临很大的风险。一方面，大量的投资支出引起大量的现金流出；另一方面，新产品研究开发的成败与未来现金流入的大小具有很大的不确定性，从而增大了投资风险。投资的高风险性，需要新企业决策者做出慎重的投资决策。所以，资本预算是新企业财务管理的重点。

资本预算也称长期投资决策，是对长期投资项目未来各期的现金流入与现金流出进行详细分析，并对投资项目是否可行做出判断的过程。资本预算是一种必要的管理工具，在企业财务管理过程中占有非常重要的地位，它所涉及的项目通常要支出大量资金，对企业会产生较长时间的影响。一项资本预算失误，会给企业带来重大损失，影响企业的财务状况和现金流量，甚至造成企业的破产。因此，新企业必须综合考虑资金的时间价值、投资的风险价值、资本成本以及现金流量等问题，并采取适当的指标来评价投资项目的预期效益。

8.2.1　财务预测

预测是科学决策的前提。财务预测是根据企业财务活动的历史资料，考虑现实的要求和条件，采用科学的方法，对企业未来一定时期的资金、成本、收入和盈利水平进行测算，对企业的财务预测进行估计。财务预测是企业进行正确的财务决策的前提条件。通过财务预测，测算收入、成本、现金流量等财务数据，为企业选择未来的筹资方案、投资方案、利润分配方案等提供必要的依据。财务预测有助于公司合理安排收支，提高资金使用效益。

财务预测主要包括销售预测、成本预测、利润预测及资金需求量预测几个方面的内容。从目前现有的资金需求量预测方法来看，都是基于已有经营业务或销售收入的企业，但是对于创业初期的企业来说，还没有关于这方面的资料，所以现有的销售百分比法、线性回归分析法、高低点法都不适用。对于初期的创业者来说，可以进行初步的销售预测、成本预测，从而确定最初的资金需求预测，如果企业运转超过一年，到第二年就有利用销售百分比法的条件了。

8.2.1.1　销售预测

销售预测有定性预测和定量预测两种方法。定性预测法有全面调查法、典型调查法和专家调查法等。鉴于初创企业资金有限、精力有限，选择典型调查法比较好。典型调查法就是针对某种或某几种产品，有意识地选取少数具有代表性的典型单位进行深入细致的调查研究，借以认识同类事物的发展变化规律的一种非全面调查，以推算市场需求及发展趋势。其主要内容包括对产品的数量需求、用户的购买能力等。典型调查的内容包括以下几个方面。

（1）产品生命周期分析法　产品生命周期分析法是利用在不同生命周期阶段上的产品销售量变化趋势，对销售预测的一种定性分析方法。产品生命周期是指产品从投入市场到退出市场所经历的时间，一般要经过萌芽期、成长期、成熟期和衰退期四个阶段。判断产品所处的生命周期阶段，可根据销售增长率指标进行。一般地，萌芽期增长率不稳定，成长期增长率最大，成熟期增长率相对稳定，衰退期增长率为负数。如果创业者进入的是一个新兴行业，那产品大多数处于萌芽期或成长期；如果进入的是一个传统行业，大多数应该处于成熟期。对于创业者而言，了解试经营的产品处于哪个生命周期是很关键的，因为这决定了后面的营销策略等。

（2）消费者情况调查　这主要包括消费者的主要特征、经济条件、购买特点、消费习惯及对产品的要求等因素，据此分析未来一定时期的市场情况。调查的目的主要是了解购买本企业产品或服务的团体或个人的情况，如年龄、性别、文化、职业、地区等。所谓购买行为调研法，是调研各阶层顾客的购买欲望、购买动机、兴趣爱好、购买习惯、购买时间、购买地点、购买数量、品牌偏好等情况，以及顾客对本企业产品和其他企业提供的同类产品的欢迎程度。该方法广泛应用于家电、食品、化妆品、洗涤品、日用品等快速消费品和耐用消费品等行业。

（3）市场竞争情况调查　市场竞争情况调查的目的通过调查发现本企业与竞争企业间的差异，主要侧重于本企业与竞争对手的比较研究，以识别企业的优势和劣势，判断出本企业所具备的与竞争对手相抗衡的条件或可能性，确定企业的竞争策略，以达到以己之长克他之短的效果。其内容主要有：了解行业的竞争结构和变化趋势；了解竞争者的战略目标、核心能力、市场份额、产品策略、价格策略、销售渠道策略、促销策略等。

（4）营销渠道调查　现代企业的竞争，很大程度上取决于整条营销渠道效率的竞争，我们要了解同类商品生产厂家及其他进货渠道的分布状况，以及这些厂家所生产、经营商品的品种、质量、包装、价格、运输等方面的情况，并确定各种因素对销售量的影响。调查内容主要包括商品销售区域和销售网点的分布、潜在销售渠道分析、销售点服务品质、铺货调研、商品运输线路等。

将上述四个方面的调查资料进行综合、整理、加工、计算，就可以对某种商品在未来一定时期内的销售情况进行预测。

预测销售和销售收入是创业计划准备中最重要和最困难的部分。大多数人都会过高估计自己的销售，因此，在预测时不要过于乐观，要切合实际。千万要记住，在初创企业的头几个月里，实际销售收入不会太高。

8.2.1.2　成本预测

现有的成本预测方法，一般都是根据企业产品成本的历史资料，按照成本的主要构成要素，应用数学方法来预计和推测成本的发展变动趋势。但对于新创企业来说，如果提供的产品，市场上已经广泛存在，则可以使用现有的统计数据。如果市场上有相似的产品，可以参考相似产品的成本统计数据；如果没有相近或相似的产品，则需要对构成产品成本的各种因素进行全面分析，充分考虑产品每个部件的成本及相应的人工费、加工费、营销推广费用以及其他各项费用等，同时还要考虑库存、产品不良率等因素，这样就可以初步确定产品的变动成本，再结合固定成本的预测，从而可以确定总成本。

8.2.1.3　利润预测

根据上面的销售预测，可以对销售收入进行预测，再结合上面的成本预测，就可以进行利润预测。为了验证利润是否合理，需要进行两个行业的比较。

一般情况下，各个不同的行业有一个平均的利润率，如果预测的结果是利润率高于行业平均数，说明企业的市场行情是比较好的，需要将企业的战略规划落到实处；反之，则说明企业的利润率偏低，企业需要采取措施扩大市场份额，增加企业营业收入，或者减少成本费用。

8.2.1.4　资金需求量预测

资金是企业进行生产经营活动的必要条件。企业的资金一般分为固定资金和流动资金。准确进行资金需求预测，不仅能为企业生产经营活动的正常开展测定相应的资金需求量，而且能为经营决策、节约资金耗费、提高资金利用效果创造有效条件。

在销售预测、成本预测和利润预测的基础上，就可以对资金的需求进行预测。资金需求量指的是对外融资需求量，即根据企业的现实条件，确定企业的资金缺口，这个资金缺口就是资金需求量。但是对于初期的创业者来说，在确定资金缺口之前，更重要的是对资金需求总量的预测。

对于资金需求，企业的资金可以通过现有的负债（如赊购原材料、借款等）、现有的自有资金及预计新增的收入来提供，如果现有的负债、自有资金及预计新增的收入不能满足资金需求总量时，要考虑新的借款或是吸收新的投资等。

对外资金需求量＝资金需求总量－资金来源

对于初创企业，可以利用之前的预计报表对第三年的资金需求量进行预测，企业在运行了一段时间后，对未来的资金需求进行预测，可以采用销售百分比法。

销售百分比法就是根据企业各个资金项目与销售收入总额之间的依存关系，按照计划期销售额的增长情况来预测需要相应追加多少资金的方法。那些与销售收入总额有依存关系的资产和负债项目称为敏感性项目。

销售百分比法的应用步骤：

① 根据企业的实际情况，确定企业的敏感性资产和敏感性负债。

② 计算销售百分比：

$$资产销售百分比＝敏感性资产/销售收入$$
$$负债销售百分比＝敏感性负债/销售收入$$

③ 计算预计敏感性资产、负债。

④ 计算预计总资产、总负债：

$$预计总资产＝非敏感性资产合计＋预计敏感性资产$$
$$预计总负债＝非敏感性负债合计＋预计敏感性负债$$

⑤ 计算预计的存留收益。

⑥ 计算预计的所有者权益总额：

$$预计所有者权益总额＝原来的所有者权益＋留存收益$$

⑦ 计算外部融资额：

$$外部融资额＝预计总资产－预计总负债－预计所有者权益$$

此方法的特点是假设资产和负债中有敏感性资产和敏感性负债，核心问题是看清哪些资产和负债属于敏感性的。

企业的资金通常分为流动资金和固定资金。流动资金指企业运转所需的日常开支。固定资金是生产资金的一种形式，一般指购买价值较高、使用较长的物品所需的资金。通常情况下，在销售收入能够收回成本之前，微小企业事先至少要准备 3 个月的流动资金。为了预算更加准确，必须制订一个现金流量计划，我们在后面将进行介绍。

8.2.2 现金流量

在资本预算决策中，评价项目盈利的财务指标不再是利润，而是现金流量。估计投资项目的预期现金流量是资本预算的首要环节，实际上也是分析投资方案时最重要、最困难的一个步骤。

8.2.2.1 现金流量的估算

所谓现金流量，是指一个项目所引起的在未来一定期间内所发生的现金支出和现金收入的增加额。这里的"现金"是广义的现金，它不仅包括各种货币资金，而且包括与项目相关的非货币资源的变现价值（或重置成本）。例如，一个项目需要使用原有的厂房、设备和材料等，则相关的现金流量是指它们的变现价值，而不是其账面价值。

一个项目的现金流量由初始现金流量、营业现金流量和终结现金流量三部分构成。

（1）初始现金流量　初始现金流量即建设期现金流量，指项目开始时所发生的现金流量。一般包括以下内容。

第一，固定资产投资。是指房屋、建筑物、生产设备等的购入成本或建造成本、运输成本和安装成本等。

第二，无形资产投资。是指项目用于土地使用权、专利权、商标权、专有技术、特许权等方面的投资。

第三，流动资金投资。是指项目投产前后分次或一次投放于原材料、在产品、产成品等流动资产的投资增加额，又称垫支的流动资金。这些资金一经投入，便在整个投资期限内围绕着企业的生产经营活动进行周而复始的循环周转，直至项目终结时才退出收回，并转作他用。

第四，其他投资费用。是指与长期投资项目有关的咨询调查费、人员培训费、谈判费等。

第五，原有固定资产的变价收入扣除相关税金后的净收益。变价收入主要是指固定资产更新时变卖原有固定资产所得的现金收入。

（2）营业现金流量　营业现金流量即经营期现金净流量，指项目投产后，在其有效年限内由于正常的生产经营活动所引起的现金流量。这种现金流量一般按年度进行测算，通常包括以下内容。

第一，营业现金收入。是指项目投产后生产产品或提供劳务而使企业每年增加的现金销售收入，这是经营期最主要的现金流入项目。

第二，经营成本，也称付现成本。是指用现金支出的各种成本和费用，如材料费用、人工费用、设备修理费用等。这是经营期最主要的现金流出项目。由于企业每年支付的总成本中，一部分是付现成本，另一部分是非付现成本，包括固定资产折旧费、无形资产摊销费等，而无形资产摊销费往往数额不大或是不经常发生，通常忽略不计。所以，付现成本可以用当年的营业成本减固定资产折旧后得到。

第三，缴纳的各项税款。是指项目投资后依法缴纳、单独列示的各项税款，主要是所得税。

因此，企业每年营业净现金流量可用以下公式计算：

$$年营业净现金流量＝营业收入－付现成本－所得税$$
$$＝营业收入－（营业成本－折旧）－所得税$$
$$＝营业收入－营业成本－所得税＋折旧$$
$$＝税后净利＋折旧$$

（3）终结现金流量　终结现金流量指项目终结时所发生的现金流量，包括回收的固定资产残值或变价收入、回收原垫支的流动资金投资额、停止使用的土地变价收入等。

在确定投资方案的现金流量时，需要遵循的基本原则是：只有增量的现金流量才是与投资项目相关的现金流量。所谓增量的现金流量，是指接受或拒绝某个投资方案后，企业总现金流量因此发生的变动。只有实施某个投资项目引起的现金流入增加额，才是该项目的现金流入量；只有实施某个投资项目引起的现金流出增加额，才是该项目的现金流出量。

8.2.2.2　资本预算中采用现金流量的原因

在会计核算中，企业按照权责发生制计量收入和费用，并以收入减去费用后得到的利润来评价企业的经济效益。科学的投资决策要求用收付实现制确定的现金流量来计算投资方案的经济效益，而不是用利润来衡量，原因如下。

第一，采用现金流量有利于科学地考虑时间价值因素。投资项目具有长期性，要实现科学的决策必须考虑资金的时间价值，将不同时点的现金收入或支出调整到同一时点进行汇总和比较，这就要求决策时弄清每笔预期收入款项和支出款项的具体时间。而利润的计量遵循权责发生制原则，其收入与费用的确认不考虑现金的实际收到和支出的时间。例如，在会计上购置设备的支出如果一次性发生，在购入当期不确认为当期费用，而是在资本化为资产项目后，在以后的受益期以折旧形式计入成本。所以，要在投资决策中考虑时间价值的因素，就不能利用利润来计量。

第二，采用现金流量使投资决策更符合客观实际。利润的计算有时带有主观随意性。会计上对同一种业务的处理可能存在多种方法，如存货计价方法、固定资产折旧方法等，不同方法的使用会形成不同的利润。而现金流量的分布不受这些人为因素的影响，同一种业务对现金流量的影响只有一种结果，以实际收到或付出的款额为准。

8.2.3　资本预算的方法

资本预算的方法按其是否考虑了资金的时间价值，可分为两类：一类是贴现评价法，即考虑了资金时间价值因素，主要包括净现值、内部收益率等指标；另一类是非贴现评价法，即没有考虑资金时间价值因素，主要包括投资回收期、会计收益率等指标。非贴现评价法在评价投资项目的经济效益时，不考虑资金时间价值因素，直接按投资项目所形成的现金流量进行计算，这些指标在选择方案时起辅助作用。

8.2.3.1　投资回收期法

投资回收期是指以投资项目营业净现金流量抵偿原始总投资所需要的时间，即回收原始投资所需要的时间，通常以年来表示，记作 PP（Payback Period）。其计算方法分以下两种情况。

如果投资项目每年的营业净现金流量相等，则投资回收期可按以下公式计算：

投资回收期＝年原始投资额/营业净现金流量

如果每年的营业净现金流量不相等，则要根据每年年末尚未回收的投资额加以确定。计算公式如下：

投资回收期＝n＋第 n 年年末尚未收回的投资额/第(n＋1)年的营业净现金流量

式中，n 表示年末累计营业净现金流量为负值的最后一个年份数。

投资回收期法是最易于理解的资本预算方法。新企业决策者预先确定一个基准的投资回收期，项目的投资回收期若小于或等于基准投资回收期，则方案可行；若大于基准投资回收期，则方案不可行。

投资回收期法不仅忽视了资金时间价值，而且没有考虑回收期满以后的现金流量。事实上，有战略意义的长期投资往往早期收益较低，而中后期收益较高。然而，许多新企业依然采用这种方法，原因如下：第一，该方法便于理解，计算简便；第二，具有较短投资回收期的方案往往在短期收益上更具有优势；第三，如果公司缺乏现金，采用投资回收期法能够使得资金更快回收。

8.2.3.2　净现值法

净现值是指投资项目未来现金流入的现值与未来现金流出的现值之间的差额，记作 NPV（Net Present Value）。

如净现值大于零，即贴现后现金流入量大于贴现后现金流出量，说明该投资项目的报酬率大于预定的折现率，该项目可行；如净现值小于零，即贴现后现金流入量小于贴现后现金流出量，说明该投资项目的报酬率小于预定的折现率，该项目不可行。在多个备选方案的互斥选择决策中，应选用净现值是正值中的最大者。

净现值法的优点主要体现在：第一，把未来各期的净现金流量进行了折现，考虑了货币的时间价值；第二，通常以项目的资本成本作为折现率，考虑并强调了项目的机会成本；第三，考虑了项目的风险因素，因为折现率的大小与风险大小有关，风险越大，折现率就越高。

净现值法也存在一些缺点，主要表现在：第一，计算净现值时所采用的贴现率没有明确的标准，具有一定的主观性；第二，不能反映投资项目的实际报酬率水平，当各种项目投资额不等时，仅用净现值无法确定投资方案的优劣。

8.2.3.3　内部收益率法

内部收益率（Internal Rate of Return，IRR）是指使净现值等于零时的折现率，又称为内部报酬率或内含报酬率。一个投资项目的内部收益率意味着在考虑货币时间价值的基础上，到项目终结时，以各期净现金流量的现值恰好收回初始投资，此时净现值为零。这个使净现值等于零的折现率，就是该投资方案实际可能达到的报酬率，即预期收益率。

在只有一个方案的采纳与否决策中，内部收益率大于或等于企业的资本成本或必要报酬率时就采纳；反之，则拒绝。在有多个备选方案的互斥选择决策中，应选用内部收益率超过资本成本或必要报酬率最多的投资项目。

内部收益率的计算，一般采用"逐步测试法"。首先估计一个贴现率，用它来计算方案的净现值。如果净现值为正数，说明方案本身的收益率超过估计的贴现率，应提高贴现率进一步测试；如果净现值为负数，说明方案本身的收益率低于估计的贴现率，应降低贴现率进一步测试。经过多次测试，寻找出使净现值接近零的贴现率，即为方案本身的内部收益率。

内部收益率法考虑了资金时间价值，能从动态的角度直接反映投资项目的实际收益率，且不受行业基准收益率高低的影响，比较客观，概念也易于理解。但这种方法的计算过程比较复杂，特别是对于每期现金流入量不相等的投资项目，一般要经过多次测算才能求得。此外，当投资支出和投资收入交叉发生时，可能导致多个内部收益率的出现，会给决策带来困难，甚至做出错误结论。

／　思维与训练　／

阅读文字填写表格

企业要开始运营，首先要有启动资金，启动资金用于购买企业运营所需的资产及支付日常开支。在估算启动资金时，最重要的是要保障启动资金能够满足企业正常运营的需求。创业之初，各项开支往往非常大，销售收入根本无法满足各项支出需求，因而常常低估对这部分资金的需求量，这样有可能导致企业现金流出出现一些问题，影响企业正常运营。

设想你马上要创办一个企业，将预估的启动资金填写在下表中。

支出项目	支出额度	计算依据
办公用品		
家具		
车辆		
企业房租		
员工工资		
员工保险		
员工交通费、餐饮费等补助		
员工培训费		
厂房等固定支出		
购买原材料		
货物开支		
广告费用		
水电费		
门店装修费		
其他费用		

第9章 商业模式

引导案例 你能赚多少钱

三个人拿同样的一两银子做生意，第一个人买来布料做衣裳，赚了一钱银子；第二个人看到春天来临，买了纸和竹子做风筝，赚了十两银子；第三个人看到人参资源将逐渐枯竭，于是买了很多人参种子，走到人迹罕至的深山播下，七年后收获上好的野山参，赚了上百万两银子。

人们付出同样的资金，却收获不同的利润和效果。

第一个人做的是衣食住行的生意，这是必需的需求，总会有市场，每个人都可以做，因此收获一分利，如同现在很多人靠产品与规模取胜。

第二个人做的是吃喝玩乐的生意，跟随的是潮流，目标客户范围扩大百倍，而收获十分利，靠眼光取胜。

第三个人看到的是未来的商机，敢做而善忍，最终创造了数百乃至数千的生意，靠成功的商业模式取胜。

由此可以看出商业模式的重要性。

（资料来源：徐俊祥.徐焕然大学生创业基础知识技能教程（2版）［M］.北京：现代教育出版社，2017）

9.1 商业模式设计

9.1.1 商业模式的定义和本质

9.1.1.1 商业模式的定义

前时代华纳 CEO 迈克尔·邓恩说："在经营企业过程当中，商业模式比高技术更重要，因为前者是企业能够立足的先决条件。"一个不可争辩的事实是，企业必须选择一个适合自己、有效和成功的商业模式，并且随着客观情况的变化不断加以创新，才能获得持续的竞争力，从而保证自己的生存与发展。商业模式具有"点石成金"的功能。

商业模式是指为实现客户价值最大化，把能使企业运行的内外各要素整合起来，形成一个完整的高效率的具有独特核心竞争力的运行系统，并通过最优实现形式满足客户需求、实现客户价值，同时使系统达成持续盈利目标的整体解决方案。商业模式是一个非常宽泛的概念，跟商业模式有关的说法很多，包括运营模式、营利模式、B2B 模式、B2C 模式、"鼠标加水泥"模式、广告收益模式等。商业模式是一种简化的商业逻辑。

琼·玛格丽塔在畅销书《什么是管理》一文中对商业模式有这样的定义：商业模式就是指一个企业如何通过创造价值，为自己的客户和维持企业正常运转的所有参与者服务的一系列设想。学者杰弗瑞认为商业模式就是赚钱的方式。学者泰莫斯认为商业模式是产品、服务和信息流的体系，描述了不同参与者和他们的角色以及这些参与者潜在利益和最后收益来源。学者帕特鲁维克等认为，一个商业模式不是对它复杂社会系统以及所有参与者关系和流程的描述，相反，一个商业模式描述了存在于实际流程与后面一个商业系统创造价值的逻辑。学者威尔和维塔尔把商业模式描述为在一个公司的消费者、联盟、供应商之间识别产品流、信息流、货币流和参与者主要利益的角色和关系。

显而易见，好的商业模式的内容，绝不仅仅就是一个企业如何赚钱的问题。商业模式反映的就是围绕着管理的方方面面的系统的思想。

我国学者张珉教授认为，企业的商业模式是指一个企业建立以及运作的那些基础假设条件和经营行为手段及措施，这包括了营利性组织和非营利性组织的商业模式。和企业一样，非营利性组织也是价值创造者。在社会公共部门，良好的商业模式也会帮助人们把组织机构看作相互有内在关联的整体系统来运作。

清华大学雷家啸教授概括企业的商业模式应当是：一个企业如何利用自身资源，在两个特定的包含了物流、信息流和资金流的商业流程中，将最终的商品和服务提供给客户，并收回投资、获取利润的解决方案。

商业模式以价值创造为核心，是描述企业如何创造价值、传递价值、获取价值的一个商业运行逻辑。商业模式是创业者开发有效创意的重要环节，商业模式就是讲述一个企业如何赚钱的故事，是企业营利的核心逻辑。新企业只有开发出有效的商业模式，才会吸引足够多的顾客、供应商等，创建成功的新企业才更具有可行性。所以，也有人直白地说："赚钱才是好的商业模式。"

9.1.1.2　商业模式的本质

从本质上看，商业模式是一系列制度结构和制度安排的连续体，其核心直指企业组织的价值产生机制。商业模式的本质包括：①制度结构的连续体意味着商业模式的本质属性就是创新和变革，必然存在动态连续的变革演进。②价值创造是企业组织存在的根本理由和发展的必要条件，也是经营活动的核心主题。一般主要有三个来源，即组织自身价值链，技术变革和价值网络。

动态来看，上述三个方面是商业模式在特定时间和空间下的静态实现。但事实是，今天的模式也许并不适用于明天，甚至成为发展的障碍。为了使企业组织获得长期、营利性的核心优势，商业模式必须提供基于制度结构和制度安排的动态连续性，必须始终保持必要的灵活性和应变能力，具有动态匹配的商业模式才能获得成功。

静态来看，①在组织自身价值链层面，商业模式从制度上决定业务流程，而业务流程又与信息系统密切相关，两者适应与否决定了组织能否实现价值预期。②在技术层面，商业模式是技术开发与价值创造之间的转换机制，其成本/收益结构也即决定了技术开发成本能够获取的价值收益。③随着信息技术和电子商务的发展，组织边界日益模糊，大大增加了交易和协作创造价值网络增值的可能性。

商业模式本质上是企业为客户创造并传递价值，使客户感受并享受企业为其创造的价值的系统逻辑，反映的是利益相关者之间的交易关系。

9.1.2　商业模式的要素

著名商学教授与作家加里·哈默尔（Gary Hamel）认为，商业模式由四个要素构成：核心战略、战略资源、伙伴网络和顾客界面。

9.1.2.1　核心战略

核心战略从企业的使命、产品/市场范围、差异化基础等方面描述了企业如何与竞争对手竞争。

企业的使命，就是使命陈述，描述了企业为什么存在及其商业模式与其实现的目标。例如：戴尔公司的使命是成为世界上最成功的电脑公司，在所服务的市场上传递最佳的顾客体验；美国星巴克公司的使命是把星巴克建成世界第一流的高品质咖啡店，在成长的同时毫不妥协地维持企业利益；美国西南航空公司的使命是以热情、友善、自豪和充满企业精神的态度展现最高品质的顾客服务。通过这三家企业的使命陈述，我们可以很容易看出这些企业的意图。在不同程度上，使命表达了企业优先考虑的事项，并设置了衡量企业绩效的标准。

企业的产品和市场范围定义了企业集中关注的产品和市场。首先，产品的选择对企业商业模式的选择有重要影响。例如，亚马逊网站起初是作为网上书店而创建的，不过它逐渐开始销售 CD、DVD、珠宝盒、服装等其他产品。它的商业模式现在已经拓宽，涉及对出版商之外的其他很多供应商和伙伴关系的管理。企业从事经营活动的市场也是其核心战略的重要因素。例如，戴尔公司把企业客户与政府机构作为它的目标市场，Gateway 电脑公司则把个人、小企业和第一次购买电脑的客户看成目标顾客。对这两个企业来说，它们的选择对形成自己的商业模式有重要作用。

企业选择的战略会对它的商业模式产生很大影响。成本领先战略要求商业模式专注于效率、成本最小化和大批量。结果，由于专注于低成本而非舒适性，成本领先的企业不会追求产品的新颖。相反，差异化战略要求商业模式集中于开发独特的产品和服务，索要更高的价格。而且，采用差异化战略的企业把大量精力和财力用于创造品牌忠诚上，即顾客对某个品牌产品的忠诚，例如李维斯牛仔裤或者苹果电脑。

9.1.2.2　战略资源

如果缺乏资源，企业难以实施其战略，所以企业拥有的资源会影响其商业模式的持续性。两种重要的战略资源是企业的核心竞争力和战略资产。

核心竞争力是一种资源或者能力，是企业胜过竞争对手的竞争优势的来源。它是超越产品或市场的独特技术或能力，对顾客的可感知利益有巨大的贡献，并且难以模仿，企业的核心竞争力在短期和长期内都很重要。从长期看，通过核心竞争力获得成长以及在互补性市场上建立优势地位也很重要。例如，戴尔公司已经建立了装配和销售个人计算机方面的核心竞争力，并开始将它们移向计算机服务和其他电子设备市场。在短期内，正是核心竞争力使得企业能够将自己异化，并创造独特价值。例如。戴尔公司的核心竞争力包括供应链管理、有效装配，服务于企业客户，所以它的商业模式使它能够向企业客户提供价格便宜、技术新颖、售后服务优良的计算机。

战略资产是企业拥有的稀缺、有价值的事物，包括工厂和设备、位置、品牌、专利、顾客数据信息、高素质员工和独特的合作关系等。一项特别有价值的战略资产是企业的品牌。

例如，星巴克花了很大力气来建立品牌形象，其他咖啡零售商要想获得同等的品牌认知需要付出极大的努力。企业最终试图把自己的核心竞争力和战略资产综合起来以创造可持续竞争优势。

9.1.2.3　伙伴网络

企业的伙伴网络是商业模式的第三个构成要素。新创企业往往不具备执行所有任务所需的资源，因此需要依赖其他合作伙伴以发挥重要作用。在很多时候，企业并不愿独自做所有事情，因为完整地完成一项产品或交付一种服务会分散企业的核心优势。例如，戴尔公司因其装配计算机的专业技术而具有差异化优势，但它却从英特尔公司那里购买芯片，戴尔公司当然可以自己制造芯片，但它在这方面不具有核心竞争力。同样，戴尔公司依靠联合包裹服务公司和联邦快递公司递送产品，而不是自己建立一个遍布全球的物流系统。

企业的伙伴网络包括供应商和其他合作者。

（1）供应商　供应商是向其他企业提供零部件或服务的企业。例如，英特尔公司是向戴尔公司提供芯片的供应商。几乎所有的企业都有供应商，它们在企业商业模式的运作中起重要作用。

以往，企业与供应商维持着一定距离的关系，并把它们看作竞争对手。需要某种零部件的生产企业往往与多个供应商联系，以寻求最优价格。如今，企业更多地将精力放在如何推动供应商高效率运作的层面上来。例如，戴尔公司为了维持与供应商的密切关系，使用高级软件来提高供应链的绩效。戴尔公司构建了一个协作严密的供应链，支持公司以合理价格提供最新技术计算机的核心战略。每隔 20 秒钟，戴尔公司就将各种订单收集起来，分析订单要求的材料。之后，利用 12SCM（一个计算机程序）比较戴尔公司现有库存和供应商的库存，然后列出能够满足订单需要的供应商名单。戴尔公司的供应商有 90 分钟时间来调拨材料，并将其运送到戴尔公司。戴尔公司再花 30 分钟卸货，并把材料置于装配线上。因为戴尔公司仅仅调拨手头订单所要求的材料，所以它能够以非常少的 7 小时库存量来维持高效运营。

（2）其他合作者　除了供应商，企业还需要其他合作伙伴支持商业模式有效运作。合资企业、合作网络、社会团体、战略联盟和行业协会是合作关系的一些常见形式。普华永道的一项调查发现，超过半数的美国快速成长企业都组建了多元化的合作关系，以此来支持自己的商业模式有效运作。从这项调查来看，合作关系给这些被调查企业带来了更多的创新产品、更多有益的机会和高成长率。

创业者创建具有可持续竞争优势的新企业的能力依赖于企业自身技能，也依赖于外部合作伙伴的技能。例如，合作伙伴关系有助于企业保持敏捷，集中精力发展核心竞争力。

当然，合作伙伴关系也包含着风险，在仅有的合作关系成为企业商业模式的关键要素时更是如此。出于种种原因，很多合作关系没能实现参与者初期的愿望。通过研究发现，企业联盟的失败率为 50%～70%，失败的原因在于糟糕的计划，或者组织间为实现共同目标而进行文化融合时遇到了困难。企业联盟也有一些潜在劣势，如专有信息丢失、管理复杂化、财务和组织风险、依赖伙伴的风险以及决策自主权的部分丧失等。

9.1.2.4　顾客界面

顾客界面是指企业如何与顾客相互作用。与顾客相互作用的类型依赖于企业选择如何在市场上竞争。例如，亚马逊只通过互联网销售书籍，而巴诺书店则通过传统书店和网络两种途径来售书。在计算机产业存在好几种顾客界面模式，戴尔公司通过网络或电话直接销售计算机，而惠普公司主要通过零售商店销售产品，Gateway 电脑公司主要通过网络和电话销售产品。

对新创企业来说，顾客界面的选择对于它如何与对手竞争以及将它定位于产品或服务价值链的哪个环节非常重要。下面分别从目标市场、销售实现与支持、定价结构三个方面来表述顾客界面的内容。

(1) 目标市场　目标市场是企业在某个时点追求或尽力吸引的有限的个人或企业群体。企业选择的目标市场影响它所做的每件事情，如获得战略资产、培育合作关系以及开展推广活动等，可以很明显地看出，拥有清晰界定的目标市场将使企业受益。由于目标客户的明确界定，公司能够将自己的营销和推广活动聚焦于目标顾客，并且能够发展与特定市场匹配的核心竞争力。

(2) 销售实现与支持　销售实现与支持描述了企业产品或服务"进入市场"的方式，或送达顾客的方法。它也指企业利用的渠道和它提供的顾客支持水平。所有这些都影响到企业商业模式的形式与特征。

假如有一家新创企业开发出一项移动电话技术，同时为此申请了专利。为了形成自己的商业计划，企业在如何把该技术推向市场的问题上有几种选择。它可以：①将技术以特许经营方式转让给现有移动电话企业；②自己生产移动电话，并建立自己的销售渠道；③与某个移动电话公司合作生产，并通过与移动电话服务提供商的合作关系来销售电话。

企业对销售实现与支持的选择，深刻地影响企业演化的类型以及开发的商业模式。例如，如果企业对它的技术进行特许经营，那么它很可能建立起一种强调研发的商业模式，从而使它不断获得领先的技术，并向移动电话制造商授予特许权。相反，如果它决定自己生产电话，就需要建立制造和设计方面的核心竞争力，并且需要发展与移动电话零售商的合作关系。

企业愿意提供的服务内容，也将影响它的商业模式。有的企业将自己的产品和服务差异化，希望通过高水平的服务和支持向顾客提供附加价值。例如，送货和安装、财务安排、顾客培训、担保和维修、商品保留计划、便利的经营时间、方便的停车场、通过免费电话和网站提供信息等。

(3) 定价结构　企业的定价结构随企业目标市场与定价原则的不同而变化。例如，有些租车企业收取日租金，另一些企业则按照行驶的公里数收取租金。有的咨询企业按照提供服务的次数收费，而另一些企业则按照服务时间收费。在某些情况下，企业还必须决定是直接向顾客收费，还是通过第三方间接收费。例如，很多长途电话商通过当地电话企业的收费系统向顾客收费，这样其顾客就不必每月都为本地和长途电话分别付费了。

总而言之，新创企业应从整体角度审视自己，理解商业模式的重要作用，根据自身核心战略及资源优势构建适合、有效的商业模式。

9.1.3　商业模式设计（开发）的特点

9.1.3.1　商业模式设计的目的是把做不成的事变为可以做成的事

创业本身就是要将他人或自己此前做不成的商业，转变为自己可以做成的商业，这首先要靠商业模式的设计来实现。商业模式设计是创业机会开发的重要环节。在有创业机会的情况下，如果创业者设计、开发不出可行的商业模式，则资源获取及整合就无明确的方向，更谈不上起步创业之后的事情，且多会陷入盲目创业的绝境。基于此，创业者一旦发现了有价值的创业机会，且意在创业，则必须着力设计、开发创业所需的商业模式。

9.1.3.2　理想的商业模式设计至少有两个特征

创业者之所以创业，最根本的动因就是要赚取利润。而要赚取利润，可行的商业模式是基础。理想的商业模式设计至少应有两个特征：一是长期看，理想的商业模式应有助于新创企业用尽可能少的资源做成尽可能大的商业，从而使整个创业活动给创业者带来最大化的利润；二是短期看，理想的商业模式应有助于新创企业尽快实现"正的现金流"。创业是循序渐进的过程，特定的创业活动若能给创业者带来最大化利润，也将是一个循序渐进的过程。由此，某种商业模式未来若能为新创企业带来最大化的利润，则它首先应能尽快为新创企业实现"正的现金流"。但需要说明的是，短期内能使新创企业实现"正的现金流"的商业模式，并不一定就是未来能使新创企业利润最大化的商业模式，这主要是因为利润最大化的实现是由更多因素决定的。

9.1.3.3　商业模式设计是一个反复试错、修正的过程

商业模式本质上是企业为客户创造并传递价值，使客户感受并享受到企业为其创造的价值的系统的商业逻辑。如前所述，商业模式最为基本的是由四者及其联系构成的：一是价值体现，即企业拟为客户创造并传递的价值；二是价值创造方式；三是价值传递方式；四是企业的盈利方式。故对创业者而言，针对特定的创业活动，要设计出理想的商业模式，并不能一蹴而就，而是需要反复试错和修正。首先需要分别设计每个要素；其次需要使四种要素处于相互协调匹配的状态。只有当四个要素分别是可行的，且四者达到协调匹配状态时，这样的商业模式才可能是较为理想的商业模式。

9.1.3.4　商业模式开发是企业战略设计的基础

创业不但要有理想的商业模式，还要有持续努力的总体战略。商业模式决定创业能否得以启动与实施，战略则决定创业能否持续，决定新创企业未来能否可持续地成长。二者的关系是，商业模式通常先于战略，是战略生成的基础，战略则是在商业模式基础上新创企业对于自己长期拟走道路的选择。因此，创业者要为新创企业设计理性的战略，首先需要开发、设计理想的商业模式。否则，所设计的战略即成为无根之树，自然难以具体实施。

9.1.4　商业模式与战略的关系

9.1.4.1　商业模式与战略的联系

（1）商业模式与战略具有相同的本质　战略层面的商业模式的本质，是对能够获得竞争优势的价值创造活动的描述，而战略是通过对企业行为的谋划获取竞争优势，其竞争优势来自于企业价值链的某些环节，这些环节能够创造独特、不可替代、不可模仿的价值。战略的本质是通过对符合以上三个特点的价值创造活动的规划，为企业赢得竞争优势。从价值活动实施前的角度定义，它们都是对能够获得竞争优势的价值创造活动的规划或设计；从实施后的角度定义，它们就成了对创造竞争优势的价值活动的描述。

（2）商业模式是对已实施的战略的描述，与战略在内容上高度一致　根据商业模式的定

义，运营逻辑和经济逻辑是对价值活动方式的描述，实际上就是对已实施的战略措施体系的描述。商业模式中的战略方向描述了战略原则。因为商业模式来自于对价值活动方式的描述和分析，商业模式中的战略方向必然从价值活动方式中得到。尽管价值链活动方式是对战略措施体系的直接体现，但企业战略、业务战略、核心竞争力又体现在战略措施体系上，所以可以通过可视的价值链活动来察觉这些战略原则。通过对价值活动的分析可能无法察觉所有战略原则，但这并不影响战略方向与战略原则的高度一致性。

能够获得竞争优势的商业模式，包含以下三个方面的八个要素：价值定位（产品或服务内容、目标顾客、基本市场竞争战略）；价值创造和传递系统（资源和能力、价值创造过程、价值链中的定位）；价值获取（收入来源、企业经济）。产品和服务内容、目标顾客、基本市场竞争战略、资源和能力等要素可在战略定位、低成本战略、核心竞争力等战略内容中完全体现。商业模式的构成要素与战略内容——对应且高度一致。

9.1.4.2　商业模式与战略的区别

（1）商业模式理论与战略理论研究的侧重点不同　商业模式所包含的逻辑关系对企业构建具体的战略措施具有很好的指导作用，这是战略理论所欠缺的。战略理论从战略制定的源头开始研究，主要研究战略制定方法及形成过程，缺少对具体战略措施的研究。因为战略理论缺少对具体战略措施体系内在逻辑的研究，人们没意识到运营逻辑和经济逻辑是战略措施体系本身所包含或应该包含的，所以认为商业模式和战略是两回事。

（2）商业模式和战略在概念表述上不同　由于理论研究的侧重点不同，造成它们在概念表述上不同。商业模式从战略措施层面着手研究，所以在概念表述上，除了战略方向，还包含从战略措施体系中得到的经济、运营逻辑，这与战略的概念表述区别很大。特别是经济层面或运营层面的商业模式定义，不包含战略方向，让人觉得商业模式无任何战略意图。

（3）商业模式理论拥有战略理论所不具备的特点　由于难以归类，商业模式常常通过案例来描述，比如京东模式等，这赋予了商业模式理论的具体性和形象性特点。这些特点使商业模式理论对管理者更具指导性，更易于接受和产生兴趣。企业可以借鉴这些具体的模式来构建自己的战略措施。另外，因为商业模式的直观性，基于对商业模式的分析和创新可以更好地寻找企业核心竞争力来源。

（4）战略理论的很多重要内容是商业模式理论所不具备的　比如波士顿矩阵、SWOT分析等分析工具，并未出现在商业模式理论中。另外，很多战略学派的重要战略理论或观点也是商业模式理论所未涉足的。由于以上区别，在战略制定过程中，应将商业模式理论与战略理论相结合。理论侧重点的不同，并不影响商业模式与战略在内容上的一致，只是内容的形成方法不同而已。

9.1.5　基于价值链的商业模式的营利逻辑

商业模式的营利逻辑是基于企业战略产生，从内外部环境、市场、资源、产品/服务、价值主张等开始，是基于企业的产品/服务能力、价值网络关系、价值要素等的一种资源整合和价值匹配，是企业的一系列价值活动过程，是从价值发现到价值实现的过程，如表 9-1 所示。

表 9-1　商业模式的营利逻辑

市场需求：市场机会、客户需求、产品定位……					价值实现：营利模式营销策略价格确定
愿景目标：行业定位、经营理念、发展战略……					
核心能力：技术能力、产品/服务、资本运作……					
资源整合：关注客户、双赢理念、创新思维……					
价值流分析：5W2H、商业风险、价值要素……					
价值发现	价值主张	价值创造	价值管理	价值配置	
客户需求市场容量	服务顾客客户偏好	产品/服务研发/制造	管理激励价值优化	网络构建资源整合	

9.1.5.1　价值发现

价值发现是基于企业愿景目标，通过内外部环境的 SWOT 分析，对企业的战略进行定位，进而利用核心优势创造市场价值的过程。价值发现是建立在客户精准分析上的客户关注、思维创新、合作共赢、资源整合等系列理念的应用。价值发现主要立足于发现市场需求，深入分析企业的价值链环节和客户需求，判定企业的利润区分布和市场容量，分析产品/服务的市场价值。正如和尚卖梳子一样，商业模式最核心的部分就是它发掘了别人没有发现的顾客需求。客户需求的空间是无限的，因此，企业必须持续不断地发现市场需求，适时调整并设计商业模式，抓住并掌握企业发展的时机和机遇。

一种优秀的商业模式，首先考虑的不应是能给企业带来什么，而是能给客户带来什么。一种商业模式所提供的生活方式或生产方式能否得到客户响应，关键在于其是否符合客户价值。价值发现，决定利润的来源。

9.1.5.2　价值主张

价值主张是公司通过其产品和服务所能向消费者提供的价值。一个能为参与者理解且接受的价值主张应该能使每一个参与者都增加其经济效用。价值主张的阐释必须清楚、准确。如果价值主张表述得太复杂，会使顾客在购买的时候产生犹豫。价值主张必须要对客户及其偏好深刻理解，必须是真实、可信、独特的，具有销售力。价值主张的渗透力越强，就越能打动消费者的心，通过产品或服务创造价值就越持久。戴尔公司成功的关键就在于按订单制造和个性化定制的价值主张。

9.1.5.3　价值创造

价值创造研究的是价值是如何被创造出来的，即价值的源泉是什么。商务模式是企业创新的焦点和企业为自己、供应商、合作伙伴及客户创造价值的决定性来源。产品研发与制造或服务是公司价值创造的核心。越来越多的顾客开始参与公司的价值创造活动，无论对于产品开发还是服务提供，顾客参与都是价值创造的重要来源。商业模式价值创造主要在于便捷性、成本低廉、用户黏性、创新性。亚马逊在图书市场能脱颖而出正是凭借其网络图书销售的方便快捷和成本低廉。此外，公司提供给顾客的往往既有产品也有服务，两者之间的区别正在逐步缩小乃至消除。正如自动取款机，取款业务的重新安排给顾客提供了一种新价值，使顾客取款不再受时间和地点的限制。

9.1.5.4　价值管理

价值管理本质上是一种管理模式、一整套指导原则，是一种以促进组织形成注重内外部业绩和价值创造激励的战略性业绩计量过程。价值管理能够传承落实公司的远景，设定员工守则、工作信条等方法，通过团队激励和价值优化等核心内容，沟通组织内外部，将组织与个人目标凝聚成共同信念，增加组织成员与顾客满意度，提高组织持续竞争力。价值管理取决于企业的经营目的和企业价值。

9.1.5.5　价值配置

价值配置是资源和活动的配置。价值配置是为了实现企业资源和能力的有效配置和协同发展。价值配置涉及价值链的各个环节，涵盖了企业的整个运营流程。价值配置能有效整合价值网络中的各种资源，实现资源的最佳利用，促进网络价值创造活动，实现优化产出。价值配置以利益相关者需求满足和合作共赢为目标，以利益相关者价值网络构建为核心，通过对资源和活动的有效整合与配置，建立合作共赢的价值网络体系。

9.1.5.6　价值实现

价值实现是指企业创造的价值被市场认可并接受，完成要素投入到要素产出的转化。价值实现主要依靠一系列商业策略来完成。微利时代的到来使得企业需要依靠独特的价值主张吸引更多的用户来获取利润。

9.2　商业模式的设计

9.2.1　商业模式设计的思路和方法

商业模式的五大要素包括：利润源就是顾客、利润点即企业提供的产品或服务，利润渠即产品或服务的供应和传播渠道、利润杠杆即生产品或服务的内部运作、利润屏障即保护产品或服务的战略控制活动。

商业模式就是以上述五大要素的某一至两个要素为核心，五大要素相互协同的价值创造系统。无论是设计还是完善商业模式，都必须遵循商业模式设计完善的五步法。

第一步，界定和把握利润源——顾客

利润源是指购买企业商品或服务的顾客群，它们是企业利润的唯一源泉。企业利润源及其需求的界定，决定了企业为谁创造价值。企业顾客群分为主要顾客群、辅助顾客群和潜在顾客群。好的目标顾客群，一是要有清晰的界定，没有清晰界定的顾客群往往是不稳定的；二是要有足够的规模，没有足够的顾客群规模，企业的业务规模必然受到限制；三是企业要对顾客群的需求和偏好有比较深的认识和了解。

设计商业模式，首先需要分析顾客需求，目的就是要为产品寻找能够比较容易呈现价值的顾客群。企业营利的难度并非在技术与产品端，而主要在顾客端。有时哪怕是把握好企业顾客的一点点需求，也可能产生巨大的顾客价值。

分析和把握顾客需求，同时寻求产品在市场中的最佳定位，是设计商业模式的首要工作。

第二步，不断完善企业利润点——产品

利润点是指企业可以获取利润、目标顾客购买的产品或服务。利润点决定了企业为顾客创造的价值是什么，以及企业的主要收入及其结构。

好的利润点是顾客价值最大化与企业价值最大化的结合点，它要求：一要针对目标顾客的清晰的需求偏好；二要为目标顾客创造价值；三要为企业创造价值。有些企业的产品和服务或者缺乏顾客针对性，或者根本不创造利润，这就不是好的利润点。

第三步，打造强有力的利润杠杆，构筑商业模式内部运作价值链

打造利润杠杆、构筑企业内部运作价值链，是商业模式设计与完善的重要内容，它决定了产品或服务是否给企业带来价值和带来价值的多少。企业利润杠杆主要包括以下几种：组织与机制杠杆、技术与装备杠杆、生产运作杠杆、资本运作杠杆、供应与物流杠杆、信息杠杆、人力资源杠杆等。这些内部运作活动可以清楚地界定企业的内部运作的成本及其结构以及计划实现的利润目标。

将没有竞争优势的企业内部价值链外包，是打造利润杠杆的一条有效途径。一些公司意识到，在一个非常长而复杂的企业内部价值链上，它们也许只能在价值链的 3 至 4 个环节具有高度竞争力，要想在所有环节上都具有竞争力是不太可能的，而一旦认识到企业内部价值中的优势环节，就应该把公司定位在那个位置，将其他部分以签约方式外包给别的公司，从而使利润杠杆更加有力。

同样的产品，由于利润杠杆不同，或者说由于企业内部运作价值链的差异，导致了产品的成本迥异，一个企业可能赚钱，另一个企业可能亏损。这足以说明，利润杠杆决定了企业利润的多寡。

第四步，疏通拓宽利润渠，构筑商业模式外部运作价值链

利润渠，即企业向顾客供应产品或传递产品信息的渠道，是商业模式得以正常运作必不可少的外部价值链。产品或服务的价值传递是企业把产品或服务传递给目标客户的分销和传播活动，目的是便于目标客户方便地购买和了解公司的产品或服务。

第五步，建立有效保护利润的利润屏障

利润屏障是指企业为防止竞争者掠夺本企业的目标客户，保护利润不流失而采取的战略控制手段。利润杠杆是撬动"奶酪"为我所有，利润屏障是保护"奶酪"不为他人所动。

比较有效的利润屏障主要有建立行业标准、控制价值链、领导地位、独特的企业文化、良好的客户关系、品牌、版权、专利等。

商业模式也是一种企业创造利润的思维方式，虽然有许多不同的创造利润方式，但每个企业最终只会从中选择一种方式，而企业的主导思维架构将是决定商业模式的主要因素。许多技术创新面对的是一种不确定性极高的未来环境，而市场信息也无法全盘取得，因此没有一个商业模式能确保未来利润一定会被实现，也没有所谓最佳商业模式。经理人在设计与执行商业模式的时候，一定要保持未来需要弹性调整的心态。也就是说，商业模式的内涵需要随环境变动，在执行时保持高度的弹性。

9.2.2　商业模式创新的逻辑与方法

所谓商业模式创新，是指现实社会中出现新商业模式的过程，以及新商业模式本身。新商业模式的出现可以有两种不同的基本途径：一是以新企业形式出现的全新的商业模式；二是在原有企业的基础上发展演变而成的新商业模式，这时商业模式创新的过程则表现为企业内部旧模式被替代，新模式逐步形成发展的过程。

实现商业模式创新需要具备一些基本条件。这些条件包括：企业可以提供全新的产品或服务，开创新的产业领域，或以前所未有的方式提供已有的产品或服务；或者是商业模式的多个要素发生改变，同时与竞争对手产生明显的差别。由要素引发的商业模式改进应该能够给企业带来显著的经济效果和业绩回报，能够明显地提升企业的竞争力。

　　根据商业模式不同要素的变动情况所引发的创新，可以将其划分为：界面模式变动引发的创新、运动流程变动引发的创新、资源组合变动引发的创新以及价值主张变动引发的创新。

9.2.2.1　界面模式变动引发的创新

　　商业模式的界面模式，是指企业为了获取利润而进行各种决策时所遵循的标准或法则，包括企业的营销原则、采购与供应原则、环境原则和公众原则、产品的目标市场、生产规模、成本模式、定价方式和市场定位等重要内容。因此，企业市场定价方式或生产批量与成本模式的改变都将引发界面模式的变动。

　　所以，可以将界面模式改变视为一种公司外部表现形式的变化，称为界面形式的变化。例如，计算机公司改变市场定位，由高端市场定位向下拓展到低端市场，使定价方式和生产批量发生变化，由过去较高的价格和较少的销售量策略，改变为较低的价格与较大的销售量策略，以适应低端市场顾客的价格承受能力，实现利润目标。此时公司界面模式的变化可能导致公司在其顾客及公众心目中的形象发生改变，但公司生产计算机所使用的技术与资源并没有发生本质上的变化，即公司商业模式中的运作流程和资源组合没有改变。因此，可以将界面模式的改变所引发的公司商业模式的创新称为界面创新，并使之与其他要素引发的创新相区别。

9.2.2.2　运作流程变动引发的创新

　　所谓流程就是指相互连接的企业运作活动。企业将全部资源以有效的形式组织在一起，进行生产和销售产品/服务的活动，这些活动有效衔接并不断重复就形成了企业的运作流程，包括原材料采购、产成品的生产与销售、资金往来、后勤保障，等等。

　　运作流程变化将对企业的商业模式产生重要的影响，可以在改变生产效率的同时，带来界面模式的变化，从而引发商业模式由内向外地改变，导致商业模式推陈出新。例如，福特轿车将传统汽车组装作业，改变为现代化流水线作业方式所引发的创新，就属于流程变化给企业带来的创新。这种作业流程的变化看似简单，却极大地提高了生产效率，降低了生产成本。这种流程变化引发了企业目标市场的扩大和销售方式的改变。运作流程的创新不仅可以引发企业商业模式主体层的创新，同时能引发界面层营销活动和采购活动的共同创新。

9.2.2.3　资源组合变动引发的创新

　　资源组合是指企业为了实现价值主张而需要投入的全部资源，包括人力资源、原材料、厂房设备、专利技术、品牌商标，以及知识产权等各种有形与无形的资源。如果环境条件改变了，即使价值主张没有改变，资源组合也可能随着外部环境的变化而改变。例如，对于电视机制造商而言，当液晶显示技术出现并推广普及之后，传统显像管作为生产电视机关键部件的地位将不可避免地被取代，此时，由于原材料这种资源的变化，直接导致生产流程需要进行相应的调整，产品的成本模式和市场定位也将随之发生变化，进而引发商业模式多层次的变革与创新。资源组合的变化在导致企业的基础层与主体运作层发生变化的同时，也将不可避免地导致企业界面模式与企业功能的变化与创新。

9.2.2.4　价值主张变动引发的创新

　　价值主张通过回答"企业的产品是什么"和"企业的顾客是谁"这样一些基本问题得以体现，并通过企业的产品向市场传递。价值主张一旦确定，企业需要生产的产品、产品的属性与特征、生产所需要的各种资源、利用资源进行生产的运作流程以及相关的各种对内对外原则都将随之确定。而价值主张的改变，也将不可避免地引发上述各个方面的变化。例如，餐馆将其价值主张由为顾客提供就餐值，更改为在就餐值之外还要为顾客提供更多的时间价值、地点价值和便利价值。这种价值主张的改变，表现在产品上可能就是增加外卖，而要增加外卖又将导致其销售的食物的包装（食品要便于包装携带）、作业流程甚至是生产设施和装备发生一系列的相应改变。

伴随价值主张的改变，商业模式的各个层面都将发生相应的改变。价值主张的变化与创新，必将导致企业资源组合、运作流程以及界面模式的一系列变化。从某种意义上说，由价值主张变化引发的商业模式变革是企业商业模式最深层次的变革，同时将导致商业模式发生根本性变化。

9.2.3 商业模式画布

商业模式画布是商业模式价值逻辑的分析，直观、简单而且操作性强，如表 9-2 所示。在创业项目和企业中，商业模式画布具有健全商业模式、将商业模式可视化并寻找已有商业模式漏洞的作用，所以商业模式画布常被用于设立创新型项目或打造与众不同的商业模式。

表 9-2　商业模式画布

重要伙伴	关键业务	价值主张	客户关系	客户细分
	核心资源		渠道通路	
成本结构			收入来源	

商业模式面布是会议和头脑风暴的工具，一般分成 9 个模块，模块内容如下。

(1) 客户细分　你的目标客户，一个或多个的集合。

(2) 价值主张　向客户提供最需要的产品或服务，商业上的痛点。

(3) 渠道通路　你和客户如何产生联系，不管是你找到他们还是他们找到你，如网店、中介、实体店等。

(4) 客户关系　客户接触到你的产品或服务后，你们之间应建立怎样的关系。

(5) 收入来源　你如何从你提供的产品或服务中取得收益。

(6) 核心资源　为了更好地提供、销售产品或服务，你必须拥有哪些资源，如资金资源、技术资源、人脉资源等。

(7) 关键业务　商业运作中必须从事的具体业务。

(8) 重要伙伴　哪些机构或者哪些人可以给予你战略支持。

(9) 成本结构　你需要在哪些项目或环节上支付成本。

创业者及团队可以按照以上顺序依次填写，最好以便笺的形式，直到每个模块拥有大量的可选答案，然后，把不好的答案摘掉，留下最好的，最后按照顺序让这些模块内容产生相互的联系，就能形成一套或多套商业模式，一个好项目的开头就是如此。商业画布的优点是使得商业模式的讨论更加高效率、可执行，同时还会产生不止一套的方案，让决策者心中留下多种可能性，也会产生多种备选方案来应对变化，所以商业模式画布是关于全局的集体智慧与长远设计。

9.2.4　商业模式的检验与评价

9.2.4.1　商业模式的检验

成功的商业模式一定是一种有效的营利模式。商业模式必须经受逻辑检验和营利检验。

（1）逻辑检验　从直觉的角度考虑商业模式描述的逻辑性，隐含的各种假设是否符合实际或在道理上说得通。商业模式的逻辑检验要从以下几个方面着手。

① 谁是我们的顾客？

② 顾客重视的价值是什么？

③ 商业参与各方的动机和目的是什么？

④ 我们商业模式的与众不同之处是什么？

通过分析以上商业模式的基本逻辑是否符合常识，商业模式的潜在优势和限制因素，可以判断出商业模式的逻辑是否顺畅。

（2）营利性检验　商业模式的营利性检验，主要通过以下四个方面的分析来确定。

① 基于损益表的检验；

② 基于资产负债表的检验；

③ 商业怎么实现良性循环；

④ 瓶颈在什么地方。

对市场的规模和营利率、消费者的消费行为和心理、竞争者的战略和行动进行分析和假设，从而估计出关于成本、收入、利润等量化的数据，评价经济可行性。如果测算出的损益达不到要求时，那么该商业模式不能通过营利性检验。

9.2.4.2　商业模式的评价

一个具有吸引力、成功的商业模式，通常需要具备某些能够创造价值与竞争优势的特点，而这些特点往往影响着创业企业的成功，也正是商业模式评价不可忽略的重要因素。

（1）商业模式的适用性　适用性也可以称为个性，是商业模式的首要前提。由于企业自身情况千差万别，市场环境变幻莫测，商业模式必须突出自己的企业不同于其他企业的独特性。这种独特性表现在它怎样为自己的企业赢得顾客、吸引投资者和创造利润。严格来说，一个企业的商业模式应当只适用于自己的企业，而不可能为其他企业原封不动地搬过去。所谓商业模式，最终体现的是企业的制度和最终实现方式。在这个意义上说，模式没有好坏之分，只有是否适用的区别。适用的就是好的，适用较长久的就是最好的。

（2）商业模式的有效性　有效性是商业模式的关键要素。在经济全球化、信息化的今天，无论哪个行业或企业，都不可能有一个万能、单一、特定的商业模式，用来保证自己在各种条件下均产生优异的财务结果。因此，评价商业模式的好坏，最根本的一条在于它的有效性。可以这样理解，有效的商业模式是企业在一定时期、一定条件下，能够选择的为自己带来最佳效益的有效的营利战略组合。

根据埃森咨询公司对 70 家企业的商业模式所做的研究分析，这种营利战略组合应当具有以下三个共同特点。

① 它必须是能提供独特价值的　有些时候，这个独特价值可能是新的思想；而更多的时候，它往往是产品和服务独特性的组合。这种组合要么可以向客户提供额外的价值，要么使得客户能用更低的价格获得同样的利益，或者是用同样的价格获得更多的利益。

② 它必须是难以模仿的　企业通过确立自己与众不同的商业模式，如对客户的悉心照顾、无与伦比的实力等，来提高行业的进入门槛，从而保证利润来源不受侵犯。

③ 它必须是脚踏实地的　脚踏实地就是实事求是，就是把商业模式建立在对客户行为的准确理解和把握上。

所以，有效的商业模式是丰富和细致的，并且它的各个部分要互相支持和促进，改变其中任何一个部分，它就会变成另外一种模式。搞得不好，就可能影响它的有效性。

9.2.4.3　商业模式的前瞻性

前瞻性是商业模式的灵魂所在。商业模式是与企业的经营目的相联系的，一个好的商业模式要和企业比较高的目的相结合。商业模式实际上就是企业为达到自己的经营目的而选择的运营机制。企业的运营机制反映了企业持续达到其主要目标的最本质的内在联系。企业以营利为目的，它的运营机制必然突出确保其成功的独特能力和手段——吸引客户、雇员和投资者，在保证盈利的前提下向市场提供产品和服务。但是，仅仅如此是不够的，因为这只是商业模式的"现在式"，而商业模式的灵魂和活力则在于它的"将来式"，也就是前瞻性，即企业必须在动态的环境中保持自身商业模式的灵活反应、及时修正、快速进步和快速适应。简单来说，就是具有长久的适用性和有效性，以达到持续盈利的目的。

思维与训练

简答

1. 什么叫商业模式？它包括哪些要素？

2. 商业模式设计的方法主要有哪些？

3. 请举例说明国内外一些公司的商业模式。

实训题

一名普通的大学生，利用闲暇时间勤工俭学，在公寓打扫卫生。第一次打扫公寓时，他在墙角、桌缝、床铺下扫出了许多沾满灰尘的硬币，这些硬币有 1 元的、5 角和 1 角的。他将这些硬币还给同学时，谁都没有表现出丝毫的热情……

请根据以上信息，分析：有哪些创业机会？创业项目可能的营利模式是什么？

第10章 新企业的创办

"研究生面馆"

名噪一时的"研究生面馆",声称两年内要开20家连锁店。但是开业四个多月就草草收场,让人不得不感慨创业的艰难。

2004年底,某高校食品科学系六名研究生创办的"六味面馆"轰轰烈烈地开张了。店名取得不错,雅致,又反映出六位股东为独特的个体。店址选在成都著名景观——琴台故径的边上,特别倒是够特别,独此一家,店租的昂贵也就可想而知了。

六位研究生各有所长,有人擅长交际,有人擅长账目,有人头脑灵活,有人踏实肯干,但是受六人身份的限制,每个人都没办法全天候全身心地投入面馆的管理当中。由于"六个研究生"的招牌,再加上当地媒体的炒作,面馆开业当日生意红火,这让几名创始人信心十足。但是好景不长,面馆经营仅四个多月就因为长时间无人管理而经营状况欠佳,不得不公开转让。

"研究生面馆"从轰轰烈烈开张到草草收场仅四个多月,折射出了新开办企业取名、选址、组织形式确立及初创企业的经营管理问题。

你认为企业选址应考虑哪些因素?申报企业应遵循哪些流程?新企业如何才能做大、做强?

10.1 企业组织形式

10.1.1 企业的概念

企业一般是指以营利为目的,运用各种生产要素(土地、资本、劳动力、技术和企业家才能等),向市场提供商品或服务,实行自主经营、自负盈亏、独立核算的法人或其他社会经济组织。

企业是在商品经济范畴内,企业作为组织单元的多种模式之一,是按照一定的组织规律,有机构成的经济实体,一般以营利为目的,以实现投资人、客户、员工、社会大众的利益最大化为使命,通过提供产品或服务换取收入。它是社会发展的产物,因社会分工的发展而成长壮大。企业是市场经济活动的主要参与者。在社会主义经济体制下,各种企业并存,共同构成社会主义市场经济的微观基础。

现代经济学理论认为，企业本质上是"一种资源配置的机制"，其能够实现整个社会经济资源的优化配置，降低整个社会的"交易成本"。

"企业"与"公司"的联系与区别：目前，"企业"一词较常见的用法是指各种独立的、营利性的组织（可以是法人，亦可以不是），并可进一步分为公司和非公司企业，后者如合伙企业、个人独资企业等。还有一种特殊的称呼，即在拍卖法当中描述的，拍卖法中的"拍卖人"指的是拍卖企业，例如：世界华商拍卖人指的是世界华商拍卖有限公司，而不是指某个"人"。

依照我国法律规定，公司指有限责任公司和股份有限责任公司，具有企业的所有属性。因此，凡公司均为企业，但企业未必都是公司。公司只是企业的一种组织形态。

通常使用"公司"这个词时，其含义较为广泛，很多时候个人独资企业、合伙企业也被称为公司，但是在法律条文中，公司仅仅指有限责任公司和股份有限公司。若按照公司的法律意义，如下定义可能更合适一些：独立承担民事责任的从事生产或服务性业务的社会组织。

10.1.2　企业组织形式的内涵

企业的组织形式也叫企业的法律形态，成立新企业只能选择法律规定的企业组织形式。新企业创立之前，创业者应该首先确定拟创办企业的法律组织形式。选择一种合理合法合规的企业组织形式是一个复杂的问题，各种法律组织形式没有绝对的好坏之分，各有利弊。但无论选择怎样的形式，都必须根据国家的法律法规要求和新创企业的现实情况，科学衡量各种组织形式的利弊，选择合适的组织形式。当然，如果创业者最初选择的企业组织形式不再适合企业的发展，也可以在企业经营过程中择时变更企业的组织形式。

继 1999 年 8 月 30 日中华人民共和国第九届全国人民代表大会常务委员会第十一次会议通过《中华人民共和国个人独资企业法》之后，2005 年 10 月 27 日第十届全国人民代表大会第十八次会议和 2006 年 8 月 27 日第十届全国人民代表大会第二十三次会议分别通过了新《中华人民共和国公司法》和《中华人民共和国合伙企业法》。至此，我国企业法律形式与国际接轨。

10.1.3　企业组织形式的分类

不同的企业组织形式在内部分工协作、财产构成以及与外部社会经济联系的方式等方面均有不同。中国民营企业的主要组织形态包括股份有限公司、有限责任公司、外资企业、中外合资企业、中外合作企业、股份合作制企业、合伙企业、个人独资企业、个体工商户、农村承包经营户等。小微型企业最常见的组织形式是个体工商户、个人独资企业、合伙企业和法人企业中的有限责任公司。下面将对其中几种具有较强代表性的企业组织形式进行详细介绍。

不同企业组织形式的比较，如表 10-1 所示。

请运用头脑风暴的方法一起讨论、分析不同企业组织形式对于创业者的优劣（见表 10-2）应包括哪些。

表 10-1　不同企业组织形式的比较

法律形态	成立条件	经营特征	利润分配债务责任	经营规模限制	需缴纳的税费
个体工商户	① 企业主是一个人或一个家庭 ② 资本数量限制	资产属于私人所有,自己既是所有者,又是劳动者和管理者	① 利润归个人或家庭所有 ② 由个人经营的,以其个人资产对企业债务承担无限责任 ③ 由家庭经营的,以家庭财产承担无限责任	① 雇工人数不得超过 7 名,不可以设立分支机构 ② 由于不可以设立分支机构的限制为创业者日后的业务拓展设置了障碍	① 不缴纳企业所得税 ② 业主缴纳个人所得税
个人独资企业	① 投资人是一个自然人 ② 有合法的企业名称 ③ 有投资人申报的出资 ④ 有固定的经营场所和必要的生产经营条件 ⑤ 有必要的从业人员	财产为投资人个人所有,业主既是投资者,又是经营管理者	① 利润归个人所有 ② 投资人以其个人资产对企业债务承担无限责任	① 可以根据其经营规模,招用必要的从业人员,数量不限 ② 可以设立分支机构,分支机构可以使用该个人独资企业的字号	① 不缴纳企业所得税 ② 业主缴纳个人所得税
合伙企业	① 有两个以上合伙人,并且都依法承担无限责任 ② 有书面合伙协议 ③ 有合伙人的实际出资 ④ 有合伙企业的名称 ⑤ 有经营场所和从事合伙经营的必要条件	依照合伙协议,共同出资,合伙经营,共享收益,共担风险	合伙人按照合伙协议分配利润,并共同对企业债务承担无限连带责任	可以设立分支机构	① 不缴纳企业所得税 ② 业主缴纳个人所得税
有限责任公司	① 股东符合法定人数 ② 股东出资达到法定资本最低限额。 ③ 股东共同制定公司章程 ④ 有公司的名称,建立符合有限责任公司要求的组织机构 ⑤ 有固定的生产经营场所和必要的生产经营条件	公司设立股东会、董事会和监事会,并由董事会聘请职业经理管理公司经营业务	股东按出资比例分配利润,并以出资额为限承担有限责任	有完善的企业经营组织(股东会、董事会、监事会、总经理、董事、监事)	① 缴纳企业所得税 ② 股东对其所取得的公司红利或股息缴纳个人所得税

表 10-2　不同企业组织形式对于创业者的优劣比较

项目	优势	劣势
个人独资企业	① 企业设立手续非常简便,且费用低 ② 所有者拥有企业控制权 ③ 可以迅速对市场变化做出反应 ④ 只需要缴纳个人所得税,无须双重课税 ⑤ 在技术和经营方面易于保密	① 创业者承担无限责任 ② 企业成功过多依赖于创业者个人能力 ③ 筹资困难 ④ 企业随着创业者的退出而消亡 ⑤ 创业者投资的流动性第一
合伙企业	① 创办比较简单,费用低 ② 经营比较灵活 ③ 企业拥有更多人的技能和能力 ④ 资金来源广,信用度较高	① 合伙创业人承担无限责任 ② 企业绩效依赖于合伙人能力,企业规模受限 ③ 企业往往因关键合伙人退出或死亡而解散 ④ 合伙人的投资流动性低,产权转让困难

续表

项目	优势	劣势
有限责任公司	① 创业股东只承担有限责任,风险小 ② 公司具有独立寿命,易于存续 ③ 可以吸纳多个投资人,促进资本集中 ④ 多元化产权结构有利于决策科学化	① 创立的程序比较复杂,创立费用较高 ② 存在双重纳税问题,税收负担较重 ③ 不能公开发行股票,筹集资金的规模受限 ④ 产权不能充分流动,资产运作受限
股份有限公司	① 创业股东只承担有限责任,风险小 ② 筹资能力强 ③ 公司具有独立寿命,易于存续 ④ 职业经理人进行管理,管理水平高 ⑤ 产权可以以股票形式进行充分流动	① 创立的程序复杂,创立费用高 ② 存在双重纳税问题,税收负担较重 ③ 要定期报告公司的财务状况 ④ 公开自己的财务数据,不便严格保密 ⑤ 政府限制多,法律的要求比较严格

10.2　新企业的设立

10.2.1　新企业的注册流程

截止到 2021 年末,全国中小微企业数量达 4800 万户,吸纳就业占全部企业就业人数 79.4%,拥有资产占 77.1%,营业收入占 68.2%。因此在党的二十大报告中强调要毫不动摇鼓励、支持、引导非公有制经济发展,支持中小微企业发展。完善产权保护、市场准入、公平竞争、社会信用等市场经济基础制度,优化营商环境。支持广大中小企业创业创新,培育更多专精特新企业,促进中小企业健康可持续发展。

新办企业,首先明确它的法律地位,如同办理户口。根据我国法律规定,新办企业必须到工商行政管理部门办理登记手续,领取营业执照。如果从事特定行业的经营活动,还须事先取得相关主管部门颁发的经营许可证(如卫生、环保、特种行业许可证等)。

营业执照是企业主依照法定程序申请、规定企业经营范围等内容的书面凭证。企业只有领取了营业执照,拥有了正式户口般的合法身份,才可以开展各项法定的经营业务。

2018 年 1 月 1 日起,全面废除旧版营业执照,全面实行新版"五证合一"执照。"五证合一"后,企业注册程序大大简化,效率大幅度提高。具体的企业注册流程为:预先核准企业名称→前置审批→申领"五证合一"营业执照→备案刻章→开设企业基本账户。

企业办理注册登记手续一般包括以下几个步骤。

第一步,核准企业名称

企业名称是一个企业区别于其他企业或组织的特定标志,俗称"公司牌子"。公司牌子是企业的无形资产,是可以世代相传的宝贵财富。拥有一个响亮的企业名称,是让消费者"久闻大名"的前提条件,也有利于提升公司的知名度与竞争力。例如,"可口可乐""宝马""家乐福""苹果""美的""联想"等都让人留下了深刻而美好的印记。

(1) 企业名称的构成　根据国家工商行政管理局发布的《企业名称登记管理规定》和《企业名称登记管理实施办法》,企业名称应当由行政区划、字号、行业、组织形式依次组成,例如,南京苏宁电器股份有限公司、北京机械有限责任公司。非公司制企业可以申请用"厂""店""部""中心"作为企业名称的组织形式。

案例分享 10-1　　　　　**联想之前其实不叫"Lenovo"**

　　1988 年联想在香港创立时早已知道市场上有很多叫"Legend"的公司，但联想当时并没有想到其规模如此庞大，当联想进军国际时"Legend"竟成为绊脚石。

　　联想在 2001 年计划走向国际化发展时发现"Legend"这个名字在几乎所有欧洲国家都被注册了，注册范围涵盖计算机、食品、汽车等各个领域。联想公司要想在欧洲市场销售计算机，要么花大价钱买下已经被注册的"Legend"品牌，要么更名。

　　于是，"Lenovo"应运而生。联想总裁杨元庆在解读这个全新的字母组合时表示，"novo"是一个拉丁词根，代表"新意"，"Le"取自原先的"Legend"，继承"传奇"之意，整个单词的寓意为"创新的联想"。报道指出，打江山时需要缔造"传奇"，想基业长青则要不断"创新"，从 Legend 到 Lenovo，象征着联想从"传奇"走向"创新"。

　　（2）企业命名的规定　　企业名称要符合规范，格式如下。

　　　　　　企业名称＝行政区划＋字号（两个字以上）＋行业＋组织形式

　　例如，湖南智丰众创企业管理有限责任公司。在这里，"湖南"就是行政区划，指代企业所在地的省（包括自治区、直辖市）或县（市辖区）的行政区划名称。企业名称应当冠以企业所在地的省（包括自治区、直辖市）、市（包括州）或者县（包括市辖区）的行政区划名称。"智丰众创"就是字号，字号是该企业区别于其他企业的标志，是企业形象的一种代表。"企业管理"即为行业，行业特征要求的是能够依照国家行业分类标准划分的类别，判断出该企业生产、经营或服务的范围或特点。

　　企业命名的具体规定如下。

　　① 企业只准使用一个名称，在某一个工商行政管理局辖区内，冠以同一行政区划名称的企业，不得与登记注册的同行业企业名称相同或近似。

　　② 企业法人名称中不得含有其他法人的名称，企业名称中不得含有另一个企业名称，企业分支机构名称应当冠以所从属企业的名称，例如内蒙古蒙牛乳业科尔沁有限责任公司。

　　③ 企业名称应当使用符合国家规范的汉字，不得使用汉语拼音字母、阿拉伯数字。除国务院决定设立的企业外，企业名称不得冠以"国际""全国""中国""中华""国家"等字样。

　　④ 企业名称中的行政区划是本企业所在地县级以上行政区划的名称或地名，企业名称中行业用语表述的内容应当与企业经营范围一致，企业名称不应当明示或者暗示超越经营范围的业务。

　　⑤ 企业名称中的字号应当由两个以上的字组成，企业名称可以使用自然人投资人的姓名作字号。

　　⑥ 企业名称不得含有下列内容和文字：有损于国家、社会公共利益的；可能对公众造成欺骗或者引起误解的；外国国家（地区）名称、国际组织名称；政党名称、党政军机关名称、群众组织名称、社会团体名称及部队番号；其他法律、行政法规规定禁止的名称。

　　⑦ 非法人企业名称中的组织形式可以选用"厂""店""馆""部""站""行""中心"等字样，但不得使用"公司""有限"字样。法人企业名称中必须包含"有限公司""有限责任公司"或"股份有限公司"字样。

　　（3）新企业名称设计的要点

① 强化识别功能，选择能够识别企业产品功能和企业功能的名称。

② 凸显个性，避免毫无特征的名称。

③ 彰显文化底蕴，命名时注意挖掘企业的历史潜能和当今时代内涵。

④ 注重树立品牌意识，尽量使企业名称与产品商标相统一。

⑤ 眼光放远，中英文相一致，且没有歧义，适合国内外人的发音。

（4）核实企业名称　注册公司的第一步就是企业名称审核，即查名。当企业取好名称后，登录工商行政管理局官网，进行名称查重。如果这一名字未被别人使用，即可在网上进行名称核准申请。

申办人也可以前往市工商行政管理局查名并办理名称核准，需要提供法人和股东的身份证复印件，申办人公司名称2~10个，写明经营范围、出资比例。审核通过者，工商行政管理局会发放盖有市工商行政管理局名称登记专用章的"企业名称预先核准通知书"。

第二步，经营项目审批

经营范围中如果有需特种许可经营的项目，需报送审批盖章。需要前置审批的事项有一些是法律规定的，有一些是国务院规定的。如特种许可项目涉及旅馆、印铸刻、拍卖、典当、旧货、信托寄卖等行业，需要消防、环保、治安、科委等行政部门审批。特种行业许可证办理，根据行业情况及相应部门规定不同，分为前置审批和后置审批。具体参见工商行政管理局《工商登记前置审批事项目录》。下面为部分行业公司办理营业执照前需要进行前置审批的项目。

① 医疗器械销售、生产（一类医疗器械除外）(区药监局)、药品（区药监局、卫生局）。

② 图书报刊、报刊出版物零售、印刷（区文化管理所、市新闻出版局）。

③ 音像制品销售（区文化管理所）。

④ 酒类批发（区酒类专卖局）。

⑤ 食品（区卫生局）。

⑥ 医疗机构设立（区卫生局）。

⑦ 香烟销售（烟草专卖局）。

⑧ 餐饮（区环保局、区卫生局、区消防处）。

⑨ 旅馆、客房（区公安局、区消防处、区卫生局）。

⑩ 塑料制品、水性涂料生产加工（区环保局）。

⑪ 道路运输、水路运输（交通局）。

⑫ 汽车、摩托车维修（市交委维修管理处）。

⑬ 人才中介（区人事局）。

⑭ 劳务服务（区劳动局）。

⑮ 废旧金属收购（区公安局、区环保局）。

⑯ 成品油经营、储存（市经委、公安局）。

⑰ 加工、销售、回收金银（市人民银行金融处）。

⑱ 文物经营（文物管理委员会）。

⑲ 经营性舞厅（市文化局、卫生局、公安局、消防处）。

⑳ 国画书法（市文化局）。

㉑ 咖啡馆、酒馆（卫生、公安、市酒类专卖局）。

㉒ 报关业务（海关总署）。

㉓ 水泥生产（市建委）。

㉔ 航空运输销售代理业务（民航中南管理局）。

㉕ 化妆品生产（市卫生局）。

㉖ 工程承包（市建设委员会）。

第三步，申领"五证合一"的营业执照

申请人准备好相关材料：法定代表人身份证原件和全体股东身份证复印件；各股东间股权分配情况；名称核准通知书原件；公司的经营范围（国家专营专控的行业需要提供批文）；公司住所的租赁合同（租期一年以上）一式二份及相关产权证明（非住宅）；如公司为生产型企业，必须有公安局消防科的消防验收许可证。接下来即可向工商行政管理局申领"五证合一"的营业执照。

经审核，申请资料齐全并符合法定形式的，应向申请人出具"'五证合一'受理通知书"。市场监管登记窗口在承诺时间（内资 2 个工作日，外资 3 个工作日）内完成营业执照审批手续后，将申请资料和营业执照信息传至平台。质监窗口在收到平台推送的申请资料和营业执照信息后，要在半个工作日内办理组织机构代码登记手续，并将组织机构代码发送至平台。税务部门、统计和人力社保等部门窗口收到平台推送的申请资料、营业执照和组织机构代码信息后，要在半个工作日内分别办理税务登记证、统计登记证和社会保险登记证相关手续，并分别将税务登记证号、统计登记证号、社会保险登记证号发送至平台。综合窗口收到各相关部门核准（或确认）的登记信息后，在"五证合一"系统平台上打印出载有注册号、组织机构代码、税务登记证号、社会保险登记证号和统计登记证号的营业执照。申请人凭"'五证合一'受理通知书"或有效证件到综合窗口领取"五证合一"营业执照。图 10-1 所示为"五证合一"营业执照样本，图 10-2 为"五证合一"营业执照办理流程。

图 10-1 "五证合一"营业执照样本图

在申请营业执照时，企业需要提交以下材料。

① 公司法定代表人签署的"公司设立登记申请书"。

② 董事会签署的"指定代表或者共同委托代理人的证明"。

③ 由发起人签署或由会议主持人和出席会议的董事签字的股东大会或者创立大会会议记录。

④ 全体发起人签署或者全体董事签字的公司章程。

⑤ 自然人身份证件复印件。

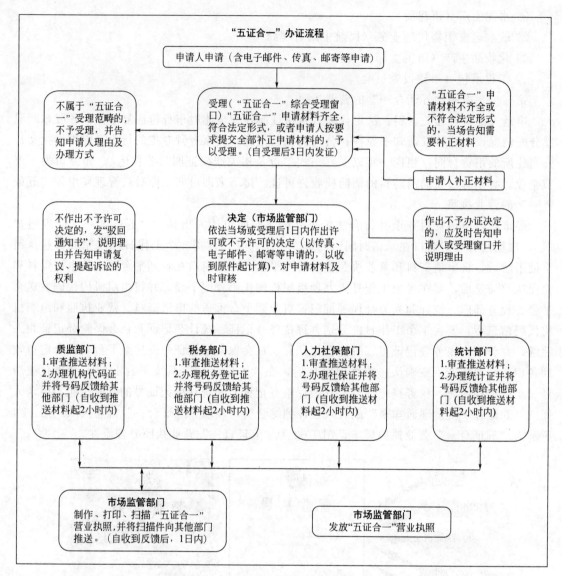

图 10-2   "五证合一"营业执照办理流程图

⑥ 董事、监事和经理的任职文件及身份证件复印件。

⑦ 法定代表人任职文件及身份证件复印件。

⑧ 住所使用证明。

⑨ "企业名称预先核准通知书"。

第四步，刻章备案

公司成立后，需持营业执照、法定代表人身份证明等材料到公安局特行科审批，审批通过后到指定的印章刻制单位刻制公章。企业公章、法人章、全体股东章、财务章、银行账户、牌匾、信笺所使用的名称应当与登记注册的名称相同。

篆刻公司印章需要准备的材料：

① 营业执照副本原件及复印件；

② 法人身份证原件及复印件；

③ 委托人身份证原件及复印件。

注册公司需要篆刻的印章：

① 企业公章；

② 企业财务章；

③ 企业法定代表人个人印鉴；

④ 企业合同章；

⑤ 企业发票专用章。

第五步，验资

按照《公司法》规定，投资者需按照各自的出资比例，提供相关注册资金的证明，通过审计部门进行审计并出具"验资报告"。

第六步，办理税务登记证

税务登记证应到当地国税局办理。办理税务登记证应提供的材料包括：企业营业执照副本、组织机构代码证副本、经营场所产权证及租赁合同复印件、法人身份证、公司章程、验资报告及公章。具体的税务登记流程包括以下步骤。

（1）到开户行（带上相关文件）签订扣税协议。

（2）到国税报到，填写公司基本信息。

（3）持扣税协议找税务专管员办理网上扣税，办理后核定缴纳何种税种（一般是营业税和附加税）会给公司一个用户名、密码（和税务局签订或绑定网上扣税，如有国税，国税、地税都要去办理；如无国税，则只办理地税）。

（4）到地税报到，填写"财务制度及软件备案报告"。报表种类：资产负债表，损益表。折旧方法：直线折旧法。摊销方法：五五摊销法。

（5）买发票（有国税，则国税、地税都要买；无国税，只在地税买）。

第七步，开设银行账户

企业开立银行账户是与银行建立往来关系的基础。依据法律规定，每个独立核算的经济单位都必须在银行开户，各单位之间办理款项结算，除现金管理办法规定外，均需通过银行结算。

（1）银行账户的种类　按照国家现金管理和结算制度的规定，每家企业都要在银行开立存款结算账户（即结算户），用来办理存款、取款和转账结算。银行存款结算账户分为以下4种。

① 基本存款账户。基本存款账户是企业的主要存款账户，开立企业银行账户主要用于办理日常转账结算、现金收付、存款单位的工资、奖金等现金的支取。该账户的开立需报当地人民银行审批并核发开户许可证，开户许可证正本由存款单位留存，副本交开户行留存。一家企业只能在一家商业银行的一个营业机构开立一个基本存款账户。

② 一般存款账户。一般存款账户是企业在开立基本存款账户以外的银行开立的账户。该账户只能办理转账结算和现金的缴存，不能办理现金的支取业务。

③ 临时存款账户。临时存款账户是企业的外来临时机构或个体工商户因临时开展经营活动需要开立的账户。其可办理转账结算以及符合国家现金管理规定的现金业务。

④ 专用存款账户。专用存款账户是企业因基本建设、更新改造或办理信托、政策性房地产开发、信用卡等特定用途开立的账户。该账户支取现金时，必须报当地人民银行审批。

（2）银行开户手续的办理　办理银行开户手续需要填写开户申请书并提供有关证明文件。开立不同的账户，所需的材料也不同，具体应遵循以下规定。

① 基本存款账户。需提供当地工商行政管理机关核发的企业法人执照或营业执照正本。

② 一般存款账户。需提供基本存款账户的开户人同意其独立核算单位开户的证明。

③ 临时存款账户。需提供当地工商行政管理机关核发的临时执照。

④ 专用存款账户。需提供有关部门批准的文件。

（3）银行销户手续的办理　开户人可以根据需要撤销其在银行开立的存款结算账户。开户人撤销存款结算账户时，应与银行核对账户余额，经银行审查同意后，办理销户手续。销户时，企业应交回开户许可证副本和剩余的重要全空白凭证。办理银行销户手续时应遵循以下规定。

① 一般存款账户余额不得超过企业在开户银行的借款余额，超过部分开户行将通知开户单位 5 日内将款项划转至基本存款账户，逾期未划转的，银行将主动代为划转。一般存款账户借款清偿后要办理销户。

② 临时存款账户的使用期限不得超过一年，超过一年的将予以销户。

③ 企业销货款、异地汇入款项中除基建或专项工程拨款外的非专项资金不得进入专用存款账户。

④ 开户人改变账户名称的应先撤销原账户，再开立新账户。

⑤ 开户行对一年内未发生收付活动的单位账户，将对开户人发出销户通知，开户人应当自收到通知之日起 30 日内（以邮戳日为准）到开户行办理销户手续，逾期不办理将视为自愿销户。

（4）办理税务登记　新创企业领取由工商行政管理部门核发的加载有统一社会信用代码的营业执照（即"五证合一"）后，虽然无须再次进行税务登记，办理税务登记证，但仍需要前往税务机关办理相应的后续事项，才能进行正常缴税。

首先，新创企业纳税人需要办理国税地税一户通。国税地税一户通实际上是企业、银行与税务机关三方签订的扣款协议，用于企业网上申报税扣款。办理方法比较简单，到税务机关的办公点（行政服务中心地方税务）办理。社保现在已经全面实行"银行缴费"了，所以企业主在公司开户的时候顺便可以把社保缴费处理一下。

第八步，注册费用

对于公司注册的费用问题，2015 年随着第三方服务平台的纷纷崛起，在注册公司过程中，很多企业都免费帮创业者注册公司。一般来讲，公司注册的费用各地区也不尽相同，大致费用如下。

核名：免费。

工商执照：免费。

刻章：600～900 元。

开基本户：800～1500 元（每个银行收费未统一，不在公司注册范围内）。

注册地址（虚拟地址）：不等（每个地区收费不一样，不在公司注册范围内）。

10.2.2　新企业相关文件的编写

下面以公司注册有限责任公司为例，介绍企业登记时所需要提供的相关文件。

表 10-3 所示为内资有限责任公司设立材料清单。

（1）公司法定代表人签署的"企业设立登记（备案）申请书"。该申请书在工商行政管理局网站下载填写。

表 10-3　内资有限责任公司设立材料清单

材料	制作方法
企业设立登记（备案）申请书	工商行政管理局网站下载填写
指定代表或者共同委托代理人的证明	参照工商行政管理局网站样本制作
全体股东签署的公司章程	参照工商行政管理局网站样本制作
股东的主体资格证明或者自然人身份证证件复印件	法人证明复印件或自然人证件复印件
董事、监事、经理的任职文件及身份证明复印件	股东会或董事会签发并附上任职人员身份证明复印件
法定代表人的任职文件及身份证明复印件	股东会或董事会签发并附上任职人员身份证明复印件
企业名称预先核准通知书	由有管辖权的工商行政管理分局颁发
前置审批文件或许可证件	从相关管理部门申请审批取得
企业住所合法使用证明	租赁合同或自有房产证复印件

（2）全体股东签署的"指定代表或者共同委托代理人的证明"及指定代表或委托代理人的身份证复印件，应标明指定代表或者共同委托代理人的办理事项、权限及授权期限。

（3）全体股东签署的公司章程　有限责任公司章程应当载明的事项：

① 公司名称和住所；

② 公司经营范围；

③ 公司注册资本；

④ 股东的姓名或者名称；

⑤ 股东的出资方式、出资额和出资时间；

⑥ 公司的机构及其产生办法、职权、议事规则；

⑦ 公司法定代表人；

⑧ 股东会会议认为需要规定的其他事项。

（4）股东的主体资格证明或者自然人身份证件复印件　股东是企业法人的，提交"企业法人营业执照"复印件，并需登记机关在复印件上盖章；股东是事业法人的，提交编委核发的"事业法人登记证书"；股东是社团法人的，提交民政部门核发的"社团法人登记证"；股东是工会法人的，提交"工会社团法人登记证"。

股东是自然人的，提交居民身份证或其他合法的身份证明。

（5）董事、监事、经理的任职文件（股东会决议由股东签署，董事会决议由公司董事签字）及身份证明复印件。

（6）法定代表人的任职文件（股东会决议由股东签署，董事会决议由公司董事签字）及身份证明复印件。

（7）"企业名称预先核准通知书"　公司名称经登记机关预先核准后，由有管辖权的工商行政管理分局颁发"企业名称预先核准通知书"。

（8）前置审批文件或许可证件　如公司申请登记的经营范围中有法律、行政法规和国务院决定规定必须在登记前报经批准的项目，提交有关的批准文件或者许可证书复印件或许可证明。

（9）企业住所合法使用证明　住所使用证明材料的准备，分为以下三种情况。

① 若是自己的房产，需要房产证复印件和自己的身份证复印件；

② 若是租房，需要房东签字的房产证复印件、房东的身份证复印件、双方签字盖章的租赁合同和租金发票；

③ 若是租赁某个公司名下的写字楼，需要该公司加盖公章的房产证复印件、该公司营

业执照复印件、双方签字盖章的租赁合同，还有租金发票。

10.2.3　创业必须了解的相关法律

创业者在创业过程中，通常不会有意触犯法律，但往往高估他们所掌握的与创建和经营新企业相关的法律知识，或者缺乏伦理意识。创业涉及的法律和伦理问题相当复杂。创业者需要认识到这些问题，以免由于早期的法律和伦理失误而给新企业带来沉重代价，甚至使其夭折在企业的创建阶段。创建新企业也会受到当地法律的影响，创业者必须了解并处理好一些重要的法律法规和伦理问题。熟悉相关法律法规是创业者的必修课，法律不仅对企业有约束的一面，同时也能够给企业以保护。

10.2.3.1　与新办企业相关的法律法规

创业者面临的法律问题包括：确定企业的形式，设立适当的税收记录，协调租赁和融资问题，起草合同，以及申请专利、商标或版权的保护。在每一个创建活动中，都有特定的法律和规定决定创业者能做什么和不能做什么，但是法律环境对创业的影响并没有到此为止。当新企业创建到运营之后，仍然有与经营相关的法律问题。例如，人力资源或劳动法规可能会影响员工的雇用、薪酬以及工作评定的确定；安全法规可能会影响产品的设计和包装、工作场所和机器设备的设计和使用、环境污染的控制，以及物种的保护。尽管许多法规可能在企业达到一定规模时才适用，但事实是，新企业都追求发展，这意味着创业者很快就会面临这些法律问题。如表 10-4 指出了影响创业企业的一些法律问题。

表 10-4　影响创业企业的一些法律问题

创建阶段的法律问题	经营现行业务中的法律问题
确定企业的法律形式	人力资源管理（劳动）法规
设立税收记录	安全法规
进行租赁和融资谈判	质量法规
起草合同	财务和会计法规
申请专利、商标和版权保护	市场竞争法规

与新办企业直接相关的基本法律如表 10-5 所示。

表 10-5　与新办企业直接相关的基本法律

法律名称	相关基本内容
企业法	《中华人民共和国公司法》《中华人民共和国合伙企业法》《中华人民共和国个人独资企业法》《个体工商户条例》《中华人民共和国中外合资合作企业法》《中华人民共和国乡镇企业法》等
民法通则	个体工商户、农村承包经营、个人合伙、企业法人、联营、代理、财产所有权、财产权、债权、知识产权、民事责任等
合同法	一般合同的订立，合同内容的履行、变更和转让，权利义务的终止，违约责任等。具体合同有买卖合同、借款合同、租赁合同、运输合同、技术合同、建设工程合同、委托合同等
劳动法	促进就业、劳动合同和集体合同、工作时间和休息休假时间、工资、职业安全卫生、女职工和未成年工的特殊保护、职业培训、社会保险和福利、劳动争议、监督检查等

与企业相关的其他法律有《中华人民共和国环境保护法》《中华人民共和国会计法》《中

华人民共和国税法》《中华人民共和国产品质量法》《中华人民共和国反不正当竞争法》《中华人民共和国消费者权益保护法》《中华人民共和国保险法》等。

10.2.3.2　《中华人民共和国知识产权法》

知识产权是人们对自己通过智力活动创造的成果所依法享有的权利。知识产权包括专利、版权、商标等，是企业的重要资产。知识产权可通过许可证经营或出售，带来许可经营收入。实际上，几乎所有的企业（包括新企业）都拥有一些对其成功起关键作用的知识、信息和创意（见表 10-6）。传统观念将物质资产如土地、房屋和设备等看作企业最重要的资产，而现在知识资产已逐渐成为企业中最具价值的资产。对于创业者来说，有效保护自己的知识产权，避免无意中违法侵犯他人的知识产权，了解相关法律非常重要。

表 10-6　企业各部门中典型的知识产权

部门	典型的知识产权形式	常用保护方法
营销部门	名称、广告、标语、标识、广告语、手册、非正式出版物、未完成的广告副本、顾客名单、潜在顾客名单及类似信息	商标、版权和商业秘密
管理部门	招聘手册、招聘人员、员工手册在选择和聘用候选人时使用的表格和清单、书面的培训材料和企业的时事通讯	版权和商业秘密
财务部门	各类描述企业财务绩效的合同、幻灯片，解释企业如何管理财务的书面材料，员工薪酬记录	版权和商业秘密
管理信息系统部门	网站设计、公司特有的计算机设备、互联网域名和软件的培训手册、计算机源代码、电子邮件名单	版权、商业秘密和注册互联网域名
研究开发部门	新的和有用的发明和商业流程、现有发明和流程的改进、记录发明日期和不同项目进展计划的实验室备忘录	专利和商业秘密

（1）专利与《中华人民共和国专利法》　专利是指政府机构根据申请颁发的文件。它被用来记述一项发明，并且创造一种法律状况，在这种情况下，专利发明通常只有经过专利权所有人的许可才可以被利用。专利制度主要是为了解决发明创造的权利归属与发明创造的利用问题。专利法可以有效地保护专利拥有者的合法权益。创业者发明创造应及时申请专利，以寻求法律保护，使自己的利益不受侵犯；或者在受到侵犯时，有法律依据提出诉讼，要求侵害方予以赔偿。

我国于 1984 年 3 月 12 日颁布了《中华人民共和国专利法》，并于 1992 年 9 月 4 日进行了修订。2001 年 6 月 15 日国务院颁布《中华人民共和国专利法实施细则》，自 2001 年 7 月 1 日起施行。

（2）商标与商标法　商标，是指在商品或者服务项目上所使用的由文字、数字、图形、字母、三维标志和颜色组合，以及上述要素的组合构成的显著标志。它用以识别不同经营者所生产、制造、加工、拣选、经销的商品或者提供的服务。商标是企业的一种无形资产，具有很高的价值。这种价值体现在独特性和所产生的经济利益上。保护和提高商标的价值，可以给企业带来巨大的收益。商标包括注册商标和未注册商标，目前我国只对人用药品和烟草制品实行强制注册，通常所讲商标均指注册商标，注册商标包括商品商标、服务商标、集体商标、证明商标。

注册商标的有效期为十年，到期可以申请续展，每次续展注册的有效期也为十年。商标注册申请人必须是依法成立的企业、事业单位、社会团体、个人合伙、个体工商户以及符合《中华人民共和国商标法》第九条规定的外国人或者外国企业。

我国于1982年8月23日颁布了《中华人民共和国商标法》，并于1993年2月22日进行了第一次修正，2001年10月27日进行了第二次修正。

（3）著作权与著作权法　著作权也称版权，是指作者对其创作的文学艺术和科学作品依法享有的权利。著作权包括发表权、修改权、署名权、保护作品完整权、发行权、复制权、出租权、展览权、表演权、放映权、广播权、信息网络传播权、摄制权、改编权、汇编权、翻译权以及应当由著作权人享有的其他权利等17项权利。对著作权的保护是对作者原始工作的保护。著作权的保护期限为作者有生之年加上去世后50年。我国实行作品自动保护原则和自愿登记原则，即作品一旦产生，作者便享有版权，登记与否都受法律保护；自愿登记后可以起证据作用。国家版权局认定中国版权保护中心为软件登记机构，其他作品的登记机构为所在省级的版权局。

我国于1990年9月7日颁布了《中华人民共和国著作权法》（以下简称《著作权法》），2001年10月27日进行了修正。计算机软件属于版权保护的作品范畴。我国根据《著作权法》，制定了《计算机软件保护条例》，并于1991年6月4日发布。在该条例中计算机软件是指计算机程序及其有关文档。

除了与知识产权相关的法律法规外，还有《中华人民共和国反不正当竞争法》《中华人民共和国合同法》《中华人民共和国劳动法》《中华人民共和国产品质量法》等法律法规，也是创业者及其新创企业所应当了解和关注的。

10.2.3.3　劳动合同法

《中华人民共和国劳动合同法》是为了完善劳动合同制度，明确劳动合同双方当事人的权利和义务，保护劳动者的合法权益，以及构建与发展稳定、和谐的劳动关系。《中华人民共和国劳动合同法》规定，用人单位必须与劳动者签订劳动合同。

该法由中华人民共和国第九届全国人民代表大会第二次会议于1999年3月15日通过，于1999年10月1日起施行。

2020年5月28日，十三届全国人大三次会议表决通过了《中华人民共和国民法典》，自2021年1月1日起施行。《中华人民共和国合同法》同时废止。

 思维与训练

1. 你开办企业的法律形态是什么？选择这种企业法律形态的原因是什么？
2. 假设你准备开一家奶茶店，请为奶茶店起个名字，并且详细列出创建奶茶店需要办理的手续流程。

第11章 创业计划书

 LavaRadio——国内第一个取得成功的众投项目

2013 年，专注于为创业者和投资人提供对接服务的天使汇（Angel Crunch）在 2013 年推出"快速合投"——快速团购新创企业股权的活动，并在上线仅仅 14 天就获得开门红，成功为创业项目 LavaRadio 募得了 335 万元的资金，比预定融资目标 250 万元多出了 34%。究其原因，一个非常成熟的商业计划书（Business Plan，BP）是那次融资最大的法宝。

LavaRadio 是一个软硬件设备结合互联网的环境音乐电台，面向个人用户在合适的位置播放合适的音乐，同时为商家用户提供一站式环境音乐解决方案。这个项目在平台上线第 5 天时就超过了募资目标额，一周内有 20 多位投资人约见这家新创企业代表，第 14 天融资达到 335 万元，之后依旧不断有投资人约谈创业团队，表明投资意向。LavaRadio 成为中国国内第一个众投成功的项目，是中国天使众投的第一单。LavaRadio 团队没有想到可以在如此短的时间内完成融资。LavaRadio 的创始人兼 CEO 陈曦表示，LavaRadio 在登录天使汇的时候心情非常复杂，"要知道，直到现在，LavaRadio 这个产品都没有正式上线，我们甚至做了最坏的打算。不过我们有一个非常成熟的 BP，这是我最大的法宝，我也非常自信，当投资人看到我的这个 BP 后会下定决心认可这个项目。但是没想到这个项目在 7 天后募资就超过预定目标，14 天就可以封闭！"

尽管项目完成得非常顺利，也超乎预期，但是看似偶然性的背后蕴藏着成功的必要因素。正如陈曦所说的那样，LavaRadio 的商业计划书写得非常好，非常成熟，当投资人看到这份 BP 的时候，脑中存在的问题基本有了答案，从产品形态到商业化模式、执行计划、财务数据、团队介绍，都非常清晰。陈曦表示："第一次创业，在此之前对融资完全不了解，完全没有这个概念。第一次写的商业计划书'惨不忍睹'，天使汇的同事们提供了很多有价值的建议和意见，才拥有了这份非常完美的 BP。而且他们还告诉我怎么和投资人接触，怎么用投资人的语言和术语与投资人沟通。此后我信心十足，看到投资人之后也不会紧张和不知所措，让我看起来也很专业。"

LavaRadio 仅凭一份成熟的创业计划书 14 天就募资 335 万元，超额 34%，成为国内第一个取得成功的众投项目。LavaRadio 的成功并非个例，所有的成功创业都离不开一个可行的创业计划。

11.1 创业计划概述

11.1.1 创业计划的定义

凡事预则立，不预则废。我们需要为各种大大小小的事情做计划，以保证事情有序、有效、顺利地开展。学习是如此，生活是如此，创业更是如此。很多时候我们不乏创业热情和对美好未来的憧憬，却缺乏冷静的头脑和对整个创业过程的理智的可行性分析。这个创业的可行性分析就是创业计划。

创业计划（Business Plan，BP），也称商业计划，是创业者根据对创业项目的理解而形成的整体性思路，是对新创项目有关的内部、外部环境条件和要素进行全方位描述的书面文件。具体包括创业的目的、基本设想、发展前景、市场机会、营运战略、财务和人力资源战略，特别是其团队管理能力和技巧。计划需要详细地分析机会的价值、要求、风险和潜在收益，以及该如何把握市场机会。创业者要能够通过把各种调查研究、周密的思考和创造性的问题融会成一份完整的创业计划，来指导创业的过程，并向投资者和债权人展示创业成功的潜力和策略。

这里强调"项目"而非"企业"，是因为创业计划是因新项目而生，不仅新创企业需要计划，成熟企业的二次创业也同样需要计划。没有计划的创业是不足以令人信服的，即使有再好的创意和技术，没有创业计划也难以得到投资者的垂青，甚至不能给自己和团队以底气；"机会通常给有准备的人"，没有良好的创业计划的创业者显然让人感觉准备不足。然而，天马行空，夸大其词，为"计划"而"计划"的创业计划也是不可取的。关键要明白，创业计划是对新创项目的详细描述和未来预期，应说明"为什么""能不能"以及"怎么样"将个人或团队的创业思路变成现实，它是创业之旅的路线导航，是创业梦想的现实写照，也是创业团队的个性展示。

正如美国CEO俱乐部创始人约瑟夫·曼库索（Joseph Mancuso）所说："一份创业计划就是一项艺术性的工作。它是表达企业和赋予企业人性化的证明。每个计划如同一片雪花，不尽相同，而每个都是一件独立的艺术品，每个都是企业家个性的反映。就像不能复制别人浪漫的方式，你也需要寻求你的计划的与众不同之处。"

案例分享 11-1 世界最初的创业计划书竞赛起源于美国高校

美国的百森商学院（Babson College）从1919年建校开始，创业教育就相伴而生。百森商学院在世界上第一个开设"创业学"课程；开办了世界上第一个创业本科生专业；美国的"创业教育之父"杰弗里·蒂蒙斯出自该校，在他的领导下，学校开发出了一套完整的创业教育课程体系；作为学术机构，在全球第一个举办创业设计大赛；有循序渐进的本科生创业教育项目（基础、强化、热情）；有MBA创业教育模块；有世界上阵容最强大的创业教育师资队伍；有多样化的外延拓展活动；有全球视野的创业教育研究。1983年，美国得克萨斯州大学奥斯汀分校的两位MBA学生，参照模拟法庭的形式，举办了一次创业计划书竞赛，目的是演练企业策划过程。他们历尽千辛万苦，终于成功举办了这次世界上第一次创业计划书竞赛，也因此得到了风险投资家的关注。从此，越来越多的创业基金、风险投资基金、律师事务所、会计师事务所和投资咨询公司也都参与到这类活动中来。

11.1.2　创业计划的作用

如果创业计划作为内部管理资料，那么需准备一份以市场营销和财务报表为重点的短期创业计划，以防范初创管理常出现的"走哪儿算哪儿"的现象。如果创业者为寻求融资资金或扩张资本，那么制订一份完整的创业计划就至关重要了。在创业准备阶段，规划设计好一份创业计划的重要作用主要表现在以下两个方面。

11.1.2.1　创业计划是指导新创企业走向成功的路标

（1）有助于明确创业目标，作为企业行动方向　在创业融资之前，创业计划首先应该是给创业者自己看的。创业者应该以认真的态度对自己所有的资源、已知的市场情况和初步的竞争策略做尽可能详尽的分析，并提出一个初步的行动计划，通过创业计划做到心中有数，规划自己的创业蓝图，使创业者对自己的创业目标更加明晰。

（2）有助于分析创业的可行性　制订一份正式的创业计划，是创业资金准备和风险分析的必要手段。对初创的风险企业来说，创业计划的作用尤为重要，一个酝酿中的项目，起初很模糊，通过撰写创业计划，把正反理由都书写下来，然后再逐条推敲，创业者就能对这一项目有更加清晰的认识，有助于分析创业的可行性。

（3）有助于指导新创企业的经营管理　创业计划涉及创业资金的筹措、战略与目标、生产与营销计划、财务计划、风险评估等企业经营管理的各个方面，可使创业者周密安排创业活动，有利于新创企业的经营管理。创业计划使目标得以量化，为创业者预测未来结果提供了可度量的标准。

（4）有助于吸引新的团队成员加入　创业计划通过描绘新创企业的发展前景和成长潜力，使管理层和员工对企业及个人的未来充满信心，并明确要从事什么项目和活动，从而使大家了解将要充当什么角色，完成什么工作，以及自己是否胜任这些工作。因此，创业计划对于创业者吸引所需要的人力资源具有重要作用。

11.1.2.2　创业计划是与利益相关者沟通的桥梁和媒介

（1）有助于让利益相关者全面理解新创企业　创业计划作为一份全方位的项目计划，它是对即将开展的创业项目进行可行性分析的过程，也是在向风险投资家银行、客户和供应商宣传拟建的企业及其经营方式，包括企业的产品、营销、市场、制度、人员、管理等各个方面，在一定程度上也是拟建企业对外进行宣传和包装的文件。此外，好的计划还可能有机会取得政府的扶持。

（2）有助于让投资者产生兴趣和信心　一份完美的创业计划不但会增强创业者自己的信心，也会增强风险投资家、合作伙伴、员工、供应商、分销商对创业者的信心。而这些信心正是企业走向创业成功的基础。

（3）有助于让外部读者评阅指导　创业计划涉及企业的诸多方面，难免有不妥或遗漏之处，作为企业自我推销的文件，在供外部读者评估审阅时，有机会得到他人的指导，使计划更加切实可行。

11.1.3　创业计划书的编写原则

11.1.3.1　开门见山，突出主题

创业计划书的目的是获取资源，要开门见山直入主题，不要浪费时间和精力来写一些与主题无关、对读者来说毫无意义的内容。此外，编制创业计划书还要考虑阅读对象的因素。目标读者不同，对创业计划书的要求和兴趣不一样，创业计划书的内容和侧重点也应该不同。

11.1.3.2　简明扼要，通俗易懂

创业者必须认识到，创业计划书不是文学作品，也不是学术论文，飞扬的文采、深奥的专业术语不仅不能打动目标读者，而且也不利于他们阅读和理解计划书。因此，创业计划书的语言应该简单明了，尽量避免专业术语，只要能够表达清楚自己的观点即可，不要过分渲染。

11.1.3.3　结构清晰，内容规范

创业计划书是一种很正式的规范性文件，在结构和内容上都有一定要求。创业计划书要具备完整一致性。创业计划书要素齐全、内容充实、通俗易懂、结构严谨、风格统一，前后基本假设或预估相互呼应、逻辑合理。创业者在撰写创业计划书时，最好有一份优秀的创业计划书作为模板进行参考。一方面，在结构上必须清晰，创业计划书的各个部分都应该论述到；另一方面，在内容的表述上要做到规范化、科学化，财务分析最好采用图表描述，形象直观。此外，创业计划书还应该注意格式和排版。

11.1.3.4　观点客观，预测合理

创业计划书中的所有内容都应该实事求是，力求通过科学的分析和实地调查来表达观点和看法，尤其是市场分析、财务分析等部分不应夸大、吹嘘。对于市场占有率、销售收入、利润率等指标的预测要做到科学合理，数字尽量准确，最好不要做粗略估计。而且要能明确指出企业的市场机会与竞争威胁，能把握并充分显示出创业者对于市场现状的掌握情况与对未来发展的预测能力。

11.1.3.5　展现优势，注意保密

为了获得读者的支持，创业计划书还应该尽量展现自身的优势，如先进的技术、良好的商业模式、广阔的市场前景、高素质的创业团队等，做到一一呈现，详略得当。但是，创业者还要注意保护自己，对于一些技术和商业机密进行保护是合理且必要的。在实际操作中，通常会在创业计划书中加一条保密条款来保护自己的利益。

11.1.3.6　团队协作，客观实际

创业计划书要能展现组建团队的思路、团队人员的作用，尽可能突出专家的作用、高管人员的优势、专业人才队伍的水平，明确团队领军人物。同时，创业计划书要有理有据、循序渐进。创业计划书中的一切数字要尽量客观、实际，以具体资料为证，切勿凭主观意愿高估市场潜力或报酬，低估经营成本。创业计划书中对工作的安排要循序渐进、有条不紊、可操作性强。

案例分享 11-2　　　　　　　杰夫·海曼和他的创业计划书

　　1995 年，杰夫·海曼足足花了七八个月时间才完成一份关于开发 Career Central 招聘网站的创业计划书。到他写完的时候，这份计划书足有 150 页。当时和他同在硅谷工作的同事都对这份计划书的完整、缜密赞不绝口，他也确实成功拿到了创业所需的 50 万美元启动资金。但是，每当回忆起这件事时，他总是忍不住要想，花这么长的时间写创业计划书是否值得呢？

　　2011 年，杰夫·海曼在芝加哥有了另一个创业灵感——以数据跟踪为特色的减肥中心 Retrofit。这回，他没有花很多时间来写创业计划，而是用了 4 个月的时间来考察自己的想法，他走访了潜在消费者、分销商和肥胖问题专家，彻底了解相关市场。经过 100 多次访谈后，他写出了一份仅有两页纸的创业计划书。最后，他就靠这两页纸拿到了创业所需的 270 万美元启动资金。

　　事实上，一份具有可行性的创业计划书是融资最起码的条件，但好的创业计划书无关篇幅的长短。虽然满怀激情的创业者可以在几小时内就写完一份创业计划书，却要花好几个月的时间来调查市场、收集相关信息、分析创业项目的可行性和预测市场前景，因为他们的目标非常明确：我要干一番事业，而不是在纸上谈一番事业。从上面的案例中我们不难发现，准备创业计划书的过程实质上是信息收集的过程，是分析并预测环境进而化解未来不确定性因素的过程。只有准确、到位的市场信息和行业信息才能帮助创业者了解市场行情、知晓客户需求、洞悉对手状况，进而明晰自身发展。而市场调查是创业者收集信息的最主要的方法，是决定创业计划书的论证是否有理有据，检查创业计划是否切实可行的主要工具。

11.1.4　创业计划书的分类

　　创业计划书常见分类方式有：按其使用目的划分，可分为争取风险资金投入的创业计划书、争取政府支持的创业计划书、争取他人合伙的创业计划书和争取银行贷款的创业计划书；按详细程度划分，可分为详细的创业计划书和简单的创业计划书。本章根据编写创业计划书的篇幅以及适用情况的不同，主要介绍两种类型的创业计划书：完整型创业计划书和简略型创业计划书，如表 11-1 所示。

11.1.4.1　完整型创业计划书

　　完整型创业计划书也就是一般意义上的创业计划书。此类创业计划书内容最全面，涵盖了创业的方方面面，通常用于吸引潜在的投资者和合作伙伴。其篇幅一般有 20～40 页，这其中包括 5～10 页的辅助文件。通过完整型创业计划书，创业者能对整个创业项目有一个比较全面的描述，尤其能够较详细地论述计划中的关键部分。

　　其用途主要是：①新创企业；②希望就关键问题与投资者探讨；③详细描述和解释项目；④争取大额的风险投资。

11.1.4.2　简略型创业计划书

　　这是一种短小精悍的创业计划书，它包括企业的关键信息、市场预测、盈利模式等重要信息，以及少量必要的辅助性材料。简略型创业计划书的篇幅通常有 10～15 页。

简略型创业计划书主要适用于以下情况：①享有盛名的企业；②申请银行贷款；③试探投资商的兴趣；④竞争激烈、时间紧迫。

表 11-1   创业计划书的类型及特点

类型	篇幅	内容	适用情况
完整型 创业计划书	20～40 页	覆盖全面的完整信息	新创企业 希望就关键问题与投资者探讨 详细描述和解释项目 争取大额的风险投资
简略型 创业计划书	10～15 页	短小精悍的关键信息	享有盛名的企业 申请银行贷款 试探投资商的兴趣 竞争激烈、时间紧迫

11.2   创业计划书的撰写内容及技巧

创业计划书的内容和形式因实际创业环境、创业者及创业机会的不同而千变万化，应不拘一格。但创业的一些基本要素是相似的，了解和掌握这些基本要素会有助于创业者更好地编制计划书。制订完善的创业计划书，要求创业者明确创业的关键问题。

11.2.1   创业计划书的结构框架

撰写创业计划书的方法众多，有诸多的结构和模板可以参考。在创意真正转变为创业的过程中，通过提出必须面对和解决的问题，关注创业的关键成功要素，保证后期的成功创业。虽然创业计划书没有严格一致的格式与内容要求，但通常创业计划书的结构包括如下几个部分，如表 11-2 所示。

表 11-2   创业计划书内容框架

一、封面	七、营销策略
二、执行概要	八、团队结构
三、项目背景	九、财务分析
四、公司（企业）描述	十、风险应对
五、产品或服务	十一、退出策略
六、市场与竞争	十二、附录

11.2.2   创业计划书的主要内容

11.2.2.1   封面

封面要简洁大方，突出创业计划项目的主题、团队，必要的联系方式。可以适时加入产品设计或者服务的 LOGO。总体封面设计要给人以美感，要有艺术性。一个良好的封面会使阅读者产生最初的好感，形成良好的第一印象。

11.2.2.2   执行概要

执行概要也叫摘要，是创业计划书第一页的内容，是整个创业计划书的概述。

执行概要是为了吸引战略合伙人与风险投资人的注意而将创业计划书的核心提炼出来制作而成的，它是整个创业计划书的精华和亮点，涵盖了创业计划书的要点。最清晰、简洁的执行概要是依序介绍创业计划书的各个部分，其中的章节顺序应与计划书中的顺序一致，每部分的标题以粗体字显示。

一般要在后面所有内容编制完毕后，再把主要结论性内容摘录于此，以求一目了然，在短时间内给读者留下深刻的印象，引起读者的共鸣和认可。

大部分专家建议，如果撰写创业计划书的目的是筹集资金，则最好在执行概要中明确拟筹集的资金数额以及性质，如果是股权投资甚至可以明确投资者不同投资额下所占企业的股权比例，这样会更吸引投资者的关注，也更容易获得融资机会。

在执行概要中，必须回答下列问题。

① 企业所处的行业、企业经营的性质和范围。

② 企业的主要产品。

③ 企业的市场在哪里、谁是企业的顾客、他们有哪些需求。

④ 企业的合伙人、投资人是谁。

⑤ 企业的竞争对手是谁、竞争对手对企业的发展有何影响。

⑥ 如何投资、投资数量和方式。

⑦ 投资回报及安全保障。

执行概要如同推销产品的广告，其主要目的是抓住读者的兴趣。因此，编制者要反复推敲，力求精益求精、形式完美、语言清晰流畅而富有感染力，以期引起投资人阅读创业计划书全文的兴趣，其中特别要详细说明的是自身企业的独特之处及企业获取成功的市场因素。

11.2.2.3　项目背景

项目背景，即为描述产生创业计划项目的行业现状和发展态势，包括对项目出发点、切入点和前景的相关阐述。

出发点，也就是项目解决了哪个行业、哪类人群的痛点。这个痛点的解决带来多大价值。

切入点，项目打算从哪个方面切入，用什么技术、产品或服务去解决痛点，满足需求。

前景，即做这个项目的商业价值有多大，市场规模有多大。项目提供的解决方案与市场的匹配度多高，项目是否符合行业发展趋势，项目是否顺应国家的方针政策和顺应的导向程度。

项目背景不要过于累赘，要把项目所处领域和所面向群体的痛点或者需求放大，痛点越痛、需求越强烈，项目的发展才越客观。建议项目背景中用一些国家统计的最新数据作为支撑。

11.2.2.4　公司（企业）描述

创业计划书的主体部分从企业描述开始。该部分能体现创业者是否善于把抽象的创意转换成具体的企业。有的项目已经注册公司或者企业，有的项目尚处于创意阶段，项目的远景一般为落地、实践并获得一定的营利。公司（企业）描述，也叫作项目描述，是对本项目的前期准备和运营或者创意的总体介绍。

（1）公司简介　要介绍企业历史、使命、法律地位和主要业务，概要介绍企业的主要业务，使投资人快速了解企业的产品或服务。

（2）业务展望　介绍企业的战略目标，规划企业未来业务的发展方案，指出关键性发展阶段，突出介绍创意源于何处、怎样进化、由谁负责等几个方面，让投资者了解企业未来3～5年业务的发展方向及其变动理由。

（3）企业组织结构　主要说明企业所有制性质、注册地点经营范围及企业全称。暂没有办理相关手续的创意团队，也要介绍创业团队的组成结构。

（4）供应商　主要介绍企业生产所需原材料及必要零部件供应商。投资人通常会给名单中的部分或全部供应商打电话以确认该名单的真实性。

（5）协作者或分包人　说明企业产品生产销售过程中的协作者或分包人，内容包括协作者名单或协作单位名称、金额、地址、联系电话等。

（6）专利与商标　对企业持有或将要申请的专利与商标进行描述。企业可以通过对专利与商标的描述来强调其独特性，或者在此列出企业的专利与商标清单，让投资人自己判断这种独特性。

11.2.2.5　产品或服务

用简洁的方式描述企业的产品或服务，主要介绍技术或产品的功能、应用领域、核心价值、市场前景等，说明产品如何向消费者提供价值或所提供的服务方式有哪些，产品填补了哪些急需补充的市场空白，还可以补充产品或服务的照片。

创业计划书中的产品或服务必须具有创新性，能清楚地解释产品或服务能完成的功能，从而使顾客能够认清它的功能价值。

产品或服务的描述可从产业分析和产品分析两个角度展开。

（1）产业分析　产业由生产相似产品或服务的一群企业组成。产业分析是企业对特定行业的市场结构和市场行为进行调查与分析，为企业制订科学有效的战略规划提供依据的活动。在创业计划书中，创业者要对拟进入产业的市场全貌以及关键性的影响因素进行分析。

产业分析涉及该产业现状、产业发展趋势、产业特征、产业市场上的所有经济主体概况（竞争者、消费者、供应商、销售渠道）等。

（2）产品分析　本部分应该对企业的产品或服务做出详细描述，包括产品或服务的介绍、市场定位、可行性分析结果、市场壁垒等内容。

产品或服务的介绍包括产品或服务的名称、市场竞争力，以及产品的研发过程、专利、品牌、市场前景等。如果产品已经生产出来了，最好附上原型介绍及图片；如果产品还在设计之中，就要提供相应的设计方案并证明自己的生产能力。

产品或服务的市场定位是指根据同类产品或服务的竞争状况，确定自己在市场中的位置。

创业构想研讨阶段进行的可行性分析结果可以在这里进行汇总报告，将市场调查分析的内容、消费者购买意愿的分析等在这里进行陈述，让读者了解产品或服务的创意以及产品定位策略的形成过程。如果产品、服务获得专利，也可以在这里展示出来。

11.2.2.6　市场与竞争

市场分析的重点在于描述企业的目标市场及其顾客和竞争者，以及如何展开竞争和潜在的市场份额等信息。市场分析有助于确定企业的业务性质，其对于销售额的预测直接影响着企业的生产规模、雇员状况、营销计划及所需资金的数量，一个好的市场分析能够证明公司对目标市场的把握情况。市场分析包括市场细分与目标市场选择、消费者分析和年销售额与市场份额预测等信息。

（1）市场细分与目标市场选择　确定目标顾客和吸引顾客。很多时候，企业在产业分析部分已经描述了它所在产业的细分情况。如果没有，那么需要把市场按照有同样表现或相似需要划分为不同的子集。有效市场细分的要求：

① 同一个细分市场内的需求具有同质性；

② 不同细分市场之间的需求具有异质性；

③ 与不同细分市场间的差异相比，细分市场内的差异性较小；

④ 细分市场必须足够清晰，足以识别其成员；

⑤ 细分市场的规模要能确定；

⑥ 细分市场足够大，能确保获利。

市场细分之后，选择一个细分市场作为目标。如果企业对于目标市场事先没有规划，创业者一般会选择从专业素质或个人爱好上来说都最为合适的市场。进入前对目标市场的规模、影响目标市场发展的趋势等进行评估，仅仅关注单个市场而不是多个市场，对创业者来说都是明智的决策，这样能确保拟进入的目标市场有足够规模和足够的增长空间支持企业目标的实现。

（2）消费者行为分析　本部分需要明确目标市场影响消费者购买决定的主要因素。企业对目标市场的消费者越了解，提供的产品或服务就越能满足消费者的需求；了解产品和服务是高参与购买还是低参与购买，有利于企业制定符合实际的营销策略。高参与购买是指购买者投入相当多的时间和精力对购买信息进行收集。对于高参与购买的产品服务，体验营销或通过现场活动的方式进行销售都是不错的营销策划。

（3）竞争者分析　竞争者分析是对企业面临竞争的详细分析，有助于企业了解竞争者所处位置，掌握在一个或多个领域获得竞争优势的机会。需要提醒的是，千万别轻言"市场空白""行业培育期"等，一般情况下这样的语言可能意味着以下几层含义：对市场调查不够充分，对行业分类不够准确，或许这是他人已经尝试过而且放弃的、无法实现的创意等。竞争者分析的第一步是确定竞争者是谁。

竞争者包括：

① 直接竞争者——与你提供的产品非常相似；

② 间接竞争者——提供与你产品接近的替代品；

③ 未来竞争者——虽然目前还算不上直接或间接竞争者，但他们随时可能加入这个行列。

波特五力模型是进行竞争分析的常用工具，该模型能推导出决定行业竞争强度和市场吸引力的五种力量，这五种力量将大量不同的因素汇集在一个简便的模型中，以此分析一个行业的基本竞争态势。创业者可借助波特五力模型强调企业或项目的竞争优势。

在进行波特五力分析过程中，可以利用表格与主要竞争者进行对比。

（4）年销售额与市场份额预测　支撑计划书的其他部分。测算初始销售额通常有 4 种方法：

① 联系产业中的首要行业协会，看它们有没有与你所从事业务类似的企业的销售额数据。

② 寻找一家经营区域之外的可比企业，或出售可比产品的企业。

③ 通过网络调查，在报纸、杂志上找到有关所在产业内企业的文章。

④ 估计产品用户总数、顾客支付的平均价格、可获得的市场份额，或者估计顾客数量和每位顾客的平均支付额度等方法，计算得出一个合理结果。

11.2.2.7　营销策略

营销策略是创业计划书中非常具有挑战性的重要环节，顾客特点、产品特征、营销成本、营销效益、市场环境及企业自身状况等各方面的因素都会影响企业具体的营销策略。因此在制作创业计划书时，营销策略的重点在于介绍有助于企业销售产品的典型营销职能。撰写这一部分的最好方法就是清楚地说明总体的营销策略，包括定位策略、差异化点等信息，然后通过定价策略、销售过程和促销组合、渠道策略说明如何支持总体营销策略的开展。

（1）总体的营销策略　营销策略是指为销售企业的产品或服务所采用的总体方法，它能为营销的相关活动奠定基础。每一个企业在制订营销计划、开展销售活动时都会受到资源的限制，所以，有一个总体的营销指导思想和操作方法，会使得企业在使用资源上更有目的性和连贯性。该部分要对企业的定位策略和差异化点予以说明，以便对比企业与竞争对手的处境，突出企业提供的产品或服务的特性。一般来说，列举两三个差异化点即可，关键是所列举的差异化点要突出、易记且易识别。

（2）定价策略　这里需要对企业产品或服务的定价方法及其原因进行解释。企业可以采用心理定价法、竞争定价法、成本加成定价法、差别定价法等不同的定价方法，它们分别适用于不同的产品或服务，以及不同的市场竞争状况。创业者可以查询相关资料，了解不同定价方法的适用范围，然后进行合理选择。

（3）销售过程和促销组合　销售过程是企业识别潜在顾客和完成销售所经历的过程；促销组合是企业所采用的用来支持销售和提升总体品牌形象的具体策略。企业的销售过程尽管不尽相同，但一般来说会包含以下步骤：搜集销售机会、接触消费者、进行销售演示、和顾客进行沟通、实现销售机会、完成销售、客户关系管理；企业可以采用的促销方式有广告、公共关系和其他促销活动等。公共关系不仅不需要投入资金，还可以增加企业的信誉度，为很多初创企业所青睐。新闻发布、博客、媒体报道、微信等是常用的建立公共关系的方式和渠道。企业还可以通过提供免费样品、试用体验等促销方式来开展销售活动。

（4）渠道策略　渠道包含企业的产品或服务从产出地到达消费者手中所经历的所有活动。企业在创业计划书中必须清楚地展示由谁来负责销售以及采用的具体渠道，是采用直接销售，还是使用分销商、批发商；是通过同行联合，还是使用其他渠道等。如果企业计划采用自己的销售团队，还需说明如何开发训练销售团队、销售人员的工作安排以及薪金待遇等；对于初始销售人员的数量，以及随企业发展销售人员数量的变化等进行说明，可以体现创业者对于营销计划的全面考虑。一般来说，通过咨询行业专家、研究行业杂志和行业报告等可以帮助企业确定需要的销售人员数量。

11.2.2.8　团队结构

很多投资者及其他阅读者往往会在查看了执行概要后直接阅读创业团队部分来评估企业创办者的实力，而且最终能在相互竞争的创业计划书中胜出且获得资金，往往也是依靠较好的管理团队而非较好的创意或市场计划。因此，这部分的描述在创业计划书中具有举足轻重的地位，撰写者一定要认真对待。这部分内容包括管理团队和企业结构两部分。

（1）管理团队　新企业的管理团队一般由创业者或者创业者和几个关键的管理人员组成，计划书中最好能用一种让人容易形成具体形象的方式将其表现出来（图形、图标等）。

这部分内容包括管理团队的人事安排、所有权及其分配等。

① 人事安排。从企业的创始人开始,简要介绍管理团队每个成员的履历,包括姓名、岗位头衔、岗位职务和责任、以前的工作和相关经历、以前的业绩、教育背景等。履历的描述应尽可能简洁,并说明人事安排的理由,以及其将为新企业做的独特贡献。如果创业团队曾经在一起工作过,则更会受到投资者的青睐。

在介绍完管理团队之后,还要对企业存在的岗位空缺进行辨识,通过"技能概貌和管理团队分析表"可以有效地发现岗位空缺,如表 11-3 所示。

表 11-3　技能概貌和管理团队分析表

项目	行政领导	采购主管	营运主管	销售主管	人力资源主管	管理信息主管	会计主管	财务主管
姓名								
姓名								
空缺								

② 所有权及其分配。企业的所有权结构及其分配计划也是必要的内容之一,通过列表的方式展开会给人以清晰、简洁的印象。表 11-4 是一种常见的描述所有权结构及其分配的表格。

表 11-4　所有权结构及其分配表

项目	岗位	投资额	所有权分配
姓名			
姓名			
姓名			
合计			

需要注意的是,在设计所有权结构时,应考虑到企业未来发展对人才的需求,留出一定的股权比例给将要引进的关键人才。

(2) 企业结构　企业结构部分应披露企业当前是如何组织的,以及企业不断发展时将会如何组织。企业结构是涉及企业内部相互作用和影响的细节问题,也是创业者必须认真对待以使企业平稳运行的关键问题。组织结构图是对企业内部权利、义务进行分配的常用工具,常见的有分权制、中央集权制、直线式以及矩阵式的组织结构图,如图 11-1 和图 11-2 所示。

建立一个顾问委员会,提供其每个成员的简要经历,会使新企业脱颖而出;如果能选择好适合企业的会计师、律师、投资者、业务顾问和银行家等其他有关人士,并提供其简短的个人经历,也可以给读者留下企业正在努力征求与业务有关建议的印象,使企业的管理团队更加完美。

11.2.2.9　财务分析

创业计划书中的财务分析包括资源需求分析、融资计划、预计财务报表及投资回报等内容。

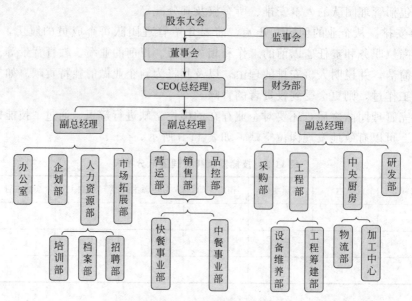

图 11-1　某公司的组织结构图（一）

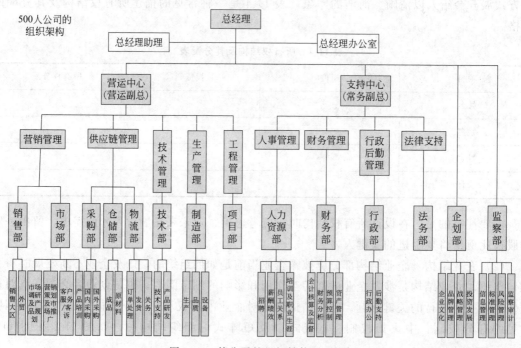

图 11-2　某公司的组织结构图（二）

（1）资源需求分析　创办企业需要人力、财力、物力（物质）等方面的不同资源。人力资源在管理团队部分已经进行了较为详尽的阐述。财力资源在下面的融资计划部分进行说明。这里需要向读者展示的是企业需要的物质资源。创业需要的物质资源一般表现为有形资产，按照流动性可以分为流动资产和非流动资产。流动资产一般是指在一年或者一年以上的一个营业周期中可以变现的资产，如原材料、库存商品等；流动资产以外的有形资产或无形资产均属于非流动资产，如家具、机器设备、商标权、专利权等。购置资产需要支付资金，从而会影响到企业的融资计划。通过编制主要设备表可以对固定资产支出进行预估，再结合对流动资产资金需求的判断，可以计算出物质资源需要的资金数量；如果企业需要购买专利或商标等无形资产，也要在这里估计出需要的资金支出。

（2）融资计划 根据上面资源需求的分析，结合管理团队的构成及分工，企业应该能够计算出总的资金需求，这时还需要编制资金明细表，以对资金的来源和运用情况进行系统分析。资金明细表的格式如表 11-5 所示。

表 11-5　资金明细表

资金运用	资金来源
开办费用：	负债
注册登记费	短期借款
工资	长期借款
办公用品	小计
培训费	所有者权益
差旅费	管理团队投资
租金	风险投资
……	天使投资
小计	小计
流动资产：	合计
原材料	需要的融资额
库存商品	
……	
小计	
非流动资产：	
固定资产	
其中:机器设备	
房屋建筑物	
无形资产	
……	
小计	
合计	

注：表中的长、短期借款是指基本洽谈完成后可以取得的借款；资金运用合计减去资金来源合计的差额为"需要的融资额"，是尚需创业团队继续争取的外部融资额。

（3）预计财务报表及投资回报 一般来说，创业计划书中本部分的内容最受关注，因为无论什么项目，最终投资与否的决策和该项目能否实现盈利都有着直接的关系。对于商业创业来说，其目的便是回收投资、赚取利润。预计财务报表包括预计资产负债表、预计利润表、投资回收期表和预计现金流量表等内容，计算并提供有关的投资回报指标可以增强对投资者的吸引力，帮助企业更容易地获得资金。

① 关键假设。因为编制的是预计报表，而非企业真实的财务状况，因此，需要在编制预计报表之前给出编制报表的基本假设，如对未来经济形势的判断，对销售变化趋势的分析，预计单价、销售量、销售成本的估算方法，假定的企业信用政策、利润分配方案，固定资产折旧计提和无形资产摊销的方法，存货发出计价方法等。

② 预计利润表。利润表是反映企业一定时期经营成果的报表，其编制依据是"收入－费用＝利润"。预计利润表中的"收入"来源于营销策略中对销售收入的估计；"销售成本"来源于生产计划中对于成本的估算，以及假设的存货发出计价方法；"财务费用"来源于融资计划中负债资金的筹集金额及其利率；"销售费用"来源于营销策划中对于营销费用的估

算；"管理费用"来源于费用预算。

在企业实现盈亏平衡之前的预计利润表都应按月进行编制，以便仔细地分析和预测利润；实现盈亏平衡之后的利润表前两年可以按季度编制，后两年可以按年度编制。一般来说，需要编制未来 3~5 年的预计利润表（见表 11-6）。

表 11-6　未来 3~5 年的预计利润表

项目	基期	1 年	2 年	3 年	4 年	5 年
销售成本/元						
销售费用/元						
财务费用/元						
营业收入/元						
营业利润/元						
营业利润率						
净利润/元						
净利润率						

③ 预计资产负债表。资产负债表是反映企业一定日期财务状况的报表，其编制原理是"资产＝负债＋所有者权益"。资产负债表中的数字基本来源于前面的分析和预测，其简表的格式见表 11-5 的相关内容。

④ 预计现金流量表。很多企业不一定因为亏损而破产，却会因为现金断流而失败。因此，一定要加强对现金流量的管理。编制预计现金流量表能够很好地控制现金流量。现金流量表是反映企业一定期间现金及其等价物增减变动情况的报表。预计现金流量表的编制要求和预计利润表相同。未来 3 年预计现金流量表如表 11-7 所示。

表 11-7　未来 3 年预计现金流量表

企业名称：　　　　　　　　　　　　　单位：

项目	第一年	第二年	第三年
一、经营活动产生的现金流量			
净利润			
加:折扣和摊销			
财务费用			
存货减少			
经营性应收项目减少			
经营性应付项目增加			
经营活动产生的现金流量			

项目	第一年	第二年	第三年
二、投资活动产生的现金流量			
构建固定资产、无形资产和其他长期资产支付的现金			
投资支付的现金			
支付其他与投资活动有关的现金			
投资活动产生的现金流量净额			
三、筹资活动产生的现金流量			
吸收投资收到的现金			
取得借款收到的现金			
收到其他与筹资活动有关的现金			
筹资活动现金流入小计			
偿还债务支付的现金			
分配股利、利润或偿还利息支付的现金			
支付其他与筹资活动有关的现金			
筹资活动现金流出小计			
筹资活动产生的现金流量净额			
四、现金及现金等价物净增加额			
加：期初现金及现金等价物余额			
五、期末现金及现金等价物余额			

⑤ 投资回报。一般来说，在本部分还要求提供投资回报的资料，如企业的盈亏平衡点、投资回收期、销售利润率、销售净利率、投资报酬率、净现值等指标；作为对于借出资金安全性的判断依据，债权人还希望看到企业资产负债状况的资料，所以，资产负债率等指标也可以一起提供。对以上指标的计算，可以参考《会计学》、《财务管理》和《技术经济学》等教材学习。

11.2.2.10 风险应对

创业计划书前面的章节写得再出色，没有风险分析的创业计划书也是不完美的。因为创业本身就带有一定的冒险性，创业过程中的风险也通常会让人始料不及。风险分析不仅能减轻投资者的疑虑，让他们对企业有全方位的了解，同时更能体现管理团队对市场的洞察力和解决问题的能力。

风险被描述得越详细，交代得越清楚越现实，就越容易引起投资者的兴趣。

预计风险时可以从多个方面进行考虑，例如：企业在市场、竞争和技术方面有哪些基本的风险？是否能够被模仿、超越？相关的方针、政策、导向是否会发生变化？企业准备怎样应对这些风险？

预计风险后，再通过以下途径来管理风险。

① 企业还有什么样的附加机会？

② 在资本基础上如何进行扩展？

③ 在最好和最坏的情形下，企业未来的 5 年计划将如何表现？

如果创业者的估计不那么准确，则需要对估计出的误差范围有一个大致的了解。可能的话，对关键性参数做最好和最坏的设定。

11.2.2.11　退出策略

任何新企业发展到一定阶段，都存在创业者与投资人退出的问题。这一部分需要描述创业者如何被取代、投资者的退出战略及其他们如何收获资助新企业带来的利益。例如，出售业务、与其他企业合并、首次公开募股（Initial Public Offerings，IPO），或者其他重新募集资会的事件，使得其所有者和投资人有机会套现先前的投资。

需要强调的是，虽然形成创业计划书的文件是必要的且明确的，但是，随着创业者掌握了更多关于他们所从事产业的情况，从潜在顾客处获得了更多反馈，或者随着外部环境条件的改变，创业计划书也要随之进行调整。一般来说，在企业的商业模式和目标市场完全明确之前，多数创业计划书会被修改数次。

11.2.2.12　附录

附录是创业计划书的组成部分，是对主题部分的补充，其作用在于使正文做到言简意赅或者展示由于篇幅的限制而没有在正文部分过多描述的内容，如营业执照等相关资质材料、一些实用表格、组织机构图标、团队成员的个人简历、财务报表、市场调查问卷及结果、辅助性资料证明等，使其成为正文的有益补充或可靠证据，供投资者和其他阅读者参考。

11.2.3　创业计划书的撰写技巧

逐步将创业构想转化成文字的过程，其实就是写作创业计划书主要内容的过程。了解撰写过程中的技巧，能够使撰写的创业计划书更具有吸引力和可信度。

在撰写创业计划书时如果能对以下 11 个问题有清晰的认识，一方面可以提高创业计划书的易读性，另一方面可以提高企业融资的概率。

11.2.3.1　五分钟的考试

一般来说，风险投资者或评审专家阅读一份创业计划的时间在 5 分钟左右，他们主要关注业务、行业性质、项目性质（借钱还是风投）、团队、资产负债表等内容，因此，创业者在撰写创业计划时要对这 5 个方面给予重视。

11.2.3.2　内容要完整

一份好的创业计划书起码要涉及如下内容：计划摘要产品与服务、团队和管理、市场预测、营销策略、生产计划、财务规划、风险分析。创业计划书不应该遗漏任何要素。

11.2.3.3　投资项目中最重要的因素是人

一定要按照团队组建原则和团队特点等要点对创业团队进行如实描述，对团队成员的构成及其分工情况进行重点介绍。

11.2.3.4　提高撰写水平的途径是阅读他人的创业计划书

阅读他人的创业计划书是帮助创业者提高自己写作能力的有效途径之一。撰写创业计划书之前阅读十几份他人的创业计划书将会有很大帮助。

11.2.3.5　记住 43.1% 规则

一位风险投资者一般会希望在 5 年内将其资金翻 6 倍，相当于每年的投资回报率（Reture on Investment，ROI）大约是 43.1%。因此，一份承诺投资回报率在 40%～50% 的创业计划书对于风险投资者来说比较靠谱；如果是借款则需要有还本付息计划。

11.2.3.6　打中 11 环

做最充分的准备，对创业计划进行最详细的论证，准备回答所有和创业计划有关的负面问题，以降低创业风险。另外，在会见风险投资者之前，创业者可以用"小字条"的方式准备尽可能多的问题的答案，给自己足够的心理支持和勇气。

11.2.3.7　吸引投资者的方法

取得风险企业家名录是一种事半功倍的方法。利用名录，可以预先帮助创业者增进对风险投资者的认识和了解，以便有针对性地展开融资准备活动。

11.2.3.8　准备回答最刁钻的问题

对于创业者来说，也许"你的创业计划书给其他风险投资者看过吗？"是一个两难的问题，建议创业者遵循诚实守信的原则，如实回答。

11.2.3.9　正确对待被拒绝

审阅创业计划书是风险投资者日常工作的一部分，拒绝大多数的创业计划书也是风险投资者的工作常态。创业者没有必要因为创业计划被拒绝而伤心欲绝，而是应该将其作为不断完善创业计划书的手段。如果创业者在每一次被拒绝之后，都能够很好地采纳风险投资者的建议，进一步优化其创业计划书，则每被拒绝一次就离被接受近了一步。

11.2.3.10　创业计划书中最重要的内容

对于投资者来说，创业计划书中最重要的内容是资产负债表以及团队的介绍。资产负债表说明了企业的财务状况，企业能否及时偿债以及有多少尚未分配的利润归属于投资者；创业团队的介绍则是创业项目能否成功的关键。

11.2.3.11　把本收回来

任何人进行投资，其最低的要求都是能把本金收回来。因此，如果在融资时能够基于此原则进行阐述，使投资者能在最短的时间内将本金收回，则企业得到资金的概率会大为增加。

　思维与训练

1. 调查创业计划书的制作

请利用互联网收集一份创业计划书，利用所学知识分析这份计划书在编制中的优、缺点和其他项目的可行性。

创业项目：

内容	该计划的优点	该计划的缺点
概要		
企业构想		
市场评估		
企业组织		
企业财务		
其他		
可行性分析		

2.创业计划书的撰写

请结合自身情况，撰写一份创业计划书。

参考文献

[1] 辽宁省普通高等学校创新创业教育指导委员会. 创造性思维与创新方法 [M]. 北京：高等教育出版社，2013.

[2] 刘道玉. 创造思维方法训练 [M]. 武汉：武汉大学出版社，2009.

[3] 刘志阳. 创业管理 [M]. 北京：高等教育出版社，2020.

[4] 李建平. 创新思维方法论 [M]. 北京：社会科学文献出版社，2013.

[5] 刘燕华，李孟刚. 创新方法学 [M]. 北京：高等教育出版社，2011.

[6] 罗玲玲. 创意思维训练 [M]. 北京：首都经贸大学出版社，2008.

[7] 王如平. 创造性思维的开发与培养 [M]. 北京：光明日报出版社，2012.

[8] 胡飞雪. 创新训练与方法 [M]. 北京：机械工业出版社，2014.

[9] ［日］大前研一. 创新者的思考 [M]. 王伟，郑玉贵，译. 北京：机械工业出版社，2014.

[10] 许湘岳，邓峰. 创新创业教程 [M]. 北京：人民出版社，2011.

[11] 张红兵. 超级创新力 [M]. 北京：人民邮电出版社，2013.

[12] 马化腾. 互联网＋：国家战略行动路线图 [M]. 北京：中信出版社，2015.

[13] 姚凤云，范成存. 创造学理论与实践 [M]. 北京：清华大学出版社，2006.

[14] 田长广，唐恒青. 创造与策划新编 [M]. 北京：北京大学出版社，2008.

[15] 胡珍生，刘奎琳. 创造性思维学概论 [M]. 北京：经济管理出版社，2006.

[16] 廖益，赵三根. 大学生创新创业入门教程 [M]. 北京：北京理工大学出版社，2019.

[17] 李建军. 创造发明学导刊（2版）[M]. 北京：中国人民大学出版社，2009.

[18] 李肖鸣，朱建新. 大学生创业基础（4版）[M]. 北京：清华大学出版社，2014.

[19] 冯丽霞，王若洪. 创新与创业能力培养 [M]. 北京：清华大学出版社，2013.

[20] 陈卫平，唐时俊. 创业基础 [M]. 北京：清华大学出版社，2013.

[21] 吴运迪. 大学生创业指导 [M]. 北京：清华大学出版社，2012.

[22] 奚国泉. 创业基础 [M]. 北京：清华大学出版社，2013.

[23] 李时椿，常建坤. 创业基础 [M]. 北京：清华大学出版社，2013.

[24] 杨华东. 中国青年创业案例精选 [M]. 北京：清华大学出版社，2012.

[25] 任荣伟，梁西章，余雷. 创新创业案例教程 [M]. 北京：清华大学出版社，2014.

[26] 李善友. 颠覆式创新——移动互联网时代的生存法则 [M]. 北京：机械工业出版社，2014.

[27] 唐丽. 大学生创新创业基础 [M]. 北京：化学工业出版社，2018.

[28] 阿里研究院. 互联网＋：从 IT 到 DT [M]. 北京：机械工业出版社，2015.

[29] 曹磊，陈灿等. 互联网＋：跨界与融合 [M]. 北京：机械工业出版社，2015.

[30] ［美］彼得·F. 德鲁克. 创新与创业精神 [M]. 张炜，译. 上海：上海人民出版社，2002.

[31] ［美］杰弗里·蒂蒙斯. 创业者 [M]. 北京：华夏出版社，2002.

[32] 李家华. 创业基础.（2版）[M]. 北京：清华大学出版社，2015.

[33] 冯林. 大学生创新基础 [M]. 北京：高等教育出版社，2017.

[34] 盘健，陈肖莹，曾银芳，郭磊. 大学生创业基础与实践 [M]. 北京：清华大学出版社，2018.

[35] 朱建良，李光明. 大学生创新创业教程 [M]. 北京：人民邮电出版社，2018.

[36] 吕云翔，唐思渊. 大学生创新创业教程 [M]. 北京：清华大学出版社，2018.

[37] 王艳梅，刘晓辉，杨继. 大学生创业基础 [M]. 北京：中国水利水电出版社，2019.

[38] 刘延，高万里. 大学生创新创业基础 [M]. 武汉：华中科技大学出版社，2020.

[39] 马腾文. 大学生创新创业基础教程 [M]. 北京：化学工业出版社，2021.